Les vérités cachées de la Seconde Guerre mondiale

Tome II

Dominique Lormier

Les vérités cachées de la Seconde Guerre mondiale

Tome II

éditions du
ROCHER

Éditions du Rocher
28 rue Comte Félix Gastaldi – BP 521 – 98015 Monaco

www.editionsdurocher.fr

ISBN : 978-2-268-10908-4
EAN Epub : 9782268109503

Introduction

Faisant suite au premier volume qui a connu un important succès, cet ouvrage balaie de nouveau les clichés, les mythes et autres fadaises sur la Seconde Guerre mondiale. Il dévoile encore de nombreuses vérités cachées, des faits méconnus ou oubliés, nous fait découvrir des personnages étonnants, des histoires incroyables et extraordinaires.

Par son regard panoramique, son rejet du sectarisme et de l'anachronisme, évitant aussi bien l'apologie béate que le dénigrement systématique, ce second tome des *Vérités cachées de la Seconde Guerre mondiale*, iconoclaste et documenté, permet de mieux comprendre le déroulement de ce conflit sur tous les théâtres de guerre, de l'Europe à l'Afrique, sans oublier l'Asie et le Pacifique.

Contrairement à ce qui est souvent affirmé, il n'existait aucune alliance militaire ratifiée entre la France et la Pologne en septembre 1939. D'autre part, la France a réellement soutenu l'État polonais, mais l'effondrement rapide de ce pays a empêché une offensive française de plus grande envergure. La politique étrangère française, largement arrimée à celle de la Grande-Bretagne durant l'entre-deux-guerres, a eu des conséquences désastreuses, favorisant l'Allemagne hitlérienne. Churchill a même parlé « de désastre diplomatique » – au moment où il n'était pas au pouvoir.

Le commandement français, parfaitement renseigné par des espions allemands antinazis et ses propres services secrets, connaissait en détail les plans allemands de l'offensive du 10 mai 1940. Or, l'incompétent général Gamelin, commandant en chef de nos armées, a refusé de prendre au sérieux ces renseignements de la plus haute importance !

La bataille de Dunkerque n'est pas une victoire allemande, puisque le gros de l'armée britannique parvient à rejoindre la Grande-Bretagne, grâce notamment au sacrifice de plusieurs divisions françaises, qui ont lutté comme des lions, et aux erreurs tactiques et stratégiques du commandement allemand. Contrairement à ce qui est affirmé par certains auteurs cherchant à minimiser l'importance de cette bataille, il s'agit bien d'un tournant dans la suite du conflit, condamnant l'Allemagne à la guerre sur deux fronts, ce qui lui sera fatal à long terme. Cet ouvrage en apporte des preuves, avec des témoignages et des faits irréfutables.

L'importance des pertes allemandes en mai-juin 1940, avec 30 % des chars et 50 % des avions détruits ou endommagés en seulement six semaines de combat, souligne la résistance héroïque et acharnée des troupes françaises qui, contrairement à une légende tenace, ne se sont pas débandées. De nouveaux chiffres sont enfin dévoilés pour la première fois.

Dès la campagne de Pologne, en 1939, et celle de France en 1940, l'armée allemande multiplie des crimes de guerre sur le terrain, en tuant des prisonniers militaires et en massacrant des civils, bien avant l'invasion de la Russie en 1941.

Les Alliés commettent également de nombreux crimes, longtemps tenus cachés et enfin dévoilés : massacres de prisonniers militaires, bombardements aériens aveugles et inutiles contre les civils, plusieurs centaines de milliers de viols en Allemagne et plusieurs milliers en Italie, en France et ailleurs. À l'inverse, deux survivants des camps nazis témoignent de la barbarie du régime hitlérien.

On connaît les exploits des parachutistes américains et britanniques, mais les parachutistes italiens, japonais et soviétiques, souvent méconnus, ont également multiplié les succès militaires sur le terrain.

En refusant de s'engager militairement aux côtés de l'Axe contre les Alliés, le général espagnol Franco a joué un rôle considérable dans le déroulement du conflit en Méditerranée. La pièce maîtresse étant la libre circulation dans le détroit de Gibraltar de la flotte alliée, cela a permis à Churchill de poursuivre la guerre en Afrique du Nord.

L'opération militaire italienne contre la Grèce en 1940-1941 est souvent présentée comme un désastre militaire pour l'Axe, qui aurait eu des répercussions sur le bon déroulement de l'invasion de la Russie soviétique en 1941. Or, il n'en est rien. Les troupes italiennes, en infériorité numérique durant plusieurs mois (fait totalement méconnu et systématiquement ignoré), parviennent malgré tout à contenir les offensives grecques. L'intervention allemande dans les Balkans est une nécessité stratégique pour Hitler, qui ne peut se permettre de laisser ce vaste territoire, favorable aux Britanniques, sans occupation militaire, avant l'invasion de la Russie. De plus, la Yougoslavie, minée par le séparatisme, s'écroule en seulement quelques jours, tandis que l'armée italienne, fixant 16 des 21 divisions grecques, permet un rapide succès de la Wehrmacht. D'autant que, par la suite, l'armée italienne assure quasiment seule l'occupation des Balkans, permettant à l'armée allemande d'engager massivement ses troupes contre l'Armée rouge. Les véritables raisons du retard allemand de l'offensive contre la Russie sont enfin dévoilées au grand jour.

Contrairement à ce qui est souvent affirmé, la bataille de Koursk ne représente en rien un tournant du conflit ni un désastre militaire allemand. Les pertes militaires soviétiques sont dans l'ensemble dix fois plus importantes, voire plus !

Les vérités longtemps dissimulées sur l'armée américaine sont également dévoilées au grand jour : rivalité des chefs militaires, défaites méconnues sur le terrain, difficultés à s'imposer militairement en dépit d'une écrasante supériorité numérique et matérielle, rôle primordial des autres Alliés (Soviétiques, Britanniques, Français et autres), souvent passé sous silence ou injustement minoré...

Longtemps présenté comme un héros de la défaite allemande, le maréchal Tito s'est pourtant rendu coupable dans les Balkans, avec ses partisans communistes, de nombreux crimes et massacres contre les prisonniers militaires et les civils du camp opposé, ou neutres.

Les incroyables victoires de la chasse allemande relèvent-elles des mythes de la propagande hitlérienne ? La réalité des chiffres vous montrera que rien n'est plus faux.

Des héros français, oubliés ou méconnus de la Résistance et de la France libre, mettent en avant le rôle important de notre pays dans la défaite allemande, malgré la francophobie de certains historiens anglo-américains... On découvre des histoires incroyables sur le courage français, sans sombrer dans un chauvinisme réducteur.

Voici donc un nouvel ouvrage incontournable et captivant pour mieux connaître et comprendre l'histoire de la Seconde Guerre mondiale, au-delà des mythes de la propagande des deux camps, sans complaisance à l'égard des régimes totalitaires et sans aveuglement naïf au sujet des démocraties.

1

L'entrée en guerre de la France en septembre 1939

Depuis des décennies, l'histoire officielle raconte que la France a déclaré la guerre à l'Allemagne, suite à l'invasion de la Pologne par la Wehrmacht en septembre 1939. Ce qui est exact. Or, pour justifier un tel acte, on met en avant le fait que la France était tenue par une alliance avec la Pologne. Mais c'est faux !

Il n'existe aucun accord politique d'assistance mutuelle entre la France et la Pologne, uniquement un accord militaire informel non entériné par le gouvernement français. Ainsi la France n'était-elle pas obligée de déclarer la guerre à l'Allemagne en cas d'invasion de la Pologne.

L'étrange comportement de la Pologne

La Pologne signe naïvement un pacte de non-agression avec l'Allemagne hitlérienne dès 1934, portant un coup sévère à la politique étrangère de la France, qui cherche à encercler le IIIe Reich. On oublie souvent que la Pologne a soutenu politiquement et militairement le démantèlement de la Tchécoslovaquie en 1938 par Hitler, en annexant le territoire de Teschen. Nationaliste et anticommuniste, la Pologne s'illusionne sur les intentions allemandes, persuadée que l'antagonisme entre Hitler et Staline ne peut que renforcer une éventuelle alliance militaire avec l'Allemagne contre l'ennemi commun que représente la Russie soviétique. Or, le 21 mars 1939, Hitler formule ses exigences à l'encontre de la Pologne, portant sur l'incorporation du corridor de Dantzig à l'Allemagne, qui permettrait de relier la Prusse orientale au reste du grand Reich. Le 26 mars, le refus de la Pologne cause la rupture des négociations et met fin, le 30, au pacte de non-agression germano-polonais.

La France tente de conclure une alliance militaire avec la Russie soviétique, autorisant, en cas d'agression par l'Allemagne de la Pologne, l'entrée des troupes de l'Armée rouge en territoire polonais pour repousser l'offensive hitlérienne. Or, le refus polonais d'une entente avec Moscou sabote le plan français, et permet à Hitler de signer un pacte de non-agression avec Staline le 23 août 1939, à la stupéfaction générale des autres puissances occidentales.

Pas d'alliance militaire réelle entre la France et la Pologne

Avant le déclenchement de la Seconde Guerre mondiale, en 1939, le ministre polonais de la Guerre rencontre le général français Maurice Gamelin, pour s'entendre sur les mesures à prendre en cas de conflit germano-polonais : l'armée de l'air française devra fixer sa rivale allemande (la Luftwaffe) au troisième jour des hostilités, et la France déclenchera une offensive terrestre au quinzième jour, afin de soulager l'armée polonaise. Cet accord de principe ne sera pas ratifié par le gouvernement français.

La France n'est donc pas tenue, par un quelconque traité militaire et politique, de s'engager militairement contre l'Allemagne suite à l'invasion de la Pologne par les troupes hitlériennes. Comment alors expliquer la décision française de déclarer la guerre à l'Allemagne, en réponse à l'attaque de la Wehrmacht contre la Pologne ?

La France soumise à la Grande-Bretagne

Durant les années 1930, la France, pourtant souveraine et puissante, n'est pas indépendante dans ses décisions en politique étrangère. Elle subit constamment l'influence britannique dans ce domaine. Voulant absolument préserver son alliance avec la Grande-Bretagne, elle devient en grande partie le « caniche » de Londres.

Lorsque, en 1936, les troupes allemandes occupent à nouveau la Rhénanie, la France n'intervient pas militairement, bien qu'elle soit encore en mesure d'écraser dans l'œuf cette opération militaire de la Wehrmacht et de porter ainsi un coup sévère au régime hitlérien. N'étant pas soutenue par Londres, elle doit renoncer à cette ultime chance de mettre fin à l'expansionnisme germanique. Pire, elle pousse l'Italie de Mussolini dans les bras de l'Allemagne, en condamnant par des sanctions économiques l'invasion italienne de l'Éthiopie, alors qu'elle est bien mal placée, en tant que deuxième puissance coloniale de la planète, pour donner des leçons d'anticolonialisme à la « sœur latine ». Elle ne fait que s'arrimer aux décisions britanniques à ce sujet.

La Grande-Bretagne, première puissance coloniale de la planète, ne supporte pas non plus de voir l'Italie envahir l'Éthiopie, au nom d'une prétendue morale internationale. Politique étrangère désastreuse, lorsque l'on sait que Mussolini, de 1922 à 1935, a soutenu la France et la Grande-Bretagne contre un éventuel expansionnisme germanique. Londres craint également qu'un rapprochement italo-français mette en péril sa toute-puissance en Méditerranée, allant même jusqu'à signer un accord de réarmement naval avec l'Allemagne hitlérienne en 1935, en désaccord total avec les exigences du traité de Versailles de 1919.

La faiblesse de l'armée française

On prétend que la France se trouvait militairement puissante en septembre 1938, lors des accords de Munich qui ont provoqué le démembrement d'une partie de la Tchécoslovaquie au bénéfice des nazis, grâce au soutien présumé de l'armée tchécoslovaque. Pures balivernes ! L'effort militaire industriel français commence à porter ses fruits depuis un an seulement, alors que l'Allemagne l'a devancé depuis quatre ans. L'aviation française est obsolète à cette date, la France n'a aucune division blindée et son armée de terre est défensive, alors que la Wehrmacht dispose déjà de quatre divisions blindées et d'une aviation nombreuse et moderne. Quant à l'armée tchécoslovaque, elle aligne une faible aviation aux appareils vétustes et une armée de terre elle aussi purement défensive, derrière des fortifications incomplètes. La Grande-Bretagne, plus puissante militairement en 1939 qu'en 1938, n'est pas en mesure de soutenir efficacement son allié français. Il convient de souligner que l'armée française du 10 mai 1940, forte pourtant de 7 divisions blindées (3 divisions légères mécanisées et 3 divisions cuirassées, plus une autre en formation) face à 10 Panzerdivisions, sera vaincue en six semaines bien qu'également soutenue par une division blindée britannique – soit 8 divisions blindées alliées contre 10 allemandes. Que pouvait donc faire l'armée française de 1938, sans la moindre division blindée, contre une Wehrmacht déjà forte de quatre Panzerdivisions, sans parler de l'infériorité numérique criante dans le domaine aérien contre la Luftwaffe ?

Le 10 mai 1940, l'armée de l'air française aligne 609 chasseurs et 216 bombardiers, sans oublier 108 chasseurs et 208 bombardiers britanniques présents en France, soit un total de 717 chasseurs et 424 bombardiers franco-britanniques contre 1 145 chasseurs et 1 444 bombardiers allemands, un rapport des forces en présence de 1 141 avions de combat franco-britanniques contre 2 589 dans les rangs allemands. D'autant que les 174 avions belges et les 177 néerlandais sont pour la plupart détruits au sol, dès les premiers jours de l'offensive allemande.

Londres, cherchant par tous les moyens à s'entendre avec l'Allemagne de 1933 à 1938, au détriment de la France et de l'Italie, pousse finalement la France à déclarer la guerre à l'Allemagne en septembre 1939. La France s'exécute, malgré son impréparation militaire.

Une armée polonaise faible, malgré le courage de ses soldats

Le commandement français s'illusionne sur la puissance militaire polonaise en 1939, encore plus faible que celle de l'armée tchécoslovaque en 1938. Le général français Gamelin estime pourtant que l'armée polonaise a la capacité de résister six mois à la Wehrmacht. Il se trompe lourdement : la Pologne doit capituler après un mois de combat.

D'ailleurs, le rapport des forces en présence ne laisse aucune chance à la vaillante armée polonaise. Le 1er septembre 1939, l'armée allemande franchit la frontière avec 60 divisions – dont 6 divisions blindées et 4 divisions motorisées, regroupant 2750 chars et 9 000 pièces d'artillerie. L'ensemble est soutenu par 2 500 avions (1 000 bombardiers et 1 500 chasseurs). Si, sur les 2 750 chars allemands, 1 445 sont de modestes Panzer I armés uniquement de deux mitrailleuses, les 1 305 autres sont de modernes Panzer II, III, IV, Škoda

35 t et 38 t, armés de canons de 20 mm, 37 mm ou 75 mm, pouvant détruire n'importe quel blindé adverse.

De son côté, l'armée polonaise ne peut opposer que 39 divisions d'infanterie et 11 brigades de cavalerie à cheval, 1 040 chars et chenillettes, dont seulement 170 sont des 7TP capables d'affronter tous les Panzers, 4 500 pièces d'artillerie, 308 avions, dont 158 chasseurs et 150 bombardiers ou avions de reconnaissance. Tous les avions polonais sont surclassés en vitesse et en armement par leurs rivaux allemands.

En trois jours, les troupes polonaises sont enfoncées en plusieurs endroits et contraintes de reculer. Elles mènent cependant plusieurs contre-attaques courageuses, qui sont finalement contenues et repoussées. L'écrasante supériorité de l'aviation allemande joue un rôle capital, de même que la mobilité et les capacités offensives des Panzerdivisions. La qualité du combat interarmes de la Wehrmacht, malgré quelques défaillances, fait également la différence. L'encerclement de nombreuses divisions polonaises se termine, à chaque fois, au bénéfice des troupes allemandes.

Le soutien de la Pologne par la France

Des accords militaires franco-polonais, cependant non ratifiés par Paris, prévoyaient une offensive française quinze jours après la déclaration de guerre, afin de soulager l'armée polonaise. Contrairement à ce qui est souvent affirmé, la France tient sa promesse, en attaquant sur le front de la Sarre du 7 au 13 septembre 1939, avec 7 divisions d'infanterie qui progressent difficilement d'une dizaine de kilomètres sur un terrain truffé de mines. L'historienne Camille Vargas écrit avec justesse :

> « Contrairement à ce qui est souvent avancé, les Français ont en fait honoré les engagements informels qu'ils avaient pris vis-à-vis des Polonais, devançant même le calendrier. Seule l'action sur le plan aérien n'a pas été respectée, les moyens français disponibles n'étant tout simplement pas en mesure de faire quoi que ce soit d'utile. D'ailleurs, au 17 septembre, date à laquelle l'armée française aurait dû déclencher une offensive générale contre le *Westwall* [ligne Siegfried] selon l'accord, la Pologne était vaincue.

« Il ne fait aucun doute que l'action française dans la Sarre a donné l'image d'une manœuvre extrêmement lente et compassée, loin de la fulgurance que l'on était en mesure d'attendre dans le contexte stratégique en cours. L'armée française aurait pu arriver au pied de la ligne Siegfried beaucoup plus vite en consentant des pertes bien plus importantes, donnant ainsi l'image d'une action volontariste, au prix du sacrifice de davantage de ses soldats. Ce sacrifice aurait-il soulagé la Pologne autrement que symboliquement ? C'est peu probable, car une fois devant le *Westwall*, la réunion des moyens nécessaires à son attaque aurait tout de même nécessité des délais incompressibles liés au processus de mobilisation et la France n'aurait de toute façon pas pu entreprendre d'action décisive avant le 15 ou 17 septembre, à un moment où la Pologne était déjà vaincue[1]. »

La mobilisation de l'armée française devient pleine et entière seulement le 20 septembre 1939, avec 84 divisions, dont seulement 2 divisions blindées (divisions légères mécanisées). Le 6 septembre 1939, déjà 23 divisions allemandes font face à la France qui en aligne 33. Le 12 septembre, 34 divisions allemandes sont opposées à 41 divisions françaises. Le 20 septembre, on dénombre 86 divisions allemandes contre 84 divisions françaises. Ainsi, contrairement à ce qui est souvent affirmé, il y a une réelle parité des forces terrestres en présence au moment où l'armée française est en mesure de passer à l'offensive, sans oublier la supériorité numérique de la Luftwaffe. La contribution britannique est quasiment inexistante durant cette période, tandis que la Belgique et les Pays-Bas restent dans une stricte neutralité. De plus, sur le long terme, la France est en mesure d'aligner une centaine de divisions contre 150 divisions allemandes. Il convient également de souligner que l'Allemagne a débuté la mobilisation de son armée dès le 12 août 1939, soit deux semaines avant la France.

La principale erreur du commandement français est d'avoir cru que l'armée polonaise résisterait six mois à l'invasion allemande, alors que, au bout d'un mois elle a été contrainte de capituler ; elle se trouvait virtuellement vaincue dès le 15 septembre 1939. L'effondrement rapide de la Pologne n'a donc pas laissé le temps nécessaire à la France de lancer une importante opération.

1. Camille Vargas, « France 1940, la défaite passée au crible », *Batailles et Blindés*, hors-série n° 48, mars-avril 2022.

L'offensive tricolore de la Sarre, du 7 au 13 septembre 1939, se solde par 2 000 soldats français tués ou blessés, contre 700 dans les rangs allemands. Du 16 au 24 octobre 1939, l'armée allemande contre-attaque sur ce front, au prix de 340 soldats tués et le double de blessés dans ses rangs. Au total, du 7 septembre au 24 octobre 1939, les troupes allemandes déplorent 1 720 soldats hors de combat sur le front de la Sarre.

La colère d'un ancien combattant français

Durant les années 1990 et début 2000, je croisais souvent dans mon quartier un ancien combattant français de la campagne de mai-juin 1940, Jean Vermois, un Lorrain venu s'installer à la retraite à Bordeaux. Professeur d'éducation physique dans sa jeunesse, il avait conservé jusqu'à plus de 90 ans une forme exceptionnelle, pratiquant encore la course de fond et d'autres activités physiques, comme la musculation et la gymnastique ! Sa femme était artiste peintre. Ils formaient un couple atypique. Au sein de la 11ᵉ division d'infanterie (DI), en tant que tireur au fusil-mitrailleur (FM) modèle 1924-1929, Jean avait subi de plein fouet l'offensive allemande du 9 juin 1940 dans l'Aisne.

> Dans ce secteur du front, allant de Château-Porcien à Rethel, les 11ᵉ et 2ᵉ divisions françaises d'infanterie (DI) sont assaillies, les 9 et 10 juin 1940, par 6 divisions allemandes d'infanterie (3ᵉ, 23ᵉ, 52ᵉ, 17ᵉ, 21ᵉ et 260ᵉ DI), soutenues par les 1ʳᵉ, 2ᵉ, 6ᵉ, 8ᵉ Panzer-divisions et les 29ᵉ et 20ᵉ divisions motorisées, soit un total de 36 000 soldats français, appuyés de 160 chars du groupement blindé Buisson, opposés à 200 000 soldats allemands, soutenus par 954 chars du général Guderian ! Fait incroyable, les troupes françaises, qui luttent comme des lions, accomplissent le miracle de repousser tous les assauts allemands le 9 juin, mais, le 10 juin, les positions sont finalement enfoncées, devant l'écrasante supériorité numérique et matérielle de l'assaillant. Les 10 et 11 juin 1940, le groupement blindé Bussion (3ᵉ division cuirassée, 7ᵉ division légère mécanisée, 3ᵉ division d'infanterie motorisée), réduit à 160 chars (dont seulement 30 chars lourds B1 bis), tente de s'opposer à la percée des 4 Panzerdivisions de Guderian (954 chars). Durant ces deux jours, la progression allemande est en partie contenue, puis, finalement, sous le poids

du nombre, les troupes françaises doivent se replier. Les carnets du général allemand Halder trahissent les contrariétés du chef d'état-major de la Wehrmacht: « Les espoirs que l'on avait de crever rapidement le front sont déçus. Guderian piétine encore et, dans la nuit, un message de lui insistait sur le fait qu'il a plusieurs divisions françaises en face de lui. Parmi ces divisions, il y en a au moins trois que Guderian prétendait avoir détruites la veille[2]... »

Mais revenons à Jean Vermois, directement engagé dans cette bataille du front de l'Aisne, au sein donc de la 11e DI:

> « Le 9 juin 1940, nous subissons un véritable déluge de l'artillerie allemande, ainsi que des bombardements aériens de la Luftwaffe. Je me trouve en première ligne avec mon FM 24-29. Mon pourvoyeur, chargé de me passer les chargeurs de mon FM, est tué par un éclat d'obus de gros calibre qui lui coupe le corps en deux! Mon FM est brisé par un autre éclat. Je suis sauvé par mon casque d'acier Adrian modèle 1926 qui résiste à plusieurs petits éclats. Je suis cependant sonné. Le pilonnage allemand terminé, je vois arriver devant moi une infanterie allemande dix fois plus nombreuse que la nôtre, soutenue par de très nombreux chars: un véritable rouleau compresseur. Désarmé, je dois me replier et poursuivre le combat sur une seconde position, après avoir récupéré le fusil Lebel-Berthier d'un fantassin français tué. La lutte est terrible. Nous plions sous le poids du nombre.
> « Toute ma vie, j'ai été marqué par ce désastre ayant tué mon pourvoyeur et contraint la belle 11e DI de Nancy, surnommée la "division de fer", à se replier devant l'écrasante supériorité numérique de l'adversaire, après avoir cependant livré un combat héroïque, tombé hélas dans l'oubli. J'ai voulu comprendre cette disparité des forces en présence. En 1939, nous avions moitié moins d'habitants que l'Allemagne et une population nettement plus âgée. Nous avions trois à quatre années de retard dans le réarmement par rapport à l'Allemagne. Notre aviation devait lutter à un contre trois. Nous n'avions qu'une faible DCA et des chars en grande partie sans système radiophonique pour communiquer entre eux. Je pourrais multiplier, hélas, les exemples allant

2. Archives militaires allemandes, Fribourg-en-Brisgau.

dans le sens de notre infériorité, même si au niveau des blindés le rapport des forces était équilibré. Le général Gamelin, notre commandant en chef, est tombé dans le piège allemand en Belgique, tout en refusant de voir que l'offensive principale de la Wehrmacht se situait dans les Ardennes.

« On nous raconte que nous sommes entrés en guerre pour secourir la Pologne, du fait d'une alliance militaire avec ce pays. J'ai cherché durant longtemps des documents attestant de cette alliance : RIEN ! Nous n'avions signé aucun accord militaire à ce sujet. C'est un mensonge éhonté depuis des décennies. Nous avons donc déclaré la guerre à l'Allemagne, sans être prêts militairement, pour aider la Pologne qui avait participé aux côtés des nazis à l'invasion de la Tchécoslovaquie en 1938. De plus, nous devions lancer une offensive à la mi-septembre 1939, alors que la Pologne était déjà vaincue militairement, même si la résistance courageuse de ce pays s'est poursuivie durant encore deux semaines.

« Cette guerre mal préparée, engagée hâtivement, nous a coûté la plus terrible défaite de notre histoire, suivie de quatre années d'occupation et la perte de notre prestige militaire dans le monde : un véritable désastre, du fait en grande partie de l'incompétence d'une partie de nos “élites[3]”. »

3. Entretiens de l'auteur avec Jean Vermois en avril 1995.

2

Les plans allemands dévoilés au commandement français !

Depuis des décennies, on prétend que l'offensive allemande dans les Ardennes en mai 1940 a été une surprise complète pour le commandement français. Rien n'est plus faux, comme nous allons le découvrir avec stupéfaction !

Hans-Tilo Schmidt, l'espion allemand qui pouvait nous faire gagner la guerre en 1940 !

Né le 13 mai 1888 à Berlin, Hans-Thilo Schmidt est certainement l'un des plus incroyables espions allemands de la Seconde Guerre mondiale. En effet, si le gouvernement et le commandement français avaient pris au sérieux ses renseignements, Hitler aurait perdu la guerre… dès le mois de mai 1940 !

Employé au bureau du chiffre du ministère de l'Armée allemande dès les années 1920, Schmidt est alors un fêtard notoire et un coureur de jupons invétéré, se trouvant souvent à court d'argent. Il n'hésite pas un seul instant à trahir son pays pour assouvir ses besoins en tous genres, surtout après la crise de 1929. Dès octobre 1931, il entre en contact avec le capitaine Gustave Bertrand, officier français du service de renseignement (SR). Moyennant finance, Schmidt propose de lui communiquer des renseignements capitaux sur le réarmement clandestin allemand et l'évolution politique de son pays.

Trois officiers français du SR (André Perruche, Guy Schlesser et Paul Paillole) établissent des contacts permanents avec cet espion allemand, qui fournit des copies des manuels d'instruction de la fameuse machine Enigma, concentrant les messages secrets des autorités militaires allemandes. Enigma est une machine électromécanique portative servant au cryptage et au déchiffrement de l'information.

Dès décembre 1932, le capitaine Gustave Bertrand partage les renseignements d'Enigma avec les services secrets militaires polonais. Durant six ans, les agents polonais et français parviennent à déchiffrer de nombreux messages d'Enigma, bien avant les Britanniques.

> « En effet, une équipe de mathématiciens de haut vol de Varsovie, dirigée par Marian Rejewski, avait compris avant tout le monde que la technique de chiffrement allemand était basée sur l'emploi d'un système mécanique, perfectionné sous le régime nazi.
> « Les Français n'étaient pas en reste car, dès juin 1931, un cadre du chiffre allemand, Hans-Thilo Schmidt, s'était présenté à l'ambassade de France à Berlin pour monnayer des secrets concernant les transmissions allemandes. Le capitaine Bertrand le prit en main, d'autant que ses motivations étaient aussi celles d'un antinazi convaincu.
> « Mais ce n'est véritablement qu'après l'annexion de l'Autriche par les troupes d'Hitler, le 12 mars 1938, que les Polonais, les Anglais et les Français travaillèrent de concert à tenter de percer les codes secrets des armées allemandes[1]. »

Schmidt ne limite pas son activité d'espion en fournissant des renseignements sur Enigma. Par l'entremise de son frère, officier en pleine ascension dans l'armée allemande, il a également accès à d'autres informations confidentielles de la plus haute importance. Dès août 1932, il prévient ses contacts militaires français que l'Allemagne se réarme clandestinement. De nombreuses unités sont équipées de matériel interdit par le traité de Versailles : artillerie lourde, canons antichars et antiaériens, chars. Des dépôts d'armes sont cachés dans les forêts. Des avions civils sont transformables en une semaine en chasseurs de combat. Le commandement allemand développe la

1. Denis Demonpion, « Code secret Enigma : la DGSE remet les Anglais à leur place », *L'Obs*, 2 décembre 2015.

fabrication des divers prototypes à l'étranger : avions et blindés en Russie soviétique, en Suède et en Suisse ; sous-marins et mitrailleuses en Espagne et en Hollande.

En août 1933, Hans-Thilo Schmidt informe ses contacts militaires français de l'intention belliqueuse d'Adolf Hitler sur le corridor de Dantzig, visant à couper la Pologne d'un accès à la mer. En janvier 1934, il signale l'ouverture des premiers camps de concentration sur le territoire allemand.

En janvier 1936, Hans-Thilo Schmidt prévient que Hitler envisage de réoccuper la rive gauche du Rhin, ce qu'il fera six semaines plus tard. Il apporte la précision capitale : « Hitler joue à cette occasion un véritable coup de poker et il retirera immédiatement ses troupes si la France intervient militairement[2]. »

À ce sujet, l'historien militaire Max Schiavon apporte les précisions suivantes :

> « De 1935 à 1940, le général Maurice Gamelin, chef de l'armée française, ne prend pas certaines décisions capitales en matière de doctrine et d'armement. Mais c'est au sujet de la remilitarisation allemande de la Rhénanie, en 1936, qu'il va commettre l'irréparable. Sa responsabilité dans ce désastre est pleine et entière. Objectivement, l'armée française avait les moyens d'anticiper puis d'intervenir, car le service de renseignement avait alerté plusieurs semaines auparavant du coup que préparait Hitler. Gamelin aurait pu, par exemple, mettre en alertes les excellentes divisions d'active positionnées en Lorraine et en Alsace. Or, pour passer à l'action, il réclame la mobilisation générale ! En période préélectorale, c'est un risque que les hommes politiques ne prennent pas. C'est sans doute la dernière chance d'assener à bon compte un coup d'arrêt à l'aventurisme d'Hitler. Chose aggravante, Gamelin a fait sciemment une présentation biaisée des forces allemandes et des siennes pour ne pas avoir à agir. Il a trompé le gouvernement en lui faisant peur[3]. »

---

2. Laurent Bergers, *Notre espion chez Hitler*, film documentaire, Label Image, 2015.
3. Entretiens de l'auteur avec Max Schiavon en avril 2021. Le lecteur pourra également lire les propos de Max Schiavon recueillis par Jean Lopez, « Gamelin n'avait rien d'un chef de guerre », *De la guerre*, été 2021, hors-série n° 1, Guerre-Histoire. Ou Max Schiavon, *Gamelin, la tragédie de l'ambition*, Perrin, 2021.

On peut se demander à juste titre pour quelles raisons un militaire aussi médiocre se trouve à la tête de l'armée française. En réalité, il a le soutien inconditionnel de Maurice Daladier, un radical-socialiste comme lui, qui occupe d'importants postes ministériels de 1924 à 1940. Chef du gouvernement en 1933-1934, il devient ministre de la Défense du Front populaire de 1936 à 1937. De nouveau chef du gouvernement en avril 1938, il retrouve ensuite le poste de ministre de la Défense nationale et de la guerre en 1940. Partisan de la ligne Maginot et d'une doctrine militaire défensive, il se méfie des idées novatrices du colonel Charles de Gaulle au sujet des chars et d'une armée de métier. Bien que n'ignorant rien de l'impréparation militaire de la France, il déclare la guerre à l'Allemagne en septembre 1939 et approuve le plan désastreux du général Gamelin d'intervenir en Belgique et en Hollande en cas d'offensive allemande à l'ouest.

Gamelin, avec le soutien de Daladier, est le seul à élaborer la manœuvre Dyle-Breda (intervention en Belgique et en Hollande), alors qu'il se montre d'habitude d'une grande prudence, refusant le plus souvent de trancher.

Aucun des autres généraux français ne veut de son plan. Ainsi que le déclare Max Schiavon :

> « Tous jugent que s'enfoncer loin au Benelux est dangereux, encore plus si ce mouvement aboutit à priver le commandement de la seule masse de manœuvre disponible au centre, à savoir l'excellente 7e armée du général Giraud. Malheureusement, si les généraux Georges, Blanchard, Giraud et Prételat, notamment, sont inquiets, ils ne s'en ouvrent pas aux politiques. Trop souvent déçus depuis le début des années 1930, ils n'ont plus confiance, et ceci est à la racine du drame de 1940. Daladier n'est pas à l'aise avec le monde militaire. Où trouver des chefs qui pensent comme lui ? Environ 95 % des officiers supérieurs sont des conservateurs ! Gamelin est un des rares à ce niveau à se dire radical-socialiste. Il rassure Daladier, qui le soutiendra jusqu'au drame final[4]. »

Lors du procès de Philippe Pétain en juillet-août 1945, diverses personnalités politiques, comme Édouard Daladier et Léon Blum,

4. Entretiens de l'auteur avec Max Schiavon en avril 2021. Voir aussi les propos de Max Schiavon recueillis par Jean Lopez, « Gamelin n'avait rien d'un chef de guerre », art. cit., et Max Schiavon, *Gamelin, la tragédie de l'ambition*, *op. cit.*

viennent déposer à charge, afin notamment de faire oublier leurs responsabilités dans la défaite de mai-juin 1940.

En effet, Daladier et Blum – mais pas uniquement eux – portent de lourdes responsabilités dans l'impréparation militaire de la France, en retard de trois à quatre années par rapport à l'Allemagne hitlérienne. Ils soutiennent la doctrine défensive de l'armée française et rejettent les idées novatrices du colonel Charles de Gaulle concernant la création des divisions blindées. Daladier ne jure que par la ligne Maginot. Blum, chef du gouvernement de juin 1936 à juin 1937, d'abord pacifiste malgré le réarmement allemand, voit dans la création des divisions cuirassées d'active un instrument d'oppression contre la classe ouvrière et le peuple français, alors que Hitler multiplie ses Panzerdivisions... Ce même Léon Blum refuse tout rapprochement avec l'Italie de Mussolini, estimant que le fascisme représente un danger plus grand que le nazisme ! Or, au début des années 1930, le *Duce* tente à plusieurs reprises de constituer un système d'alliance avec la France et la Grande-Bretagne pour contrer les visées expansionnistes allemandes en Europe. Mussolini milite à fond pour l'indépendance de l'Autriche, dont il se fait le protecteur, voyant d'un mauvais œil l'annexion de ce pays par le IIIe Reich. Il voit dans l'Autriche un tampon protecteur, éloignant l'Allemagne de sa frontière au nord des Alpes.

À son arrivée au pouvoir avec le Front populaire en 1936, Blum s'oppose aux tentatives de rapprochement avec l'Italie, jetant ainsi Mussolini dans les bras du *Führer*. Il encourage le vote des sanctions économiques contre l'Italie, suite à l'invasion de l'Éthiopie en 1936, oubliant que son propre pays est la deuxième puissance coloniale, juste après la Grande-Bretagne, donc bien mal placé pour donner des leçons d'anticolonialisme aux Italiens. Ce n'est qu'à partir de 1937 qu'il commence à prendre en compte le danger du réarmement du IIIe Reich, qui a pourtant débuté dès 1933, voire clandestinement dès les années 1920. De 1920 à 1936, Blum tient un discours résolument pacifiste, refusant de voir le danger réel que représente cette Allemagne avide de revanche.

Cependant, à partir de 1937, il fait tout son possible pour accroître considérablement le budget de la Défense.

Le réarmement militaire français ne produit réellement ses effets qu'à partir de 1938 : beaucoup trop tardivement pour rattraper celui de l'Allemagne. Si la Marine nationale, pièce maîtresse de l'Empire colonial français, bénéficie d'un effort permanent dès 1925, lui permettant de se hisser au quatrième rang mondial, l'armée de terre souffre de nombreuses déficiences, comme la dispersion de la majorité de ses chars (dépourvus le plus souvent de moyens radio) en bataillons d'accompagnement de l'infanterie, l'absence de DCA efficace, sans oublier l'armée de l'air devant lutter à un contre trois, avec des appareils souvent moins rapides que ceux de l'adversaire.

> « Les retards ne pourront jamais être rattrapés et les capacités industrielles se révèleront là aussi insuffisantes pour répondre aux commandes dans les délais fixés. En outre, malgré leur détermination, Blum et Daladier restent fondamentalement convaincus que la résolution de toute crise internationale passe par la négociation ; mais ils savent aussi qu'en situation de faiblesse trop marquée, leur crédibilité serait nulle[5]. »

Mais il y a plus grave, comme le souligne Nicolas Aubin :

> « La France n'a plus le leadership politique et militaire pour s'imposer sur un échiquier européen désuni [...] Le Front populaire n'a pas été capable – c'est une pierre dans son jardin – d'agir sur le cœur même du problème, la dichotomie entre doctrine militaire de repli et politique étrangère d'ouverture. [...] Les petits alliés ont compris que la doctrine défensive ne permettrait pas à la France de tenir ses promesses d'assistance. Durant l'été 1936, la Belgique dénonce la convention militaire[6]. »

Ainsi la Belgique entre-t-elle dans une neutralité stricte qui sera funeste à la France et favorable à Hitler. Le 10 mai 1940, le commandement militaire belge fait appel à l'armée française trop tardivement, permettant aux divisions allemandes d'enfoncer facilement le front de la Meuse des Ardennes, mal défendu et peu fortifié. Il aurait été pourtant facile de bloquer les interminables colonnes motorisées allemandes dans la forêt ardennaise avec des troupes habilement positionnées depuis longtemps. Jean-Claude Delhez démontre « que la victoire allemande n'était pas possible sans le double choix des Belges. Choix de quitter l'alliance française en 1936 pour se proclamer neutre. Choix de ne pas défendre le massif ardennais, ouvrant un boulevard à la chevauchée des Panzers en direction de Sedan, qui offre à Hitler la plus éclatante victoire de sa carrière[7] ».

5. Rémi Porte, *1940 – vérités et légendes*, Perrin, 2020.
6. Nicolas Aubin, « La France a-t-elle été trahie ? », *Guerres et Histoire*, n° 55, juin 2020.
7. Jean-Claude Delhez, *La déroute française de 1940 : la faute aux Belges ?*, Economica, 2015.

Il est donc évident que si Blum et Daladier s'étaient orientés vers un réarmement militaire offensif et une politique étrangère ferme contre l'Allemagne, avec le soutien de la Grande-Bretagne et de l'Italie, le désastre de mai-juin 1940 aurait peut-être été évité. Mais les idées novatrices du colonel de Gaulle ont rencontré le refus de Blum et de Daladier, fidèles à la doctrine militaire défensive du général Maurice Gamelin.

Malgré les renseignements précis de Hans-Thilo Schmidt et un service français du renseignement particulièrement efficace, Gamelin, Blum et Daladier accumulent les fautes politiques et militaires.

Revenons donc à cet espion allemand qui aurait pu nous faire gagner la guerre en mai 1940. En 1937, Hans-Thilo Schmidt quitte le bureau du chiffre et entre au bureau de recherches du ministère allemand de l'Air. Grâce à son frère officier, il accède à des informations capitales qu'il vend au service français du renseignement militaire. Le 6 novembre 1937, il transmet le compte rendu d'une réunion d'Hitler, qui expose clairement sa décision d'envahir l'Autriche et la Tchécoslovaquie en 1938, la Pologne en 1939, la Belgique, la Hollande et la France en 1940. Ces informations capitales ne sont cependant prises au sérieux ni par Blum, ni par Daladier, ni par Gamelin. Pourtant, Hans-Thilo Schmidt annonce l'annexion de l'Autriche par Hitler deux semaines avant sa réalisation, l'occupation des Sudètes dès août 1938, soit six semaines avant les accords de Munich, puis les plans de l'invasion totale de la Tchécoslovaquie. Le 10 mars 1940, il prévient que Hitler portera son offensive principale dans les Ardennes, en direction de Sedan, lors de son offensive sur le front ouest le 10 mai 1940. Or, encore une fois, ces informations, transmises par le service français de renseignement militaire, sont ignorées ou méprisées par Gamelin et Daladier. Les deux hommes les jugent même totalement fantaisistes !

Le 10 mai 1940, Gamelin, avec l'accord de Daladier, décide de lancer sa calamiteuse opération Dyle-Breda en direction de la Belgique et de la Hollande, tout en laissant le front des Ardennes sous la défense d'une dizaine de médiocres divisions d'infanterie de réserve, sous-équipées en armes antichars et antiaériennes. Elles vont subir le choc de 7 Panzerdivisions et d'une quarantaine de divisions d'infanterie, soutenues par une puissante aviation.

Ainsi Gamelin et Daladier auront-ils ignoré ou méprisé jusqu'au bout les informations essentielles de Hans-Thilo Schmidt, l'espion allemand qui aurait pu faire gagner la guerre aux Alliés dès 1940, ou du moins mettre en échec le plan allemand de l'offensive à l'ouest.

De même que, dès 1936, Hitler aurait pu subir un terrible revers, lors de la remilitarisation de la Rhénanie, si l'armée française avait réagi avec promptitude.

Un des contacts de Hans-Thilo Schmidt, Rudolf Stahlmann, est arrêté par l'Abwehr (les services secrets de l'armée allemande) le 27 février 1943. Sous la torture, il parle et cause l'incarcération de Hans-Thilo Schmidt. Sa fille Gisela raconte que son père se serait suicidé, le 19 septembre 1943, au moyen d'un poison qu'elle lui aurait fait passer en prison, à Berlin.

Un autre officier a joué un rôle important dans l'espionnage en faveur des Alliés : le capitaine suisse Hans Hausamann.

Les renseignements cruciaux d'un capitaine suisse

Le capitaine suisse Hans Hausamann parvient à fonder un réseau secret de renseignement au sein même du commandement allemand, dont certains des officiers sont des antinazis et des adversaires résolus du *Führer*, dont le colonel Hans Hauster, collaborateur et ami de l'amiral Canaris, patron de l'Abwehr. Hausamann est également en relation avec des résistants allemands implantés au sein de l'état-major de Hitler. Son réseau a Lucerne pour centre. Hausamann a déjà fourni dans un passé récent des informations de premier ordre. Dès le printemps 1939, il a fait savoir au gouvernement suisse et aux Alliés que l'Allemagne attaquerait la Pologne à la fin de l'été. Cette fois, le 1er mai 1940, il communique aux Alliés les plans du grand quartier général de Hitler : « Attaque de l'Europe de l'Ouest entre le 8 et le 10 mai, avec pour axe principal d'effort Sedan[8]. »

Toujours selon Hausamann, la Belgique, la Hollande et le nord de la France seront occupés en dix jours et l'ensemble du territoire français sera submergé en un mois. Toutes les informations annonçant l'invasion se recoupent. Le Vatican, également bien informé par des officiers catholiques allemands antinazis, est intervenu auprès de la Belgique pour lui faire part de la menace pesant sur elle.

Le commandement français est donc parfaitement informé du plan de l'offensive allemande, avec pour axe principal d'effort Sedan, à savoir le front des Ardennes et de la Meuse, dégarni de troupes alliées ! Or, aussi incroyable que cela puisse paraître, une partie du

---

8. Archives militaires françaises, Vincennes.

commandement français, obnubilée par son offensive en Belgique, ne prend pas au sérieux cette information, pourtant de première importance et obtenue de source sûre!

Début mai 1940, ce sont les fêtes de la Pentecôte. Certaines des divisions françaises, chargées de défendre la Meuse et les Ardennes (là où justement les Allemands vont attaquer massivement) n'ont que 80 % de leurs effectifs en ligne, 20 % se trouvant en permission!

Le 9 mai 1940, en début d'après-midi, le capitaine Michel de Lombarès, officier du bureau de renseignement de la 2e armée française (positionnée dans les Ardennes), rencontre, dans un bois de la frontière, un ingénieur belge des ponts et chaussées qui, dès le 8 mai au soir, lui a demandé un rendez-vous urgent... Depuis des mois, ce dernier fournit en secret des renseignements précieux à l'officier français:

> « Savez-vous ce qui ce passe? Grâce aux informations fournies par certains de mes collègues, comme par d'autres sources au Luxembourg... je crois pouvoir vous dire que l'attaque allemande est pour demain[9]. »

Le capitaine de Lombarès rentre rapidement à Senuc, poste de commandement (PC) de la 2e armée française, pour rendre compte de cette conversation au lieutenant-colonel Paquin, chef de renseignement du secteur. Il le trouve en train de s'habiller pour accompagner le général Huntziger, commandant de la 2e armée, à une séance théâtrale à Vouziers. Paquin répond: « Bon, mettez-moi tout cela par écrit[10]... » Comme si de rien n'était, Huntziger et une grosse partie de l'état-major partent peu après assister au spectacle...

> « Si, au début de mai 1940, des généraux commandant des unités dans la région de Sedan conseillent au maire de la ville, M. Paul Troller, de "ne pas s'endormir dans une sécurité trompeuse, ne pas hésiter à faire partir la population, effarés qu'ils sont à l'idée de ce qui va leur tomber sur les reins dans les prochains jours", ce n'est pas le sentiment d'Huntziger. Au cours d'un concert donné à Sedan par son ami, le célèbre pianiste Alfred Cortot, le chef de

9. *Ibid.*
10. *Ibid.*

la 2e armée avait assuré le 7 mai au maire : "Je ne crois pas que les Allemands songeront à attaquer dans la région[11]." »

Gamelin se trompe sur l'axe réel de l'offensive allemande

Bien que le commandement français soit informé, dès le 10 mars 1940, par l'espion allemand antinazi Hans-Thilo Schmidt, et le 1er mai 1940 par le capitaine suisse Hans Hausamann, que « l'armée allemande attaquera entre le 8 et le 10 mai sur l'ensemble du front, avec effort principal à Sedan », le général Maurice Gamelin n'y voit qu'une manœuvre de diversion et s'en tient à son opinion préconçue : l'effort principal de l'armée allemande se trouve au nord de la Belgique.

Le problème des 7 Panzerdivisions, rassemblées pour la manœuvre principale, c'est moins de percer les Ardennes, faiblement défendues, que d'être obligées de se soustraire aussi longtemps que possible à la reconnaissance aérienne française pour préserver l'effet de surprise. Mais comment y parvenir quand le groupement blindé allemand Kleist compte à lui seul une masse de 41 140 véhicules en tous genres ? On s'étonne alors du temps qu'il a fallu pour localiser l'axe d'effort de l'attaque allemande et de celui que prend le commandement militaire français pour en tirer des conclusions.

Le premier jour de l'offensive, le 10 mai 1940, la reconnaissance aérienne alliée ne nourrit encore aucun soupçon, bien que les Allemands concentrent des masses imposantes de blindés au Luxembourg et à la lisière orientale des Ardennes belges. Voici la phrase par laquelle se conclut le résumé du bulletin de renseignements établi par la IIe armée française en date du 10 mai : « Aucun indice signalant des véhicules blindés sur le front de défense de l'armée[12]. »

Des renseignements aériens négligés

Au cours de la nuit suivante et de la matinée du 11 mai 1940, les pilotes français d'avions de reconnaissance découvrent de très longues colonnes motorisées sur le front des Ardennes. Cependant, le commandant en chef des forces aériennes françaises de la zone

11. Claude Paillat, *Le désastre de 1940, la guerre éclair – 10 mai-24 juin 1940*, Robert Laffont, 1985.
12. Archives militaires françaises, Vincennes.

d'opération nord, le général d'Astier de La Vigerie, estime qu'il s'agit d'un assaut secondaire de l'ennemi en direction de Givet. Quant à l'axe d'effort de l'offensive principale, on le considère sans équivoque au nord de la Belgique. Pourtant, dès l'après-midi, des unités françaises de cavalerie de reconnaissance se trouvent exposées à des assauts blindés allemands, d'une telle puissance qu'elles doivent se retirer précipitamment derrière la Semois. Nul ne soupçonne que c'est là que pourrait se trouver l'effort principal de l'offensive allemande. Dans le dernier compte rendu quotidien de la IIe armée française, on parle d'un « déroulement normal de l'opération de retardement[13] ». Ainsi que le note l'historien allemand Karl-Heinz Frieser :

> « Bien plus grave paraît l'erreur d'évaluation que commit la IXe armée française dont le service de renseignement a été considéré comme "l'allié involontaire" du général allemand Guderian. Lorsque dans la nuit du 11 au 12 mai, un pilote français d'un avion de reconnaissance fit état de nombreuses colonnes de véhicules s'étirant sur des kilomètres et traversant les Ardennes tous phares éteints, il se heurta à des réactions très sceptiques. Là-dessus, on envoya un nouvel avion français dans cette direction. Il revint bientôt avec les ailes transpercées et le réservoir troué par des balles. Cette fois aussi, le pilote, tout excité, fit état de colonnes de véhicules sans fin et mentionna en outre un nombre de blindés effrayant. Alors, le chef du service de renseignement de l'armée française fut informé personnellement. Mais il refusa de croire cette information aussi absurde[14]. »

Le général Gamelin en est convaincu : la forêt des Ardennes est infranchissable aux Panzerdivisions et le fleuve de la Meuse offre un formidable obstacle antichar…

Le 12 mai 1940, les avions français de reconnaissance fournissent à nouveau des photos impressionnantes des chars allemands en train de traverser le gué de la Semois à la lisière de Bouillon. Cependant, ce qui inquiète le plus le général d'Astier de La Vigerie, c'est la déclaration unanime de ses pilotes décrivant les colonnes allemandes qui progressent vers la Meuse charriant de nombreux pontons pour la construction de ponts.

---

13. *Ibid.*
14. Karl-Heinz Frieser, *Le mythe de la guerre éclair. La campagne de l'Ouest de 1940*, Belin, 2003.

L'aveuglement du général Gamelin

L'aveuglement du général Gamelin est stupéfiant. Il concentre toute son attention à la bataille principale qui doit se dérouler, selon lui, dans les plaines belges, refusant de voir, malgré les informations précises de la reconnaissance aérienne et des patrouilles de cavalerie, que le véritable danger se trouve plus au sud, dans les Ardennes et sur la Meuse ; malgré également et surtout, les renseignements venant des services secrets français, parfaitement informés de l'offensive allemande en direction de Sedan !

Mais il y a plus grave. Pour couvrir plus au nord sa manœuvre en Belgique, le général Gamelin engage l'excellente VIIe armée du général Giraud au secours de la Hollande, alors qu'elle est normalement prévue comme force de réserve stratégique. Il prive ainsi le front vital des Ardennes de plusieurs excellentes divisions motorisées et d'une remarquable division mécanisée qui auraient pu contre-attaquer de flanc l'éventuelle percée allemande entre Dinant et Sedan. Gamelin conserve cependant dans la région de Reims trois divisions cuirassées, mais plutôt que de les engager massivement dans les Ardennes, il va les disperser sur une centaine de kilomètres de front, dans des opérations décousues de colmatage, sans intérêt, sans soutien de l'aviation, sacrifiant ainsi inutilement cette masse blindée qui, avec la VIIe armée française, pouvait mettre en péril le plan allemand.

Gamelin est le seul à décider de son offensive suicidaire au nord de la Belgique. Tous les autres officiers supérieurs français, dont le général Giraud, commandant de l'excellente VIIe armée, y sont opposés. L'adjoint du général Gamelin, le général Georges, clairvoyant, estime préférable de conserver l'importante réserve stratégique (la VIIe armée et les 3 divisions cuirassées) au centre du front, à savoir celui des Ardennes, pour lancer une vaste contre-offensive sur les flancs de l'adversaire. Mais Gamelin, très sûr de lui-même, n'a que faire des recommandations prudentes de Georges, Giraud et autres généraux.

Paul Reynaud, chef du gouvernement français, envisage de remplacer le général Gamelin le jour même de l'offensive allemande, mais décide finalement de le garder, car on ne remplace pas un commandant en chef à la veille d'une grande bataille qui se veut décisive : une décision lourde de conséquences.

L'étrange défaite de 1940

Le renseignement militaire français, avec l'aide d'un espion suisse et d'une taupe allemande, a donc bien informé les Alliés du jour de l'offensive hitlérienne et de son effort principal sur la Meuse et les Ardennes, information confirmée également par les unités françaises de cavalerie et l'aviation de reconnaissance.

Il était alors possible de limiter les assauts français en Belgique à une manœuvre plus réduite sur l'Escaut, comme cela était prévu à l'origine, de manière à conserver en réserve la redoutable VIIe armée du général Giraud, imprudemment engagée en Hollande. Elle était initialement présente comme force de réserve stratégique dans la région de Reims, afin de soutenir les troupes françaises des Ardennes et de la Meuse, avec en outre le renfort programmé de 3 divisions cuirassées. Cette puissante force militaire française, qui regroupait 4 divisions cuirassées ou mécanisées et une vingtaine de divisions d'infanterie, positionnées à temps contre l'attaque allemande sur le front Ardennes-Meuse, pouvait mettre en péril l'offensive de la Wehrmacht.

La défaite militaire française n'était donc pas inéluctable, malgré son infériorité numérique sur le plan aérien. D'autant que les troupes françaises engagées en Belgique contenaient les assauts allemands à Hannut et à Gembloux, en dépit de l'engagement massif de la Luftwaffe.

Certains auteurs ont affirmé qu'un corps blindé allemand pouvait balayer en peu de temps des divisions françaises d'infanterie. Or, certaines de ces divisions françaises, bien positionnées en profondeur, puissamment soutenues en artillerie, en chars et en canons antichars, ont tenu en échec en plusieurs endroits du front les Panzerdivisions, voire des *Panzerkorps*, notamment à Gembloux, à Stonne et au sud d'Amiens, malgré la supériorité allemande dans les airs.

Ainsi, à Gembloux (mai 1940), deux divisions françaises d'infanterie, appuyées par deux bataillons de chars et une puissante artillerie, repoussent-elles les assauts de deux Panzerdivisions (un *Panzerkorps*) renforcées par plusieurs divisions d'infanterie et l'aviation d'assaut. De même à Stonne (mai 1940), une division cuirassée française et deux divisions françaises d'infanterie contiennent des forces allemandes trois fois supérieures en nombre. Et au sud d'Amiens (juin 1940), sur le front de la Somme, deux divisions françaises d'infanterie, bien établies en profondeur et soutenues par une puissante artillerie et par un bataillon de chars, déciment deux Panzerdivisions, pourtant appuyées par plusieurs divisions d'infanterie et une puissante aviation.

La défaite française n'était donc pas inéluctable en mai 1940. L'incompétence du général Gamelin est l'une des principales causes de ce désastre militaire. Cependant, faire porter le poids de la défaite uniquement sur certains généraux français est parfaitement injuste. En réalité, certains politiques français ont également une lourde responsabilité, sans oublier le rôle désastreux de la Belgique.

3

Dunkerque 1940 : une défaite allemande stratégique et un tournant de la guerre !

Depuis des décennies, on nous raconte que la bataille de Dunkerque, qui s'est déroulée en mai-juin 1940, représente une des plus grandes victoires du IIIe Reich. Récemment, certains auteurs avancent également que la capture de l'armée britannique à Dunkerque n'aurait en rien changé la décision ferme de Churchill de poursuivre la guerre. En réalité, nous allons voir que ces deux affirmations péremptoires ne reposent sur aucun fait historique sérieux.

Dunkerque : une victoire allemande ?

Le 13 mai 1940, les troupes allemandes enfoncent le front français dans les Ardennes. Le 16, le général Gamelin ordonne la retraite générale de toutes les troupes françaises se trouvant en Belgique. Le 17 mai, le commandement français se rend enfin compte que les Panzerdivisions ne se dirigent pas en direction de Paris mais vers les côtes maritimes de la Manche, afin d'encercler les armées alliées engagées en Belgique. Les Allemands atteignent Cambrai le 18, et les côtes de la Manche le 20.

Le 22 mai 1940, le commandement allemand commet alors l'énorme erreur de disperser plusieurs de ses Panzerdivisions, au lieu de les engager massivement à Dunkerque afin de couper la retraite du corps expéditionnaire britannique et des meilleurs éléments de l'armée française. Cinq Panzerdivisions et cinq divisions allemandes d'infanterie sont ainsi chargées de liquider les poches françaises de résistance à Boulogne, Calais et Lille. Cette décision permet aux Alliés de renforcer les défenses de la poche de Dunkerque et favorise grandement le rembarquement des troupes britanniques et françaises.

Le 24 mai, un ordre inattendu du *Führer* cloue également sur place les cinq autres Panzerdivisions, avec interdiction de prendre la direction de Dunkerque. Le général allemand Guderian écrit dans ses Mémoires :

> « Le 24 mai, le commandement suprême intervint dans les opérations d'une manière qui devait avoir les effets les plus pernicieux sur le cours de la guerre. Hitler arrêta sur le canal de l'Aa l'aile gauche de l'armée. La traversée de la rivière nous fut interdite, sans qu'on nous en donnât les raisons[1]. »

On a prétendu que Hitler a voulu ainsi ménager Churchill, en épargnant l'armée professionnelle britannique concentrée à Dunkerque, en lui laissant une porte de sortie, afin de signer ensuite un armistice avec lui. Cette hypothèse est totalement fantaisiste. Avec la perte de son armée professionnelle à Dunkerque, Churchill se serait trouvé dans une situation militaire plus tragique, l'incitant ainsi à conclure la fin des hostilités avec l'Allemagne. Même si en façade, par des discours tonitruants, Churchill entend lutter jusqu'au bout, une partie de son gouvernement est nettement moins encline à poursuivre le combat, surtout si les 250 000 soldats britanniques professionnels qui se trouvent à Dunkerque sont capturés par la Wehrmacht. Ces troupes forment l'ossature de l'armée britannique ; il ne reste en Grande-Bretagne qu'une poignée de régiments de réserve pour défendre l'île.

L'historien américain Walter Lord, spécialiste de la Seconde Guerre mondiale, écrit avec justesse :

1. Heinz Guderian, *Souvenirs d'un soldat*, Plon, 1954.

« Nombre de généraux allemands considèrent la bataille de Dunkerque comme un tournant de la guerre : si le corps expéditionnaire britannique avait été fait prisonnier, la Grande-Bretagne aurait été vaincue ; si cela était arrivé, l'Allemagne aurait pu concentrer toutes ses forces sur la Russie ; Stalingrad n'aurait pas eu lieu[2]. »

Le général Alan Brooke, chef d'état-major de l'armée britannique, replace la bataille de Dunkerque dans une vision stratégique essentielle pour la survie de la Grande-Bretagne et du monde libre :

« Si le corps expéditionnaire britannique ne retournait pas en Angleterre, il serait difficile de concevoir comment l'armée reprendrait son souffle. La Grande-Bretagne pourrait remplacer le matériel perdu ; nos soldats professionnels seraient par contre irremplaçables. La Grande-Bretagne ne possédait que les troupes entraînées qui avaient combattu en France. Plus tard, celles-ci formeraient le noyau des grandes armées alliées qui devaient reconquérir le Continent. Leurs chefs – Alexander et Montgomery, pour ne citer que ces deux-là – s'étaient fait les dents à Dunkerque[3]. »

Winston Churchill va dans le même sens :

« La résistance héroïque de l'armée française à Lille et à Dunkerque a sauvé l'armée britannique, permettant à l'Angleterre de poursuivre la guerre[4]. »

Le prince Charles d'Angleterre estime de son côté que « sans Dunkerque, il n'y aurait pas eu le 6 juin 1944[5] ».

Le prince Edward de Kent apporte la conclusion qui s'impose :

« Grâce aux efforts militaires britanniques et français à Dunkerque, l'élite de notre armée a pu rejoindre les ports anglais, permettant à la Grande-Bretagne de continuer la lutte[6]. »

---

2. Walter Lord, *Le miracle de Dunkerque*, Robert Laffont, 1983.
3. Archives militaires britanniques, Londres.
4. Winston Churchill, *Mémoires sur la Deuxième Guerre mondiale*, La Palatine, 1949.
5. Archives militaires britanniques, Londres.
6. Entretiens de l'auteur avec le prince Edward de Kent en mai 2010.

Du 10 au 23 mai 1940, 700 chars allemands sur 2600 engagés sont hors de combat (200 détruits et 500 endommagés), Hitler entend donc préserver ses Panzerdivisions pour la seconde phase de la campagne, à savoir l'anéantissement de l'armée française sur la Somme et l'Aisne, prévue en juin. Il doit cependant se débarrasser sur ses arrières des poches françaises de résistance à Boulogne, Calais, Lille et Dunkerque. Au lieu de concentrer l'ensemble de ses forces contre Dunkerque, il commet la lourde erreur de les disperser pour s'y attaquer.

Le *Führer* sait également qu'il doit ménager ses Panzerdivisions en vue de la seconde phase de la campagne, en juin 1940, contre le reste de l'armée française, qui représente tout de même 60 divisions sur la centaine présente au début de opérations, le 10 mai, soit encore 60 % des forces adverses.

À réduire les poches de résistance, que de temps perdu !

La 2ᵉ Panzerdivision tente, le 22 mai 1940, de s'emparer de la poche de résistance de Boulogne, défendue par deux régiments incomplets (les 48ᵉ et 65ᵉ régiments d'infanterie [RI]) de la 21ᵉ DI française du général Lanquetot, une poignée de marins français, 10 blindés légers français de la 3ᵉ division légère mécanisée (DLM), une vingtaine de pièces d'artillerie françaises, et deux bataillons de la 20ᵉ brigade britannique de la Garde, sous les ordres du général Fox-Pitt. Les forces britanniques évacuent Boulogne dès le 23 mai, si bien que le général français Lanquetot ne peut compter que sur ses propres troupes pour continuer le combat. Si la garnison bénéficie également du soutien en artillerie d'une dizaine de contre-torpilleurs et torpilleurs français, présents dans le port ou ses environs, les huit navires militaires britanniques également présents vont surtout s'affairer à l'évacuation des deux bataillons anglais. On compte, au total, 2000 soldats et une dizaine de blindés légers français opposés à 15000 soldats allemands et environ 130 *Panzers*. Malgré l'écrasante supériorité numérique et matérielle de l'assaillant, sans oublier le rembarquement imprévu des troupes britanniques, tous les assauts allemands sont repoussés durant quatre jours. La poche de Boulogne ne capitule que le 25 mai, lorsque les combattants français, retranchés derrière les murailles de la citadelle, se rendent après avoir épuisé leurs dernières munitions.

À Calais, du 23 au 27 mai 1940, les troupes franco-britanniques résistent avec la même énergie aux puissantes attaques allemandes.

La garnison française repose sur des compagnies des 272e et 265e RI, des éléments du 1er régiment de tirailleurs marocains (RTM), deux groupements de reconnaissance, diverses unités de mitrailleurs et artilleurs marins, une dizaine de blindés légers de la 1re DLM, des batteries d'artillerie, soit un total de 3 000 soldats et marins français, commandés par le capitaine de frégate de Lambeyrte, le chef de bataillon Le Tellier et le capitaine de La Blanchardière. Les forces britanniques sont en nombre, avec un bataillon du 3e régiment de chars (48 tanks) et trois bataillons incomplets d'infanterie de la 30e brigade de la Garde, dont l'ensemble est placé sous les ordres du général anglais Nicholson: soit environ 1 000 soldats britanniques. La totalité de cette force franco-britannique repose donc sur près de 4 000 soldats et marins, sans oublier 58 blindés. Le soutien en artillerie navale est assuré par 6 destroyers et 1 croiseur britanniques, ainsi que diverses batteries côtières de la Marine française. La Wehrmacht engage de son côté la 10e Panzerdivision du général Schaal, environ 14 000 soldats et 140 chars, sans oublier l'appui de 200 bombardiers de la Luftwaffe.

Dès le 23 mai, 24 des 48 tanks britanniques, chargés de défendre Calais et ses environs, sont détruits lors d'un affrontement contre des *Panzers* en surnombre. Le même jour, l'attaque massive de la 10e Panzerdivision commence par un bombardement d'artillerie. Dès le 24 à l'aube, le bastion 12, composé d'un ensemble de fortifications et défendu par la 202e compagnie française de mitrailleurs, est pris à partie par les troupes allemandes. Le front de mer de Calais, fort de quatre batteries d'artillerie, ouvre le feu le 24, dès le début de l'attaque allemande. La batterie française de l'Estran tire 638 coups avec ses 4 canons de 164 mm. Les bombardiers allemands interviennent massivement.

Dans Calais même, les troupes franco-britanniques se retranchent dans un réduit fortifié. Artillerie et aviation allemandes se déchaînent toute la journée du 25 mai sur le bastion 11, bravement défendu par une douzaine de cavaliers français du 27e GRDI (groupement de reconnaissance divisionnaire d'infanterie), une poignée de soldats du 1er RTM (régiment de tirailleurs marocains), un détachement de marins et de mitrailleurs du 265e RI et quelques soldats britanniques du capitaine Radecliffe. Tous les assauts allemands sont repoussés. Le 26, l'attaque allemande se manifeste d'abord par une sévère préparation d'artillerie. Le capitaine de Metz est tué et le capitaine de La Blanchardière sévèrement touché. Le lieutenant Raux prend alors le commandement du bastion 11. Gravement touché une demi-heure plus tard, il le passe à l'aspirant Nielly qui, blessé à son tour, doit le transmettre à l'aspirant Pérodeau. La 10e Panzerdivision subit des pertes importantes devant la résistance opiniâtre des soldats franco-britanniques du bastion 11. Le général allemand Schaal ordonne à ses *Panzers* de reculer pour permettre aux avions de la Luftwaffe de bombarder l'ouvrage durant deux heures. Une trentaine de blindés allemands sont détruits ou endommagés. À 13 h 30, le bombardement prend fin, et une nuée de fantassins allemands submerge le bastion 11 où l'on ne compte plus que quelques dizaines de défenseurs valides.

Les 25 et 26 mai, la citadelle de Calais résiste à tous les assauts et pilonnages ennemis. Les bombardements de la Luftwaffe redoublent d'intensité. Les pertes allemandes s'accumulent. Le bastion 12 résiste avec la même énergie. Le capitaine de frégate de Lambeyrte y trouve la mort. Une violente attaque d'infanterie submerge le bastion 12 mais échoue sur la citadelle. Les munitions s'épuisent dans les rangs des défenseurs. Sur la face sud de la citadelle, le capitaine Forgeas signale qu'il n'y a plus une arme automatique en service. Le 26, à 14 h 30, les *Panzers* entourent la citadelle. À 15 h 15, les Allemands enfoncent la porte sud et commencent à escalader les remparts. À la gare maritime, la résistance se poursuit jusqu'au 27 mai.

Les généraux allemands Guderian et Schaal, très impressionnés par la résistance héroïque des troupes franco-britanniques à Calais, ordonnent que les prisonniers soient particulièrement bien traités. La 10e Panzerdivision a été tenue en échec durant cinq jours de lutte sanglante.

Du 24 au 28 mai 1940, à 20 kilomètres à l'ouest de Dunkerque, de terribles combats se déroulent sur le canal de l'Aa, à Gravelines, Bourbourg, Saint-Pierrebrouck et Watten, opposant la 1re Panzerdivision, la division SS Adolf Hitler et le régiment motorisé *Grossdeutschland* à une poignée de soldats français issus des 310e, 137e, 48e, 119e, 248e RI, des 18e GRCA, des 27e et 59e GRDI, de 13 batteries d'artillerie des 35e, 235e RA et de divers éléments de l'artillerie navale, sans oublier des détachements britanniques de la 23e DI : soit 50 000 soldats allemands et 130 Panzers contre 8 000 soldats français et environ 1 000 soldats britanniques, épaulés par une dizaine de blindés. Durant cinq jours de combats acharnés, tous les assauts allemands sont repoussés par les soldats français et britanniques, dont la témérité surprend le commandement allemand lui-même. Attaques et contre-attaques se succèdent dans les deux camps. Certains bataillons français et allemands perdent la moitié de leur effectif en une seule journée.

Le 25 mai, l'assaillant allemand, qui a réussi à créer quelques poches sur la rive droite, entre Gravelines et Bourbourg, tente de s'y maintenir, mais le 2e bataillon français du 137e RI, qui la veille a eu de très lourdes pertes, contre-attaque avec succès, soutenu par cinq chars légers récupérés, ainsi que par l'artillerie. L'échec allemand est total dans ce secteur jusqu'au 27 mai. La résistance des troupes françaises sur l'Aa s'avère déterminante dans l'établissement d'un solide réseau défensif autour de Dunkerque.

Passant à l'attaque le 27 au matin, les troupes allemandes enfoncent le front de l'Aa, entre Bourbourg et Loosberghe, malgré une très belle défense française du 137e RI, dont le 3e bataillon et une partie du 1er bataillon sont faits prisonniers, après avoir tiré leurs dernières cartouches. Tournée par le sud, la position de Gravelines n'est plus tenable ; c'est ce qui explique le repli des forces alliées sur l'ancien canal de Mardyck, qui va marquer, jusqu'à la fin de la bataille, la limite ouest du camp retranché de Dunkerque.

Les 24 et 25 mai 1940, 4 divisions allemandes tentent d'isoler l'armée belge, qui défend courageusement la Lys, du corps expéditionnaire britannique. Le général français Blanchard décide alors de regrouper l'armée belge, les troupes britanniques et la Ire armée française derrière une ligne d'eau constituée par le canal de l'Aa, la Lys et le canal de dérivation, de façon à former une large tête de pont couvrant Dunkerque. Cette manœuvre ne peut s'exécuter dans les conditions prévues : le 27 mai, 3 Panzerdivisions coupent la route à plusieurs unités françaises dans la région de Lille.

Du 28 au 31 mai 1940, des combats acharnés ont lieu dans les banlieues sud et ouest de Lille : faubourg d'Arras, faubourg des Postes, Loos, Haubourdin, Canteleu et Lambersart. Les débris de 7 divisions françaises d'infanterie, représentant en fait l'équivalent de 3 divisions, forment des poches de résistance improvisées – dans une usine, un pâté de maisons, derrière un remblai de voie ferrée, en installant les postes de secours dans les caves –, au milieu d'une population qui n'a pas été évacuée, sous le pilonnage intensif de l'artillerie allemande et les bombardements de la Luftwaffe.

La manœuvre d'encerclement est menée par 3 Panzerdivisions (4e, 5e et 7e) et 4 divisions d'infanterie (7e, 217e, 253e et 267e). La défense française repose sur des divisions très affaiblies par les combats menés depuis douze jours : trois régiments incomplets de la 1re division d'infanterie motorisée (DIM) du général Jenoudet, deux régiments réduits de moitié de la 4e DI du général Musse, une partie de la 15e DIM du général Juin, la moitié de la 25e DIM du général

Molinié, le quart de la 2e division d'infanterie nord-africaine (DINA) du général Dame, une partie de la 5e DINA du général Mesny, le quart de la 1re division marocaine (DM) du général Mellier. Le général Molinié, le plus ancien en grade des généraux, prend le commandement de l'ensemble pour tenter d'en coordonner la défense, depuis son PC installé à Haubourdin. Les Allemands alignent 435 blindés et 130 000 hommes, contre 40 000 soldats français et une cinquantaine de chars. Malgré la disproportion des forces en présence, les troupes françaises résistent farouchement durant quatre jours, jusqu'à l'épuisement total des munitions.

Le 30 mai, le général von Reichenau, commandant de la VIe armée allemande, fait savoir au général Molinié qu'il rend hommage « à la défense héroïque de ses troupes et qu'il est prêt à lui accorder les honneurs de la guerre[7] ». Les Français résistent encore toute la journée du 31. À 21 heures enfin, n'ayant plus aucune munition, le général Molinié accepte l'offre allemande.

Le lendemain, 1er juin 1940, trois compagnies françaises, en armes mais sans munitions, précédées des commandants de division, défilent dans Lille devant le général Waeger, chef du 27e corps d'armée de la Wehrmacht, représentant du général von Reichenau, entouré de son état-major, d'une compagnie au garde-à-vous et d'une fanfare.

Simple baroud d'honneur ? En fait, les troupes françaises encerclées dans les faubourgs de Lille, en résistant jusqu'au bout, du 28 au 31 mai, ne se sont pas uniquement sacrifiées pour l'honneur. Elles ont sauvé l'évacuation des troupes alliées à Dunkerque, dont le corps expéditionnaire britannique. Winston Churchill l'affirme lui-même dans ses *Mémoires de guerre* :

> « Ces Français, sous le valeureux commandement du général Molinié, avaient durant quatre jours critiques contenu pas moins de sept divisions allemandes qui, autrement, auraient pu prendre part aux attaques sur le périmètre de Dunkerque. Ces troupes apportèrent ainsi une splendide contribution au salut de leurs camarades plus favorisés et du corps expéditionnaire britannique[8]. »

Ainsi, l'armée française aura fait tout son possible pour enrayer la progression allemande en direction de Dunkerque, en infligeant de lourdes pertes à la Wehrmacht. Le succès du rembarquement des

---

7. Archives militaires allemandes, Fribourg-en-Brisgau.
8. Winston Churchill, *Mémoires sur la Deuxième Guerre mondiale*, *op. cit.*

troupes alliées a en grande partie reposé sur la résistance acharnée des troupes françaises. Sans elle, l'exploit de Dunkerque aurait été impossible. Il était donc important de s'y attarder longuement, afin de comprendre le déroulement de la suite des opérations dans son ensemble, en dehors des clichés habituels. Comme le souligne l'historien britannique David Divine :

> « Dunkerque, une épopée impossible qui sauva l'Angleterre, puis le monde[9]. »

Cette épopée est devenue possible grâce à l'héroïque sacrifice de l'armée française. L'historien français Claude Quétel écrit avec justesse :

> « Parmi les rescapés de Dunkerque, un certain général Montgomery, mais aussi Dempsey, Alexander, Brooke, tous appelés à jouer un rôle primordial dans la suite de la guerre. Brooke écrira plus tard : "Il est difficile d'imaginer comme l'armée aurait pu se relever de ce coup si le corps expéditionnaire n'était pas rentré." Et de fait, le gouvernement Churchill n'aurait certainement pas survécu à cette catastrophe, amenant probablement la Grande-Bretagne à se retirer de la guerre. C'est toute la Seconde Guerre mondiale qui en aurait été transformée au profit du IIIe Reich[10]. »

Dans la poche de Dunkerque, 400 000 soldats doivent être évacués, 250 000 soldats britanniques et 150 000 soldats français. L'amirauté britannique et Churchill pensent pouvoir en évacuer seulement 30 000 à 40 000. Le rembarquement débute le 26 mai et se poursuit jusqu'au 4 juin 1940. C'est un incroyable succès pour les troupes alliées, avec le rembarquement de 350 000 soldats alliés, dont 230 000 soldats britanniques et 120 000 soldats français. Les marines britanniques et françaises y ont joué un rôle capital, sans oublier la participation active des aviations des deux pays. Mais ce rembarquement a été rendu possible grâce au sacrifice de 30 000 soldats français et de quelques unités britanniques, défendant héroïquement la poche de Dunkerque contre 160 000 soldats allemands, soutenus par une centaine de chars.

---

9. David DIVINE, *Les 9 jours de Dunkerque*, Calmann-Lévy, 1964.
10. Claude QUÉTEL, *L'impardonnable défaite*, Jean-Claude Lattès, 2010.

Une résistance acharnée

L'armée française, qui doit tenir le périmètre défensif de Dunkerque, long de 40 kilomètres, est réduite à quelques unités, qui vont pourtant se battre avec une bravoure extraordinaire, en parvenant à contenir durant plusieurs jours des forces allemandes à l'écrasante supériorité numérique et matérielle.

La défense de la poche de Dunkerque est assurée par la 12e DIM du général Janssen, réduite à 8 000 hommes, les troupes de la 68e DI française du général Beaufrère, divers éléments des 21e et 32e DI françaises, plusieurs groupes de reconnaissance, le groupement blindé Marchal, constitué de 21 chars Somua S35 et 18 chars Hotchkiss H39 des 1re et 2e DLM, diverses unités du secteur fortifié des Flandres (SFF) du général Barthélémy et de la 60e DI, ainsi que divers éléments de la Marine nationale en artillerie et infanterie. La totalité des troupes françaises défendant l'ensemble du secteur de Dunkerque ne dépasse pas les 30 000 hommes et compte 39 chars, commandés par le général Falgade et l'amiral Abrial. Sur ces 40 kilomètres de front, des unités britanniques des 1re, 42e et 46e DI couvrent un secteur de 4 kilomètres, soit entre 2 500 et 6 000 hommes, suivant les rembarquements. Les dernières unités combattantes britanniques partent dans la nuit du 1er au 2 juin 1940.

Comme nous l'avons vu précédemment, 7 divisions allemandes sont retenues à Lille. Pour réduire la poche de Dunkerque, la Wehrmacht engage 8 divisions d'infanterie (61e, 18e, 254e, 14e, 216e, 56e, 208e, 256e DI), la 9e Panzerdivision et des éléments de la 2e DIM. L'appui aérien, massif, est assuré par les IIe et IIIe armées aériennes de la Luftwaffe (800 avions). L'ensemble des forces terrestres allemandes engagées représente 160 000 hommes et une centaine de chars – soit une supériorité numérique et matérielle écrasante.

Au cours de 10 jours de combats acharnés, les troupes allemandes, pourtant nettement plus nombreuses, vont être contenues par les soldats français et britanniques, qui opposent une résistance héroïque, sous les bombes et les obus.

Le capitaine allemand Hoffmann de la 56e DI écrit dans son rapport :

> « Les combats dans les dunes, dans un sable profond, sous une chaleur terrible, représentent un énorme effort. Les troupes françaises occupent des dunes élevées d'où ils peuvent régler leurs tirs d'artillerie. Les soldats français luttent avec un héroïsme

inouï. Notre infanterie fatiguée n'avance plus, bien que 33 batteries d'artillerie soutiennent l'attaque du 171e RI. L'assaut n'avance que très lentement. Sable, chaleur insupportable, manque d'eau. Combattants et états-majors sont très fatigués et à midi, le colonel commandant le 171e RI annonce qu'il doit renoncer à poursuivre l'attaque, devant la résistance acharnée des valeureux soldats français. L'attaque de la 216e DI est également repoussée par les Français[11]. »

Le rédacteur du journal de marche de la XVIIIe armée allemande note de son côté :

> « Une nouvelle attaque est prévue au 9e corps d'armée parce que la division engagée a été arrêtée par l'héroïque résistance des troupes françaises. Notre 56e DI a de lourdes pertes, particulièrement en officiers, si bien que l'attaque n'a pas eu l'élan nécessaire pour réussir contre la résistance désespérée et efficace des Français. C'est pourquoi on fait appel une fois de plus aux bombardiers et à une forte préparation d'artillerie. Peu après ce déluge de feu et d'acier, les régiments commandés respectivement par les colonels Recknagel et Bohnstedt s'ébranlent. Malgré tout leur courage, ils ne peuvent mordre dans la défense française. Un de nos commandants est tué lors de l'assaut. L'attaque est reprise avec l'appui de la division de gauche, mais le régiment Recknagel ne progresse pas. La division demande alors l'intervention des Stukas. Un nouvel assaut est ensuite lancé, mais sans succès : les soldats français résistent avec un courage surhumain, ils semblent invincibles à nos bombes, nos obus, nos mitrailleuses. J'ai l'impression de revivre les moments les plus épiques de la bataille de Verdun en 1916. Rien ne semble pouvoir vaincre les héroïques soldats français, qui s'accrochent au terrain avec un acharnement extraordinaire[12] ! »

Durant une dizaine de jours, les chefs militaires français de la poche de Dunkerque ont dû faire preuve d'un remarquable esprit d'initiative et d'un immense courage pour contrer les offensives allemandes. Sans cesse harcelés sur un secteur menacé d'effondrement puis sur un autre, obligés de retirer d'une position les troupes pour

11. Archives militaires allemandes, Fribourg-en-Brisgau.
12. Jacques MORDAL, *Dunkerque*, éditions France Empire, 1968.

colmater une brèche ailleurs, ils ne purent jamais suivre un plan de défense organisé à l'avance.

> « La défense ultime de Dunkerque est l'œuvre des soldats français des 21e et 68e DI, 12e DIM (division d'infanterie motorisée), du SFF (secteur fortifié des Flandres) et des canonniers marins. Sans chercher à établir un classement parmi eux, on doit faire une mention spéciale à la 21e DI qu'on retrouve partout à l'honneur dans cette bataille des ports du Nord. Lanquetot à Boulogne, La Blanchardière au bastion 11 de Calais, et, devant Dunkerque, le 137e RI du colonel Menon, qui, après avoir contenu l'avance ennemie sur l'Aa, va se sacrifier à Teteghem et pourra se prévaloir d'avoir, au pont du Chapeau-Rouge, formé le dernier carré[13]. »

Le général Georg von Küchler commande la XVIIIe armée allemande engagée contre la poche de Dunkerque. C'est ainsi qu'il rend hommage à la valeureuse résistance des troupes françaises :

> « Malgré notre écrasante supériorité numérique et matérielle, les troupes françaises contre-attaquent en plusieurs endroits. Je ne parviens pas à comprendre comment d'aussi valeureux soldats, luttant en divers endroits à un contre dix (parfois même un contre trente), parviennent à trouver encore suffisamment de force pour passer à l'assaut : c'est tout simplement stupéfiant ! Je retrouve chez les soldats français de Dunkerque la même fougue que celle des poilus de Verdun en 1916. Depuis plusieurs jours, des centaines de bombardiers et de canons pilonnent les défenses françaises. Or, c'est toujours la même chose : notre infanterie et nos chars ne peuvent percer, malgré quelques succès locaux éphémères. Le commandement français a très habilement installé sa troupe et son artillerie. Je crains que l'opération de Dunkerque soit un échec pour nous : la quasi-totalité du corps expéditionnaire britannique et la plus grande partie de la Ire armée française vont nous échapper, car quelques milliers de braves nous barrent l'accès à la mer. C'est consternant, mais c'est ainsi ! Dunkerque m'apporte la preuve que le soldat français est l'un des meilleurs du monde. L'artillerie française, tant redoutée déjà en 14-18,

13. *Ibid.*

démontre une fois de plus sa redoutable efficacité. Nos pertes sont terrifiantes : de nombreux bataillons ont perdu 60 % de leurs effectifs, parfois même plus ! En résistant une dizaine de jours à nos forces nettement supérieures en effectifs et en moyens, l'armée française a accompli, à Dunkerque, un superbe exploit qu'il convient de saluer. Elle a certainement sauvé la Grande-Bretagne de la défaite, en permettant à son armée professionnelle de rejoindre les côtes anglaises[14]. »

La sauvegarde du corps expéditionnaire britannique

Dunkerque n'est pas l'unique sauvetage de l'armée britannique. En réalité, 450 000 soldats britanniques sont présents sur le sol français le 10 mai 1940. Pendant la campagne de mai-juin 1940, 400 000 soldats britanniques parviendront à retrouver le sol anglais, en passant par plusieurs ports français de la façade atlantique. Ces multiples sauvetages, assurés en grande partie par l'excellence de la flotte britannique, sont rendus possible grâce à la résistance acharnée de l'armée française, qui sert à chaque fois de bouclier.

D'autre part, contrairement à une légende tenace, l'aviation britannique ne ménage pas ses forces durant cette campagne, en perdant 933 de ces précieux avions (dont 400 chasseurs) sur 1 900 disponibles. On peut donc estimer que si 400 000 des 450 000 militaires britanniques présents en France n'avaient pu rejoindre la Grande-Bretagne, les moyens militaires de ce pays se seraient trouvés dans une situation catastrophique, amenant certainement le gouvernement britannique à mettre fin au conflit, surtout après la signature de l'armistice de la France avec l'Allemagne le 22 juin 1940.

Certains auteurs, marqués par les discours tonitruants de Churchill appelant à poursuivre la lutte, affirment (sans tenir compte de la réalité des faits, des témoignages les plus insignes et des chiffres) que Dunkerque n'a pas représenté un tournant de la Seconde Guerre mondiale. Comme si la sauvegarde de l'essentiel et de l'ossature de l'armée de ce pays en juin 1940 n'est qu'un détail insignifiant...

14. Cité in *ibid.*

Claude Quétel écrit avec justesse :

> « La capture du corps expéditionnaire britannique à Dunkerque aurait probablement provoqué la chute du cabinet Churchill, encore très isolé dans sa volonté de résister[15]. »

15. Claude Quétel, *Hitler, vérités et légendes*, Perrin, 2022.

4

La réalité des pertes militaires allemandes et françaises en mai-juin 1940

Durant des décennies, la campagne de mai-juin 1940 a été présentée comme une promenade militaire pour les forces allemandes, qui auraient fait face à une armée française en pleine débandade. Récemment, un article totalement injuste de Jacques Attali, publié dans la presse française en mars 2022 (billet hebdomadaire dans *Les Échos*), fustigeait la piètre résistance française en 1940. Or, la réalité des pertes militaires des deux camps démontre le contraire et apporte la preuve d'une résistance acharnée des troupes françaises.

Des pertes militaires considérables en six semaines de combat

L'historienne allemande Berna Günen en rend compte :

> « La campagne de France ne fut pas une promenade de santé. La victoire allemande a été obtenue de justesse. Les *Carnets de guerre* du général allemand Rommel montrent à quel point chaque acte de résistance et de contre-attaque des forces alliées, même

> les plus désespérés, démoralisait, voire stoppait les hommes de Rommel[1]. »

Reste à savoir combien de soldats français et allemands ont été tués entre le 10 mai et le 25 juin 1940.

Concernant les pertes militaires françaises, les chiffres ont été longtemps surévalués, à savoir 100 000 à 120 000 tués. Puis, récemment, ils ont été sous-évalués, avec 58 829 tués. Ce dernier chiffre prend en compte les militaires français tués *entre le 10 mai et le 22 juin 1940*, or les combats se sont poursuivis jusqu'au *25 juin*. De plus, 3 089 soldats français sont morts en juillet 1940 des suites de leurs blessures reçues pendant cette campagne. Enfin, plusieurs milliers de corps, portés disparus, sont restés sur le terrain durant plusieurs mois, notamment dans la forêt des Ardennes. Par ailleurs, le chiffre de 58 829 militaires français tués ne tient pas compte des pertes subies par la marine, ni par l'armée de l'air et l'aéronavale. Après analyse et recoupement des sources désormais disponibles aujourd'hui, les pertes militaires françaises de la campagne de 1940 s'élèvent à 90 000 tués, 125 000 blessés et 15 000 disparus, soit un total de 230 000 hommes hors de combat. Concernant les blessés, une autre étude en compte 200 000 dans les rangs de l'armée française, portant ainsi les pertes totales à 305 000 hommes hors de combat (tués, blessés, disparus). À titre de comparaison, 930 soldats français sont tués chaque jour pendant la Première Guerre mondiale, contre 2 000 en mai-juin 1940, soit plus du double.

Concernant les pertes humaines des forces militaires allemandes en mai-juin 1940, les chiffres les plus sérieux font état de 49 000 tués ou disparus et de 121 224 blessés, soit un total de plus de 170 000 militaires allemands mis hors de combat. En moyenne, chaque jour, 1 000 soldats allemands sont tués ou portés disparus entre le 10 mai et le 25 juin 1940. Si on y ajoute les blessés, on atteint l'équivalent d'un régiment allemand mis hors de combat quotidiennement, soit 3 000 hommes. Si on prend en considération les militaires allemands morts en juillet 1940 des suites de leurs blessures, on dépasse le nombre de 50 000 morts. Les pertes allemandes de mai 1940 s'élèvent à 21 000 soldats tués ou disparus, au moment où l'armée française compte une centaine de divisions et peut s'appuyer sur une quarantaine de divisions alliées (britanniques, belges et hollandaises).

---

1. Citée par Rémy Porte, *1940, vérités et légendes*, Perrin, 2020.

En juin 1940, bien que l'armée française ne compte plus que 60 divisions, soutenues par 2 divisions britanniques seulement, les pertes allemandes atteignent 28 000 tués ou disparus. Ces chiffres témoignent de la résistance acharnée de l'armée française en mai-juin 1940. Les pertes matérielles sont également révélatrices.

Des pertes matérielles, preuves d'un combat acharné

Concernant les chars détruits ou endommagés en mai-juin 1940, l'armée française déplore 1 900 chars hors de combat (détruits ou seulement endommagés) sur un total de 3 000 engagés environ, tandis que l'armée allemande compte dans ses rangs la perte de 1 105 chars, dont 754 détruits et 351 endommagés, sur près de 3 000 également.

Passons à l'aviation. L'armée de l'air française déplore 1 247 avions détruits, dont 410 chasseurs abattus en combat aérien. Durant la même période, la Luftwaffe compte 1 428 avions détruits (dont 460 chasseurs et 968 bombardiers ou avions de reconnaissance) et 323 autres endommagés, soit un total de 1 751 appareils hors de combat. La chasse française parvient à abattre 675 appareils allemands (plus 244 autres endommagés) et la DCA française, 219. Au total, la chasse et la DCA françaises mettent donc hors de combat 1 138 des 1 751 avions allemands en mai-juin 1940.

La chasse française revendique d'avoir, à elle seule, abattu près d'un millier d'avions allemands. Or, comme l'a signalé l'historien Patrick Facon, le système d'homologation français de 1940 présente la particularité d'attribuer une victoire à chacun des pilotes concernés pour la destruction du même avion. Si trois chasseurs français abattent en coopération un bombardier allemand, chacun bénéficie d'une victoire. Le mythe du millier d'avions allemands descendus par la seule chasse française ne résiste donc pas à cette simple analyse. Sans compter que, sur les 1 428 avions allemands détruits, près de 250 le sont à cause d'accidents sans rapport avec les combats. De même que du côté français, sur 1 247 appareils perdus, 400 l'ont été dans des accidents ou détruits au sol par les bombardements ; les 847 autres (avions de chasse, de reconnaissance, bombardiers) sont tombés au combat, victimes de l'aviation et de la DCA ennemies.

Les pertes du personnel navigant de la Luftwaffe s'élèvent à près de 10 000 hommes tués, blessés, disparus ou prisonniers ; les pertes humaines de l'aviation française sont évaluées à 30 % des effectifs engagés, soit 1 500 hommes hors de combat.

La campagne de mai-juin 1940 cause donc de lourdes pertes aux forces armées allemandes : 170 224 soldats allemands mis hors de combat (tués, disparus ou blessés), 1 105 chars détruits ou endommagés (ce qui représente plus de 30 % des tanks engagés), 1 751 avions perdus (soit plus de 50 % des avions engagés, chasse, bombardement ou reconnaissance).

Ces pertes témoignent une fois de plus de la résistance acharnée de l'armée française, aux antipodes des clichés moqueurs de l'après-guerre, souvent mis en avant par l'historiographie anglo-américaine trop souvent francophobe.

Un bilan d'importance sur la bataille d'Angleterre

Avec la perte de 1 428 avions en mai-juin 1940, la Luftwaffe n'est pas en mesure de mettre à genoux l'aviation britannique, qui parvient à aligner 1 396 appareils le 10 août 1940, dont 1 095 chasseurs, contre 3 031 avions allemands, dont seulement 1 223 chasseurs. En mai-juin 1940, l'armée de l'air française a donc joué un rôle important dans l'échec allemand de la bataille d'Angleterre en juillet-octobre 1940, comme le souligne le général allemand Adolf Galland, l'un des as de la Luftwaffe. Il est d'ailleurs significatif de remarquer qu'en 45 jours de combat en mai-juin 1940, la Luftwaffe perd 1 428 avions et 1 616 durant les 123 jours de la bataille d'Angleterre (juillet-octobre 1940), sans oublier les 2 668 pilotes allemands tués en mai-juin 1940 et les 2 662 lors de la bataille d'Angleterre.

Le sacrifice de l'armée française en mai-juin 1940 permet en partie à la Grande-Bretagne de poursuivre la guerre, comme l'a reconnu Winston Churchill en personne. De la défaite de 1940, on ne retient que les 1 500 000 prisonniers militaires français, en oubliant de souligner que plus de 80 % d'entre eux sont capturés par la Wehrmacht… entre le 18 et le 25 juin 1940, suite au message catastrophique du 17 juin à la radio du maréchal Pétain appelant à la cessation des combats, qui vont en réalité se poursuivre pendant encore huit jours. Au cours de cette dernière semaine, 965 000 soldats français poursuivent la lutte avec bravoure, malgré la défection d'une partie de l'autorité militaire et politique.

Bien que luttant à un contre trois sur le plan aérien, dirigée par un haut-commandement en grande partie dépassé par les événements, selon un plan militaire initial faisant le jeu de l'adversaire, avec 75 % de ses chars armés d'un canon de 37 mm modèle 1918 inefficaces contre 75 % des *Panzers*, une faible DCA, des transmissions défaillantes, l'armée française a cependant causé de lourdes pertes à la Wehrmacht, en mettant hors de combat plus de 30 % de ses blindés et plus de 50 % de ses avions. Le bouclier français a donc joué un rôle essentiel dans le rétablissement britannique et permis la poursuite de la guerre contre Hitler.

La défaite militaire française de 1940 n'est donc pas une faillite honteuse. Elle doit être évaluée sous un angle panoramique et stratégique, en évitant les clichés réducteurs. Il est vrai que la rapidité de cette défaite en six semaines a pu laisser croire que l'armée française s'était débandée. Mais la guerre-éclair du commandement allemand repose justement sur la défaite rapide de l'adversaire, avec l'action conjuguée des Panzerdivisions et de l'aviation. De plus, les erreurs tactiques et stratégiques du commandement français ont facilité le succès de la Wehrmacht – ce qui ne remet pas en cause le courage du soldat français sur le terrain.

Au sujet des raisons de la défaite française de 1940 sur la Meuse, les historiens Hugues Wenkin et Yannis Kadari écrivent avec justesse :

> « Côté allemand, les officiers jouissent d'une souplesse importante pour remplir leur mission. En substance, ils ont des objectifs à prendre et sont chargés de faire ce qu'il faut pour atteindre les résultats demandés tout en restant libres de la méthodologie à appliquer. Pour fluidifier les opérations, les ordres circulent par radio et souvent en clair. Côté français, par contre, les informations peinent à être transmises le long des voies hiérarchiques. C'est ce qui explique en partie une certaine "inertie" au sein des unités tricolores. Par exemple, il faut attendre 5 heures, le 13 mai, soit un délai de six heures entre l'événement constaté sur le terrain par les avant-postes et le compte rendu à l'autorité supérieure, pour que le général Martin, commandant le 11e corps d'armée, apprenne l'infiltration ennemie sur l'île de Houx. Le général Corap, chef de la 9e armée, ne sera informé de la situation que sur les coups de midi, soit avec sept heures supplémentaires... Ce jour-là, il ne faudra pas moins de vingt-quatre heures pour que les troupes françaises reçoivent l'ordre de contre-attaquer ! Autant dire qu'entre-temps, les Allemands

> auront fait le nécessaire pour renforcer leurs têtes de pont et préparer la poursuite de leurs opérations offensives[2]. »

De son côté, l'historien allemand Karl-Heinz Frieser constate :

> « Avant qu'un ordre important soit seulement parvenu à la troupe, il était en général dépassé. Dans cette campagne, en fait, les Français n'ont jamais réussi à prendre l'initiative. Ils ont eu du mal à mener des actions à un quelconque moment, et en général, leurs réactions sont arrivées trop tard. »

Et il ajoute :

> « L'effondrement de l'armée française n'est pas à imputer aux soldats, mais à leur commandement. Quand on les a engagés à bon escient, en effet, ces hommes ont toujours donné des exemples étonnants de bravoure[3]. »

Bien qu'informé par son service de renseignement que la principale offensive allemande se déroulera dans les Ardennes, le général Gamelin refuse de prendre au sérieux cette information capitale et s'entête à croire que la bataille décisive aura lieu au nord de la Belgique[4]. Il y engage ses meilleures unités dans un piège tendu par Hitler, disperse ses divisions de réserve au lieu de les conserver pour une possible contre-offensive sur les flancs de l'adversaire, laisse le front de la Meuse sous la défense de divisions sous-équipées, luttant à un contre cinq. Il est le principal responsable de la défaite militaire de 1940, mais il n'est pas le seul : les principaux politiques français refusent de reconnaître le danger du réarmement allemand et suivent la calamiteuse politique britannique d'apaisement avec Hitler de 1933 à 1938 ; ils refusent d'intervenir militairement contre l'occupation allemande de la Rhénanie en mars 1936, alors que l'armée française dispose encore à ce moment-là de la supériorité sur le terrain, supériorité qu'elle va perdre par la suite. Mais Paris, bien plus préoccupé par l'invasion italienne de l'Éthiopie, n'a pas bougé, ni Londres[5].

2. Hugues Wenkin et Yannis Kadari, *Batailles et Blindés*, n° 14, mai-juin 2006, éditions Caraktère.
3. Karl-Heinz Frieser, *Le mythe de la guerre éclair*, *op. cit.*
4. Point abordé dans le chapitre 2.
5. Cf. chapitre 1.

Mussolini est d'abord hostile à Hitler et au nazisme. Défenseur de l'indépendance de l'Autriche et favorable à une alliance militaire pour encercler l'Allemagne, il se montre profondément déçu de voir la France et la Grande-Bretagne, les deux plus grandes puissances coloniales de l'époque, lui donner des leçons d'anticolonialisme en 1935-1936. Après bien des hésitations, il finit par se rapprocher de l'Allemagne.

La stratégie du blocus maritime des flottes franco-britanniques contre l'Allemagne nazie est judicieuse pendant la « drôle de guerre », de septembre 1939 à mai 1940. Il s'agit d'asphyxier économiquement le pays. Mais cela pousse également Hitler à déclencher son offensive rapidement, le 10 mai 1940, car il sait que le temps joue contre lui. Il ne peut attendre trop longtemps, car la France et la Grande-Bretagne rattrapent peu à peu leur retard dans le domaine de la production des avions militaires.

Cependant, en juin 1941, Hitler tombe dans le piège d'ouvrir un deuxième front contre les Soviétiques. Les Britanniques, eux, peuvent poursuivre le conflit, en grande partie grâce au sacrifice de l'armée française en 1940 – sans oublier l'apport des États-Unis par la suite.

La défaite de 1940 est avant tout celle d'une partie des élites militaires et politiques franco-britanniques, médiocres et incompétentes, qui ont refusé de voir à temps le danger du nazisme à sa juste mesure, en préparant par la suite des plans délirants, faisant sans le comprendre le jeu de la Wehrmacht.

5

Les crimes de guerre allemands méconnus

On raconte souvent que les crimes nazis ont débuté au cours de l'invasion de la Russie soviétique en 1941. En réalité, dès la campagne de Pologne de septembre 1939 et celle de France de mai-juin 1940, des unités militaires allemandes massacrent des civils et des prisonniers de guerre. Elles font de même dans les Balkans et ailleurs durant toute la durée du conflit. Il ne s'agit pas uniquement de régiments SS, mais également de formations régulières de la Wehrmacht. En réalité, lors des conflits précédents, de 1870 à 1918, l'armée allemande avait déjà accompli des massacres contre les civils.

Une histoire militaire allemande marquée par les crimes de guerre

Le 10 juin 1944, 642 habitants, dont 247 enfants, du village d'Oradour-sur-Glane, en Haute-Vienne, sont mitraillés ou brûlés vifs par des soldats du 1er bataillon du 4e régiment Der Führer de la 2e Panzerdivision Waffen SS Das Reich. Ce crime ignoble, « véritable coup de tonnerre dans un ciel serein » pour certains, a retenti à l'époque comme un acte inexplicable, contraire semble-t-il à l'attitude prétendument correcte de l'occupant allemand en France. On a cherché les raisons d'un tel acte dans la volonté allemande d'accomplir des représailles exemplaires après les actions armées de la Résistance du Limousin contre l'occupant. Or, il n'en est rien. C'est oublier des pans entiers de l'histoire de l'armée allemande, depuis les guerres de 1870-1871 jusqu'à la Première Guerre mondiale, marqués par de très nombreux massacres de civils innocents, visant uniquement à terroriser et à soumettre les populations occupées. Le nazisme va aller plus loin dans l'horreur par sa volonté d'exterminer les peuples et les ethnies que l'idéologie raciste et antisémite du régime hitlérien a désignés comme inférieurs. Le nazisme ne fait cependant que mettre en application des théories déjà présentes dans l'Allemagne du XIXe siècle.

En effet, l'idéologie pangermaniste du XIXe siècle cherche à démontrer la supériorité raciale des Germains sur les autres Européens, présentés comme des sous-hommes. Ainsi Johann Gottfried von Herder (1744-1803) développe-t-il déjà la conception d'un peuple unifié et dominateur, comprenant uniquement des individus de même sang, excluant bien entendu les étrangers vivant sur leur sol. Johann Gottlieb Fitcher (1762-1814) écrit de son côté :

> « Un peuple, c'est l'ensemble des personnes qui vivent en commun à travers les âges et se perpétuent entre eux sans altération, physiquement et moralement, selon les lois particulières au développement divin[1]. »

Georg Wihelm Friedrich Hegel (1770-1831) déclare, lui, que « l'erreur la plus fatale pour un peuple est d'abandonner ses caractères biologiques. L'Allemagne proprement dite s'est gardée pure de tout mélange[2] ».

Friedrich Wilhelm Joseph von Schelling (1775-1854) estime que la création organique d'un État est ce qui permet à une masse d'êtres humains d'atteindre l'union raciale, c'est-à-dire de devenir un peuple.

Durant les années 1890, la ligue pangermanique fait l'éloge du *Volkstum*, à savoir l'esprit de la race, en défendant des théories racistes qui seront reprises par la suite par un certain Adolf Hitler. En 1905, Joseph-Ludwig Reimer signe un ouvrage de référence pour les nationalistes et impérialistes allemands, *Une Allemagne pangermaniste*, qui trouve un large écho dans les cercles militaires, une partie de

---

1. Archives militaires allemandes, Fribourg-en-Brisgau.
2. *Ibid.*

la population et même au sein des élites. Cet auteur tente de prouver la supériorité de la race allemande par ses apports culturels et historiques, au détriment des nations voisines, comme la France, la Belgique, les Pays-Bas et les peuples slaves. L'étude raciale et ethnographique occupe une place importante dans ce livre. Concernant la France, Reimer s'inquiète de sa « dégermanisation » grandissante, approuve la solution d'une occupation militaire de ce pays. Dans la même veine, Otto Richard Tannenberg développe en 1911 la thèse pangermaniste dans un livre capital, *La Plus Grande Allemagne*. Il expose clairement tous les arguments qui seront repris par Hitler dès les années 1920, dont ce passage significatif :

> « Quelle situation pitoyable que la nôtre, si l'on considère que pas moins de 25 millions d'Allemands, c'est-à-dire 28 % de la race, vivent au-delà des limites de l'empire allemand ! C'est là un chiffre colossal, et un fait pareil ne saurait se produire dans un autre État quelconque sans susciter la plus vive indignation de tous les citoyens et l'effort le plus passionné pour remédier au mal sans plus attendre. Qui pourrait empêcher 87 millions d'hommes de former un empire, s'ils en faisaient le serment[3] ? »

Le pangermanisme trouve également sa source dans une vision du monde fondée sur la force vitale, où la volonté de puissance doit permettre à une élite raciale de dominer les masses. Il y a donc deux morales, celle des chefs et celle du troupeau, celle des maîtres et celle des esclaves. Cette « philosophie » du surhomme fonde très vite une « métaphysique », acquérant ainsi le droit transcendant de commander et de tuer. Le général Friedrich von Bernhardi (1849-1930), théoricien militaire du pangermanisme, écrit :

> « L'Allemagne n'a pas le droit de voir dans le maintien de la paix le but de sa politique. La guerre est un facteur indispensable de la culture, l'expression même de la vitalité et de la force des peuples civilisés[4] ».

Aux alentours des années 1890, à l'avènement de l'empereur d'Allemagne Guillaume II, le pangermanisme apparaît donc véritablement au grand jour, avec ses théoriciens et ses ligues, qu'il s'agisse des

3. *Ibid.*
4. *Ibid.*

ambitions d'une vaste union douanière européenne, d'annexions de territoires qualifiés de marches de sécurité, de la germanisation intensive des provinces frontalières ou encore de l'intensification de l'armement moderne. Il aura été, durant un quart de siècle d'abord, puis pendant douze années de l'hitlérisme, l'inspirateur fondamental de l'enseignement dispensé dans les écoles et les universités allemandes. Sa doctrine trouve son achèvement dans le culte exclusif de la force et la guerre violente, sans pitié à l'encontre des populations occupées, car vaincues et considérées comme racialement inférieures. Friedrich von Bernhardi poursuit :

> « La guerre suscite les vertus viriles et sélectionne les nations par sa purification raciale. Darwin a démontré que dans le monde biologique ne survivent et ne triomphent que les espèces les plus fortes, les vertus allemandes méritent donc de dominer l'humanité entière[5]. »

Sans remonter aux atrocités allemandes des guerres du XIXe siècle, comme celles de 1870-1871, on constate qu'en 1914 l'armée allemande multiplie les crimes de guerre contre les populations occupées. Du 5 au 26 août 1914, l'armée impériale du Kaiser passe par les armes plus de 5 000 civils dans une centaine de communes belges et françaises, détruit plus de 15 000 maisons, dont 600 à Visé et 1 100 à Dinant. Le massacre de Tamines illustre parfaitement la férocité de l'armée allemande, qui n'épargne ni les femmes ni les enfants : excédée par la résistance acharnée des troupes belges et françaises trois jours durant, du 21 au 23 août 1914, la horde militaire germanique se venge sur la population de cette cité, après le repli des forces alliées. Le bilan définitif fait état de 384 civils tués au total, dont 315 fusillés, 40 noyés, 22 massacrés à la baïonnette après la fusillade massive, 9 abattus au café *Hennion*, 13 carbonisés et 24 personnes décédées des suites de leurs blessures. L'examen minutieux de la liste détaillée des victimes du massacre révèle la présence de nombreux jeunes tués par les soldats allemands, dont 40 ont moins de 21 ans et pas tous masculins. Il convient d'y ajouter 229 civils victimes de tortures diverses et de viols. Enfin, 300 maisons sont incendiées.

À Dinant et ses environs, le 23 août 1914, 674 civils sont massacrés par les forces allemandes. La conquête de cette ville des Ardennes,

5. *Ibid.*

âprement défendue par l'armée française, coûte 3 000 soldats tués, prisonniers ou disparus à l'assaillant allemand, tandis que les braves défenseurs français déplorent 1 200 tués dans leurs rangs. Dès la prise de la ville, les Allemands se vengent impitoyablement sur les civils, femmes et enfants compris. Plus de 1 000 habitations sont brûlées.

À Tamines et Dinant, l'occupant allemand cherche surtout à terroriser la population, afin d'éliminer en elle toute volonté de résistance. Il s'agit, tout comme à Oradour-sur-Glane en 1944, de faire des exemples.

Dès le 5 août 1914, 118 civils sont massacrés par les soldats allemands à Berneau et à Soumagne. On compte 33 victimes civiles à Battice le 6 août, 26 à Badonviller le 12 août, 218 à Andenne et 55 à Nomeny le 20 août, 120 à Tintigny et 63 à Monceau-sur-Sambre le 22, 218 à Ethe et 68 à Fresnois-la-Montagne le 23, 71 à Latour le 24. La liste est bien longue, hélas. Ces massacres s'accompagnent bien entendu de viols, de tortures et d'incendie d'habitations – 102 maisons rien qu'à Fresnois-la-Montagne.

Durant l'occupation allemande d'une partie du nord-est de la France, en 1914-1918, la population subit vexations, brimades, restrictions en tous genres, sans oublier la déportation d'une partie de ses membres, condamnés à travailler dans les pires conditions sur le territoire du Reich, afin de remplacer les Germains partis sur le front. Les actes de résistance sont impitoyablement réprimés par la torture, la pendaison et la fusillade.

Tueries méconnues en Pologne et en France

L'idéologie nazie et pangermaniste pénètre profondément l'armée régulière durant les années 1930, si bien que, lors de l'invasion de la Pologne en septembre 1939, l'armée allemande tue des milliers de civils polonais : exécutions, bombardements des villes, meurtres. Les SS ne sont pas les seuls à massacrer les innocents. Du 1er au 4 septembre 1939, on recense 18 massacres qui font 714 victimes, uniquement perpétrés par la Wehrmacht. Le 4 octobre 1939, Hitler décide même de gracier les nombreux militaires impliqués dans des crimes de guerre en Pologne. Durant l'administration du pays par les Allemands, qui dure jusqu'au 25 octobre 1939, 531 villes et villages sont incendiés volontairement. La Wehrmacht se rend également coupable d'exécutions de masse, ainsi que de nombreux cas de pillage, de brigandage et d'assassinat. On estime ainsi que, du 1er septembre au 25 octobre 1939, 16376 civils polonais ont été victimes de ses atrocités. Tous les chefs militaires allemands de rang élevé étaient au courant de ce qui se passait en Pologne. Les *Einsatzgruppen*, formés d'officiers de la Gestapo, de la police criminelle (Kripo) et du SD, sous les ordres d'officiers de la Wehrmacht à l'époque, massacrent 20000 Polonais dès septembre 1939. Au total, sous l'occupation allemande, environ 6 millions de Polonais sont exterminés en raison de ce qu'ils sont : 3 millions de catholiques et autant de juifs. Des 3050000 juifs présents en Pologne avant-guerre, seuls 50000 survivront.

Pendant la campagne de France en mai-juin 1940, les forces armées allemandes massacrent également des civils et des prisonniers militaires alliés. Le 13 mai 1940, sur le front de Sedan, des dizaines de prisonniers français sont sauvagement abattus par le régiment *Grossdeutschland*. Le 21 mai, le 3e régiment d'infanterie de la division *Waffen-SS Totenkopf* fusille 6 civils à Mercatel, exécute 5 civils et incendie 24 fermes à Simencourt, massacre 4 civils (dont une femme handicapée de 78 ans dans son lit) et met le feu à plusieurs fermes à Hermaville. Le 22 mai, le 2e RI de cette même division *Waffen-SS* tue 30 civils à Berles-Monchel et 30 autres à Aubigny-en-Artois, puis 64 dans les environs. Les 24 et 25 mai, le 3e régiment d'infanterie de la *Totenkopf* massacre 48 personnes à Beuvry ; plusieurs centaines de civils sont utilisés comme boucliers humains pour faire progresser cette division sanguinaire. À Hinges, le 24 mai, 10 civils, âgés de 26 à 53 ans, sont exécutés au bord d'un trou d'obus datant de la guerre précédente et y sont enterrés.

Entre le 10 et le 26 mai 1940, cette même division *Waffen-SS* massacre 250 autres civils en divers endroits. Le 27, à Beuvry, des dizaines de civils et de réfugiés sont abattus par la division *Waffen SS Totenkopf*, qui mitraille également 97 prisonniers britanniques à Paradis-Lestrem, le même jour. Le 28, 80 civils sont assassinés à Oignies, 45 à Courrières et 80 prisonniers alliés à Esquelbecq.

Entre les 5 et 7 juin, à Airaines et ses environs, la 7e Panzerdivision du général Rommel massacre impitoyablement 109 tirailleurs sénégalais faits prisonniers sur le front de la Somme, dont le capitaine N'Tchoréré. Le 20, à Chasselay dans le Rhône, la *Totenkopf* tue des dizaines de tirailleurs sénégalais prisonniers, dont certains sont écrasés vivants par des blindés. Le même jour, 33 soldats français sont fusillés à Domptail. On estime que 1500 prisonniers de guerre français d'origine africaine ont été massacrés en mai-juin 1940 par les Allemands.

Massacres dans les Balkans et en Russie

Entre 1941 et 1945, sur le front de l'Est et des Balkans, les divisions allemandes, qu'elles soient régulières ou de la *Waffen-SS*, multiplient les massacres de civils, de juifs, de militaires prisonniers.

La Grèce n'est pas épargnée. Le 16 février 1943, 117 otages sont fusillés à Domenika. Le 25 juillet, dans le village de Moussiotissa, 151 civils sont passés par les armes. Le 16 août, au village de Komména, les Allemands fusillent 328 personnes. Le 1er octobre, 700 otages sont arrêtés à Volos et 128 fusillés à Sparte. Le 13 décembre, les Allemands exterminent toute la population masculine de 16 à 70 ans de la ville de Kalavryta, dans le Péloponnèse. Ils font creuser les tombes de 800 victimes par les femmes et les enfants. Dans les hameaux alentour, on compte 200 martyrs de plus.

Les massacres de civils sont aussi atroces en Yougoslavie, qui déplore 1 300 000 victimes entre 1941 et 1945.

La guerre contre la Russie soviétique est impitoyable : 3 800 000 prisonniers de l'Armée rouge meurent de faim ou de mauvais traitements dans les camps allemands ; 1 800 000 civils sont tués en Russie, dont 170 000 juifs ; 3 500 000 civils, dont 1 430 000 juifs, sont massacrés en Ukraine, dont une large partie par des Ukrainiens favorables aux nazis ; 2 200 000 personnes succombent en Biélorussie, dont 810 000 juifs... En 2001, un groupe officiel d'historiens russes estimait que l'armée allemande régulière et les SS avaient causé la mort de 11 millions de soldats et de 15 millions de civils soviétiques entre 1941 et 1945. Les estimations concernant les viols de femmes soviétiques uniquement par la Wehrmacht, sans même compter les SS, atteignent le nombre de 10 millions ; 750 000 à 1 million d'enfants sont nés de ces viols.

La pratique de la guerre totale dans toute l'Europe

La France paie un lourd tribut à l'occupation et à la lutte contre le nazisme durant la Seconde Guerre mondiale : 5 000 soldats tués de septembre 1939 à avril 1940 durant la « drôle de guerre », 90 000 soldats tués ou portés disparus en mai-juin 1940, 33 000 résistants tués entre 1940 et 1944, 3 200 combattants de la France libre tués entre 1940 et 1942, 27 570 soldats français de l'armée de libération tués entre 1943 et 1945, 45 000 prisonniers de guerre français morts dans les camps de juillet 1940 à mai 1945, 40 000 travailleurs français morts en Allemagne, 76 000 juifs déportés – dont 2 280 seulement sont revenus –, 42 000 déportés français non juifs dont plus de la moitié n'est pas revenue.

On remarque une multiplication en hausse croissante des crimes nazis en 1944 contre les civils français. Il s'agit pour le commandement allemand, devant la montée en puissance de la Résistance, de terroriser la population et les maquis, afin notamment de permettre la libre circulation, tactique et stratégique, des troupes d'occupation sur l'ensemble du territoire français, avant et après les débarquements des troupes alliées en Normandie et en Provence.

Diverses archives allemandes attestent de la volonté de réprimer sans pitié la population et d'anéantir les maquis. Heinrich Himmler, devant des officiers SS et de la Wehrmacht, déclare le 24 avril 1943 :

> « Pendant les combats pour la prise d'une cité, notre réputation nous précédait : nous avions en effet la réputation d'éveiller la peur et de semer la terreur : c'est une arme extraordinaire, et il ne faut pas la laisser s'affaiblir, il faut au contraire toujours la renforcer[6]. »

Il s'agit de l'application de la guerre totale. Le massacre de civils n'est pas une conséquence de l'affrontement avec la Résistance ou des forces militaires régulières, mais la volonté délibérée d'anéantir, pour des raisons racistes ou antisémites, certaines populations, et de terroriser les autres pour maintenir la libre circulation des troupes d'occupation.

Le 16 septembre 1941, le maréchal Keitel, un des chefs du commandement suprême des forces armées allemandes, ordonne, selon les directives d'Adolf Hitler, « d'écraser le mécontentement des civils occupés dans le germe » :

> « Il faut, dès les premiers cas, prendre immédiatement les mesures les plus décisives pour affermir l'autorité des pouvoirs d'occupation et prévenir l'expansion du mouvement. Il faut avoir en vue que la vie humaine dans les pays intéressés n'a aucune valeur dans la majorité des cas et qu'un effet de terreur ne peut être obtenu qu'à l'aide de mesures exceptionnellement cruelles. En représailles de la mort d'un soldat allemand, on doit

6. *Ibid.*

> considérer comme adéquate la peine de mort infligée à 50 ou 100 otages. Le mode d'exécution doit encore accroître la force de cette action terrifiante. Toute autre ligne de conduite qui serait liée à des peines relativement douces ou se limiterait aux menaces d'appliquer des peines plus sévères ne serait pas conforme à ces règles fondamentales et pour cette raison doit être repoussée. Les mesures répressives ordonnées par le *Führer* s'appliquent dans tous les pays occupés par l'Allemagne. Ce qui signifie que les pays collaborationnistes ne sont pas protégés contre les massacres[7]. »

Un second ordre du même Keitel, en date du 16 décembre 1942, est suffisamment explicite :

> « Notre lutte n'a rien de commun avec la conduite chevaleresque d'un soldat ou avec les règles de la convention de Genève. Si cette lutte n'est pas menée avec les moyens les plus brutaux, dans le proche avenir les forces disponibles seront insuffisantes pour liquider cette peste. Pour cette raison, les troupes ont le droit et le devoir d'employer dans cette lutte tous les moyens sans restriction, y compris contre femmes et enfants, si cela contribue au succès. Une marque de douceur quelconque est un crime envers le peuple allemand et le soldat au front.
> « Aucun Allemand, participant aux opérations contre les bandes, ne peut être poursuivi à titre disciplinaire ou judiciaire pour sa conduite dans le combat contre les bandits et leurs complices. Les chefs d'unités qui luttent contre les bandes sont chargés de porter cet ordre à la connaissance de tous les officiers de leurs unités, sous une forme assurant sa juste compréhension ; d'en informer immédiatement leurs officiers de justice[8]. »

Comme l'écrit fort justement Pascal Maysounave :

> « Il est donc possible d'affirmer que l'armée allemande – et non seulement les SS – a reçu l'ordre de neutraliser le patriotisme d'une partie des populations des pays occupés [...] Chaque opération fait immédiatement l'objet d'un compte rendu qui est connu de tous les chefs responsables [...] Contrairement aux idées reçues et véhiculées çà et là, il ne s'agissait pas de représailles. En réalité,

7. *Ibid.*
8. *Ibid.*

> les nazis ont méthodiquement appliqué le concept de "guerre totale", mis en œuvre dès 1914 par l'état-major impérial et théorisé en 1917 par un stratège de la domination allemande, le général Ludendorff. D'ailleurs Oradour a subi le même sort que des villes tchécoslovaques, russes ou italiennes (Lidice, Borki, Marzabotto, etc.). Programmée au plus haut niveau, l'opération répondait à des objectifs stratégiques très précis[9]. »

À Lidice, en Tchécoslovaquie, le 10 juin 1942, les 95 maisons de la localité sont détruites par le feu, 185 habitants mâles de plus de 15 ans fusillés sur place, 184 femmes envoyées en camp de concentration, 88 enfants transférés à Litzmannstadt. À Borky, en Russie, le 22 septembre 1942, 705 civils sont fusillés, dont 203 hommes, 372 femmes et 130 enfants. À Vileika, en Russie, du 24 septembre au 10 octobre 1943, 327 civils sont massacrés.

À Marzobotto, en Italie, du 29 septembre au 1er octobre 1944, environ 2700 personnes sont tuées par la 16e division *Waffen-SS Reichführer*. Dès le 17 juin 1944, le maréchal allemand Kesserling avait donné les instructions suivantes aux troupes allemandes en Italie :

> « La lutte contre les bandes et les civils complices devra être conduite avec tous les moyens disponibles et avec la plus grande dureté. Je prendrai la défense de tout responsable militaire qui, dans le choix et la rigueur des moyens employés, aura outrepassé la mesure moyenne considérée par nous comme normale[10]. »

En réalité, les colonnes allemandes n'attendent pas forcément d'être attaquées par les « terroristes » pour massacrer les civils. Le concept allemand de guerre totale exige notamment de terroriser la population pour faciliter la libre circulation des troupes d'occupation.

9. Pascal Maysounave, *Oradour, plus près de la vérité*, éditions Lucien Souny, 1996.
10. Archives militaires allemandes, Fribourg-en-Brisgau.

6

Les crimes alliés oubliés

Si les crimes hitlériens dépassent de loin toutes les horreurs de la Seconde Guerre mondiale, on ne peut cependant ignorer que les forces militaires alliées ont également commis des crimes, dont de nombreux viols, qui ont frappé aussi bien les soldats adverses que les civils de diverses nationalités.

Les Britanniques contre les troupes italiennes en Afrique

La propagande de guerre britannique représente les soldats italiens comme des sous-hommes, des soldats ridicules, alors qu'en réalité ceux-ci luttent le plus souvent avec bravoure. Il convient donc de s'attarder sur les débuts de la guerre italo-britannique en Afrique du Nord.

Suite à la déclaration de guerre de Mussolini à la France et à la Grande-Bretagne, le 10 juin 1940, le maréchal italien Rodolfo Graziani lance ses troupes présentes en Libye à la conquête de l'Égypte, le 11 septembre 1940 : 80 000 soldats, 120 chenillettes et chars italiens affrontent 36 000 soldats et 220 chars britanniques. En seulement quelques jours, l'offensive italienne progresse de 120 kilomètres en territoire égyptien, avec la conquête de plusieurs localités, dont Sidi Barrani. L'opération coûte 120 tués et 410 blessés dans les rangs italiens, 50 tués et 123 blessés du côté britannique, qui déplore également la perte de 31 blindés détruits ou endommagés, ainsi que 16 camions.

Conscient de la faiblesse criante de son armement en chars, Graziani met fin à l'offensive, dans l'attente de renforts en blindés. De son quartier général de Libye, il ordonne au général Berti de répartir les troupes en plusieurs camps retranchés, séparés les uns des autres d'une trentaine de kilomètres, dont celui de Nibeiwa, défendu par le groupement blindé du général Pietro Maletti, fort seulement de 22 chars légers M11/39 de 11 tonnes, dont les canons de 37 mm sont impuissants contre le blindage de 80 mm des 56 puissants chars lourds britanniques Matilda de 28 tonnes, arrivés en renforts.

Le dispositif italien, trop dispersé donc très vulnérable, ne peut être resserré à temps contre l'attaque d'une unité blindée britannique. La nature rocheuse du terrain ne permet pas le creusement d'un fossé antichar efficace, les mines manquent cruellement et les canons antichars italiens sont peu nombreux et, répétons-le, inefficaces contre les chars lourds britanniques Matilda.

Le commandement britannique, conscient de la faiblesse en armement lourd de l'adversaire italien, élabore un plan offensif visant à chasser les Italiens d'Égypte. L'armée britannique est puissamment renforcée par l'arrivée des 56 chars lourds Matilda du 7e régiment blindé royal, tandis que le groupement blindé italien Maletti ne peut lui opposer que 22 chars légers M11/39, d'une très médiocre qualité.

Le général britannique O'Connor dispose d'une force motorisée de 36000 hommes, avec la 4e division indienne (venue d'Inde), la 7e division blindée et la brigade motorisée Selby. Début décembre 1940, il lance une puissante contre-offensive pour chasser les Italiens d'Égypte. Le 7e régiment blindé royal, fort de 56 chars Matilda, dont 47 sont réellement disponibles, doit attaquer le camp italien de Nibeiwa, avec, en soutien, la 11e brigade motorisée indienne, soit, au total pour cette opération, 5000 soldats britanniques et indiens contre 4100 soldats italiens et libyens.

Le mouvement britannique débute le 6 décembre 1940. Pendant les deux premiers jours, la progression, à travers 100 kilomètres de désert, se fait sans que les Italiens aient le temps de repérer l'adversaire, qui bivouaque deux nuits durant à environ 16 kilomètres à l'ouest de Bir-el-Kanayis, sur la route de Matrouh à Sioua. Durant l'après-midi du dimanche 8 décembre, protégé par des nuages bas rendant les reconnaissances aériennes italiennes inefficaces, l'assaillant britannique se regroupe près d'un lieu surnommé « Picadilly ».

Durant la nuit du 8 au 9 décembre 1940, les blindés britanniques s'enfoncent vers l'ouest en direction du camp italien de Nibeiwa, couverts par le bruit de l'artillerie navale de la Royal Navy qui pilonne les défenses italiennes plus au nord. La nuit devient très froide. Jusqu'à minuit, les soldats italiens et libyens de Nibeiwa sont maintenus en alerte. Il y a des échanges de tirs et des fusées éclairantes. Un peu avant 5 heures du matin, le 9 décembre, un bataillon de la 4e division indienne ouvre le feu sur la partie est du camp de Nibeiwa, détournant ainsi l'attention des défenseurs. Les tirs se prolongent durant une heure. Puis il y a une accalmie, destinée à tromper les Italiens. À 7 h 15, les 72 canons de l'artillerie divisionnaire britannique pilonnent l'est du camp, tandis que les chars lourds Matilda fondent à l'angle nord-ouest des positions italiennes et tombent sur 22 chars italiens M11/39 et une dizaine de chenillettes L3, parqués à l'extérieur du périmètre défensif. Les équipages italiens, totalement surpris par cette attaque, ne peuvent réagir à temps : les tanks Matilda détruisent en dix minutes tous les blindés adverses et mitraillent sans pitié les équipages qui veulent se rendre, puis font irruption dans le camp. Les artilleurs italiens et leurs canons de 47 mm et de 65 mm luttent avec une bravoure extraordinaire, de même que les fantassins transalpins et libyens qui attaquent les blindés ennemis à la grenade. Mais le blindage de 80 mm des Matilda résiste à tous les projectiles adverses. Les combattants italiens qui veulent se rendre sont mitraillés à bout portant ; certains sont même écrasés sous les chenilles des tanks qui ne font pas de quartier.

Cependant, les artilleurs italiens parviennent à mettre hors de combat, mais sans les détruire, 27 des 47 chars Matilda engagés : se rendant compte de l'inefficacité de leurs canons contre le blindage des tanks ennemis, les canonniers italiens visent les trains de roulement et les chenilles pour les immobiliser. Le général italien Maletti, se servant lui-même héroïquement d'une mitrailleuse, est tué par le tir de l'un des Matilda. Par la brèche ouverte pénètrent immédiatement deux bataillons d'infanterie de la 4e division indienne : le 6e fusiliers du Radjpoutana et le 2e Cameroun Highlanders, qui luttent avec fougue, soutenus par les tanks. Des prisonniers italiens ou libyens sont massacrés à la baïonnette ou mitraillés à bout portant. La résistance italienne est acharnée, surtout lorsque les défenseurs comprennent que l'assaillant tue certains des prisonniers. Cependant, à 11 heures du matin, les jeux sont faits. Seuls de petits groupes épars résistent encore. La garnison italienne déplore 818 tués et 2 000 prisonniers, dont 1 338 sont blessés. Certains des prisonniers italiens ou libyens sont abattus et des blessés achevés à la baïonnette. Les Britanniques, eux, déplorent 56 tués, 150 blessés et 27 tanks endommagés. Une lutte inégale de la chair humaine contre l'acier des blindés.

Lors de la première bataille de Tobrouk, en Libye, en janvier 1941, certaines unités italiennes opposent également une résistance acharnée et causent de lourdes pertes aux troupes britanniques. Leurs munitions épuisées, elles sont contraintes de se rendre. Certains des prisonniers italiens sont impitoyablement massacrés à la baïonnette ou à la mitrailleuse. D'autres croupissent en plein soleil sans eau et sans vivres durant plusieurs jours, ce qui cause une mortalité importante. Cependant, dans l'ensemble, le commandement britannique veille à ce que les prisonniers italiens soient bien traités, ce qui sera le plus souvent le cas, mais pas toujours.

La propagande de guerre britannique présente la contre-offensive de ses troupes en Libye en janvier-février 1941 comme un triomphe ayant entraîné la capture de 130 000 soldats italiens, alors qu'en réalité 40 000 ont été réellement faits prisonniers. Durant des décennies, ce chiffre sera repris par de nombreux auteurs, sans vérification. Les chars italiens, de piètre qualité, sont de véritables « cercueils roulants » contre les puissants chars britanniques Matilda.

Mais en 1941, la guerre qui oppose les troupes italiennes à celles de l'empire britannique ne se limite pas à la Libye et à l'Égypte. En Afrique orientale, de violents combats se déroulent en Érythrée, en Somalie et en Éthiopie. La bataille décisive a lieu sur le front montagneux de Keren, en Érythrée, du 2 février au 27 mars 1941, opposant 40 000 soldats italiens à 75 000 soldats britanniques, indiens, soudanais et français libres.

La division italienne Savoia (10e et 11e régiments de grenadiers, 3e bataillon d'*alpini*, 3e bataillon de *bersaglieri*, 11e légion d'assaut des chemises noires et 60e régiment d'artillerie), forte de 17 000 combattants d'élite, est soutenue par cinq excellentes brigades coloniales et 3 groupes de cavalerie indigène. L'ensemble est placé sous les ordres des généraux Frusci, Lorenzini et Carnimeo, trois officiers remarquables.

Les 4e et 5e divisions britanniques-indiennes, la division Sudan Defence, la 1re brigade française libre et plusieurs bataillons écossais forment l'ensemble des troupes alliées engagées. La totalité de cette force est placée sous les ordres du général britannique Platt et du colonel français Monclar.

Les troupes italiennes tiennent fermement de solides positions montagneuses à environ 1 500 mètres d'altitude. Durant deux mois, tous les assauts alliés sont repoussés. Les soldats italiens, bien que luttant à 1 contre 2, font preuve d'une bravoure extraordinaire, faisant même l'admiration du commandement allié.

Les Alliés, convaincus d'en finir rapidement, déchantent rapidement. Certains sommets changent d'occupant jusqu'à 5 à 10 fois dans la même journée ! Keren devient le Verdun ou le Stalingrad d'Afrique orientale. Les pertes sont terribles dans les deux camps. Les premières offensives alliées de février 1941 sont toutes des échecs sanglants. Les Alliés sont stupéfaits par la résistance italienne. Ils décident de faire venir un régiment de chars lourds Matilda, qui est finalement bloqué par des gros blocs de rochers, barrant le passage de la route principale. L'artillerie lourde alliée, plus moderne, porte plus loin que celle de l'adversaire et son aviation est plus nombreuse, mais le commandement italien comble cette infériorité matérielle et numérique par la qualité exceptionnelle de ses combattants.

Finalement, le manque de munitions contraint les troupes italiennes à reculer fin mars 1941. Sur le terrain, ils sont pourtant sortis vainqueurs à chaque combat. Sur 40 000 soldats italiens engagés, 12 347 sont tués et 21 700 blessés, soit 34 047 hommes hors de combat ! Une véritable hécatombe ! Les Alliés déplorent également des pertes très élevées, avec 8 767 tués et 20 500 blessés, soit 29 267 soldats hors de combat sur 75 000 hommes engagés ! Ulcérées par une résistance aussi acharnée, certaines unités britanniques décident de se venger sur les blessés et les prisonniers italiens, même si le plus grand nombre est correctement traité. De nombreux blessés sont massacrés à la baïonnette. Et certains camps de prisonniers italiens sont de véritables mouroirs en Afrique orientale.

L'historien britannique Compton Mackenzie rend cependant hommage à la bravoure des soldats italiens :

> « Keren fut une des batailles les plus dures de la Seconde Guerre mondiale. Il faut souligner que jamais les Allemands et les Japonais ne combattirent avec la même détermination que les bataillons italiens de grenadiers, d'*alpini*, de *bersaglieri* et de chemises noires à Keren. De plus, les troupes coloniales italiennes luttèrent avec la même valeur[1]. »

Le général britannique Platt souligne de son côté :

> « Keren est pour moi la bataille la plus terrible de ma carrière militaire. Les troupes italiennes ont combattu avec une bravoure

1. Archives militaires britanniques, Londres.

stupéfiante. Les assauts et les contre-attaques se sont suivis durant des semaines entières, avec des pertes terrifiantes dans les deux camps. Les sommets conquis par nos troupes étaient systématiquement repris par les héroïques soldats italiens. Durant deux mois, nous avons affronté un adversaire commandé par d'excellents officiers, dont principalement les généraux Frusci, Lorenzini et Carnimeo[2]. »

Hambourg sous les bombes des avions alliés

Hambourg, deuxième ville du IIIe Reich et premier port allemand, se trouve à l'estuaire de l'Elbe et à une soixantaine de kilomètres de la mer du Nord. Du fait de sa proximité avec la Grande-Bretagne et de son importance stratégique, elle est régulièrement bombardée par l'aviation alliée, principalement britannique. Entourée de casernes et d'usines d'armement, elle est une cible privilégiée, sans oublier l'importance industrielle et militaire de sa zone portuaire, avec une base sous-marine et son gigantesque bunker.

De 1940 à 1945, Hambourg est victime de 213 bombardements aériens, dont le premier se déroule le 18 mai 1940, causant 34 morts et 72 blessés. En 1940-1941, elle subit 112 bombardements de la Royal Air Force (RAF), tuant 751 personnes. Le 17 avril 1942, Hambourg est particulièrement ciblée par les bombardiers de la RAF. Mais le pire est à venir.

Du 24 juillet au 2 août 1943, les bombes britanniques dévastent de nouveau Hambourg et ses environs, tuant 45 000 personnes et blessant 80 000 autres. Parmi les corps, on recense 50 % de femmes et 12 % d'enfants. Ce bombardement de l'été 1943 se fait en sept raids successifs, dix jours durant, mobilisant 2 593 bombardiers britanniques et 300 bombardiers américains. Des dizaines de milliers de civils sont tués, brûlés ou asphyxiés du fait des bombes incendiaires, qui provoquent une tornade de feu d'une vitesse de 240 km/h et font monter la température à 800 °C, consommant par endroits la totalité de l'oxygène présent dans l'air : un véritable enfer sur terre. On dénombre 350 000 habitations détruites et un million de civils sans abri. La défense antiaérienne allemande, la *Flak* (DCA), parvient à abattre 87 avions et 552 aviateurs alliés sont tués. En 1944 et 1945,

2. *Ibid.*

on compte encore 65 bombardements aériens sur Hambourg, qui font 5 390 morts.

Le martyre des villes allemandes

La moitié des trois millions de tonnes de bombes larguées sur l'Europe tombent sur l'Allemagne. Elles causent la mort de 600 000 personnes et font deux à trois fois plus de blessés. Cependant, la *Flak* (DCA) et la chasse allemandes causent de très lourdes pertes à l'aviation alliée : 10 045 chasseurs et 11 945 bombardiers britanniques, 8 420 chasseurs et 9 949 chasseurs américains abattus. Les équipages aériens alliés déplorent des pertes humaines considérables : 79 281 du côté des Britanniques et 79 265 du côté des Américains.

On considère que cette campagne de bombardement des Alliés est un échec, du fait de l'ampleur des pertes et des moyens mis en œuvre. Les deux objectifs stratégiques principaux, à savoir détruire la volonté de résistance des Allemands et leur capacité de production, n'ont jamais été atteints.

Ainsi, malgré les bombardements alliés, l'économie de guerre allemande ne cesse de se renforcer de 1940 à 1944, comme le souligne fort justement l'historien Olivier Wiervorka :

> « La production bondit de 10 247 à 39 807 appareils, celle des tanks de 2 200 à 27 300 unités, celle des pièces d'artillerie de 5 000 à 41 000[3]. »

Sur toute la durée de la guerre, les bombardements aériens alliés ne détruisent que 5 % de la capacité de production militaire allemande, tandis que les civils souffrent le martyre : Hambourg est détruite à 75 %, Berlin à 33 %, Dresde à 52 %, Francfort à 52 %, Cologne à 61 %, Leipzig à 20 %, Dortmund à 54 %, Essen à 50 %, Munich à 42 % et Düsseldorf à 64 %[4]. Outre les bombardements aériens alliés sur Hambourg de l'été 1943, déjà relatés, celui de Cassel en octobre 1943 tue 10 000 civils, celui de Darmstadt en septembre 1944 12 000, celui de Dresde en février 1945 25 000, celui de Pforzheim en février 1945 20 000, et celui de Wurtzbourg

3. Olivier Wieviorka, *Histoire du débarquement en Normandie*, Le Seuil, 2007.
4. Jean Lopez (dir.), *Infographie de la Seconde Guerre mondiale*, Perrin, 2018.

en mars 1945 plus de 5 000 civils. Il convient d'ajouter au nombre des victimes les blessés, deux à trois fois plus nombreux à chaque fois.

Non seulement la production militaire allemande n'est pas ralentie, bien au contraire, mais les nombreux morts civils renforcent la volonté de résistance du peuple allemand face aux Alliés honnis.

La France n'est pas épargnée...

Cette folie meurtrière des bombardements aériens alliés ne se limite pas à l'Allemagne. La France est également durement frappée. Les Alliés refusent de privilégier le sort des civils français au détriment d'une stratégie qui doit théoriquement affaiblir l'armée allemande présente sur le sol français. Entre juillet 1940 et mai 1945, la France reçoit 600 000 tonnes de bombes, soit 22 % du total déversé par les Alliés en Europe, qui provoquent la mort 72 000 civils français et le double ou le triple de blessés. Le bombardement de la ville de Saint-Étienne, le 26 mai 1944, cause à lui seul la mort de 1 084 civils et en blesse trois fois plus.

Le bombardement parfaitement inutile, sur un plan militaire, de la ville de Royan en janvier 1945 mérite une attention particulière par l'ampleur du désastre. Depuis septembre 1944, Royan est une des poches allemandes de l'Atlantique, défendue par une importante garnison de près de 6 000 hommes, avec de nombreux *bunkers*, une puissante artillerie et des champs de mines. Dans la nuit du 4 au 5 janvier 1945, Royan subit un terrible bombardement de l'aviation alliée : on déplore 442 civils tués et un millier de blessés sur les 2 223 habitants qui n'ont pu être évacués quand, du côté allemand, on ne compte que 47 morts. 7 avions alliés ont été descendus par la *Flak*. Les défenses allemandes ont très peu souffert lors de cette attaque aérienne, alors que la ville est détruite à 95 %.

Une question essentielle se pose alors : qui sont les responsables de ce massacre ? Le 18 septembre 1944, à Saintes, le général de Gaulle décide d'attaquer les poches (Royan et Médoc) bloquant le port de Bordeaux. Le 21, il écrit au général Eisenhower en ce sens. L'état-major allié en Europe est alors chargé de préparer cette opération. Le 7 octobre 1944, le général de Gaulle annonce au général de Lattre de Tassigny, commandant la Ire armée française, qu'il va être obligé de lui retirer deux divisions, la 1re division française libre (DFL) et la 1re division blindée (DB) pour renforcer les FFI déjà engagés sur le front de l'Atlantique sud. À la fin novembre 1944, l'état-major allié accepte la date du 25 décembre pour déclencher l'opération Indépendance, visant à débloquer le port de Bordeaux. Finalement, seule la 1re DFL doit être engagée. Le détachement précurseur arrive le 12 décembre 1944 à Jonzac.

Le 22 décembre 1944, après l'offensive allemande dans les Ardennes et les menaces pesant sur Strasbourg, le général Eisenhower repousse l'opération Independance, en notifiant que l'affectation de la 1re DFL sur le front de l'Atlantique est annulée. La 1re DFL doit rejoindre l'Alsace dans les délais les plus courts.

Le bombardement aérien, prévu dans le cadre de l'opération Indépendance, est maintenu malgré l'annulation de l'offensive terrestre. Le 10 décembre 1944, le général Edgard de Larminat, commandant des forces françaises du front de l'Atlantique, est en réunion à Cognac avec le général américain Ralph Royce, commandant la First Tactical Air Force (1re TAF), rattachée au 6e groupe d'armées alliées, dont le poste de commandement principal se trouve à Vittel. Les deux hommes décident d'un commun accord de bombarder les positions allemandes de la Coubre et de la pointe de Grave. Cette rencontre se déroule en présence du général Corniglion-Molinier, commandant les forces aériennes françaises de l'Atlantique.

Peu après, le général Royce adresse l'ordre de mission suivant :

> « Détruire une ville solidement défendue par les troupes allemandes et occupée seulement par ces troupes[5]. »

Il oublie ainsi de mentionner la présence de nombreux civils dans la poche de Royan…

L'état-major allié accepte la demande du général Royce, sans lui faire subir l'examen préliminaire d'usage par la Commission d'étude des objectifs stratégiques. Le général Harris, commandant de l'ensemble des bombardiers britanniques, n'apprécie pas qu'une telle mission lui soit imposée sans l'accord de cette commission, pourtant nécessaire pour éviter d'inutiles pertes civiles. Mais le temps presse…

Le vendredi 5 janvier 1945, le 5e groupe de bombardement britannique décolle d'Angleterre avec six chasseurs bombardiers Mosquito, chargés du repérage, suivis par un avion pilote (Lancaster) et 217 bombardiers Lancaster. À 4 h 00 du matin, les 217 bombardiers britanniques larguent leurs bombes sur Royan. Entre-temps, une

5. Archives militaires françaises, Vincennes.

seconde vague d'assaut se prépare avec à sa tête le 8e groupe, formé de 28 Lancaster éclaireurs et du 1er groupe regroupant 96 Lancaster. Ces avions décollent des bases britanniques et arrivent sur Royan à 5h30 du matin pour déverser leurs bombes: un total de 1576 tonnes de bombes explosives et de 13 tonnes de bombes incendiaires. L'église Notre-Dame, l'hôtel Bellevue, la gare, l'église Saint-Pierre, le Casino de Foncillon sont totalement ou partiellement détruits. Le château de Mons est coupé en deux. La destruction est totale entre le boulevard Albert-Ier et le quartier Saint-Pierre. La rue de Foncillon ne compte plus que 3 maisons en état et, sur 42 habitants, on dénombre 40 tués!

Comment expliquer un tel massacre? Il faut rejeter les affirmations de certains auteurs mettant en avant une mauvaise météo qui aurait gêné le repérage de l'aviation britannique. En réalité, le texte du général américain Royce décrivant une ville occupée uniquement par les troupes allemandes laisse penser que tous les Français restés sur place seraient des collaborateurs! Ce qui est, bien entendu, totalement faux. La réunion du 10 décembre 1944 à Cognac n'a pu être à l'origine de cette méprise meurtrière, car le général d'aviation Corniglion-Molinier, alors présent, a dû échanger des informations plus précises sur les objectifs à bombarder avec le général Royce.

À la suite de cette terrible affaire, la recherche des responsables fut mise en œuvre. Les Français et les Américains, voire les Britanniques, se rejetant mutuellement la responsabilité du massacre, il semble clair de nos jours que l'origine de ce bombardement désastreux porte sur une incompréhension des uns et des autres, avec à la clef un manque de communication de tous: dérangement de la ligne téléphonique entre l'état-major de Vittel et l'état-major de Cognac, mauvaise coordination des services, retards dans le décodage et la transmission du message principal, sans oublier la différence de langue et la traduction qui a été l'origine de la mauvaise interprétation du général Royce au sujet des propos du général de Larminat, lors de la réunion de Cognac. Suite à cette affaire, le général Royce sera démis de ses fonctions.

L'historien Peter Krause apporte les précisions suivantes:

> « Le jeudi 4 janvier 1945 à 15h40, une météo favorable pousse la décision de lancer l'assaut. Le SHAEF (état-major allié en Europe) donne l'autorisation à 17h25, avertissant le QG du 6e groupe d'armées alliées à Vittel. Le général Schramm (adjoint du général Royce) est tout de même inquiet, car il ne parvient pas à obtenir

l'accord définitif des autorités françaises. La ligne téléphonique Vittel-Cognac est en dérangement, mais des messages chiffrés mentionnés "Urgent" sont envoyés aux généraux de Larminat et Corniglion-Molinier. L'absence de réponse de ces derniers est considérée comme une acceptation de cette opération. Pourtant, à 19h50, et dans un souci d'enlever le moindre doute, Royce envoie un nouveau message au général de Larminat. Là encore, aucune réponse, et le feu vert est alors donné aux escadrilles basées en Angleterre. En fait, le message envoyé par le général Royce a bien été reçu à Cognac à 20h53 (jeudi 4 janvier 1945), mais c'était l'heure du dîner. Finalement, il n'a été déchiffré qu'à 00h40 (vendredi 5 janvier), et traduit à 05h30. Lorsque le général de Larminat en a pris connaissance, le 5 janvier à 08h00 du matin, Royan était devenue une ville martyre[6]. »

Crimes de guerre américains, britanniques et français

Mythifiée par des décennies de propagande, en particulier à travers le cinéma, l'armée américaine aurait été composée uniquement de super-héros, qui auraient sauvé l'Europe des méchants nazis. Son comportement sur le terrain aurait été irréprochable sur le plan humain : les Américains n'ont-ils pas libéré l'Europe occidentale de la peste brune ?

Tous ces stéréotypes ignorent par exemple que les troupes débarquées en Normandie en juin 1944 sont composées à 60 % de Britanniques et de Canadiens (plus une poignée de Français libres) et à 40 % d'Américains ; que les troupes britanniques et canadiennes affrontent 75 % des unités blindées allemandes en Normandie de juin à août 1944 ; que le débarquement en Provence en août 1944 est composé de 250 000 soldats français et de 150 000 soldats américains et britanniques ; que plus de 60 % du territoire français est libéré par les troupes britanniques, canadiennes et françaises (armée régulière et maquis) ; que sur les 5 500 000 soldats allemands morts au cours de la Seconde Guerre mondiale, 4 millions sont tombés contre l'armée soviétique et que 60 % des troupes allemandes ont lutté contre cette même armée. Nous pourrions multiplier les exemples sur la réalité des faits historiques de la défaite allemande et la réelle participation

6. Peter Krause, *Bordeaux, les bombardements*, CMD, 1999.

américaine à la victoire des Alliés, sans chercher, bien entendu, à la minorer.

Comme toutes les armées au cours de ce conflit, l'armée américaine commet des crimes de guerre, sans commune mesure avec ceux des troupes allemandes, mais cependant bien réels. Il convient donc de s'attarder sur les origines de ces comportements inhumains ayant entaché l'honneur de certains soldats américains. Les échecs de l'armée américaine en Tunisie, méconnus et souvent cachés, contre les troupes italiennes notamment, expliquent en partie cette vengeance parfois impitoyable. Pour de nombreux officiers blancs américains, formatés dans une culture où la race anglo-saxonne dominerait les autres (avec également des sentiments ouvertement racistes à l'encontre des Noirs), les Latins, dont les Italiens, sont parfois perçus comme des sous-hommes (lâches, peu travailleurs et roublards), même si ces « ritals » sont nombreux à avoir choisi l'Amérique comme nouvelle patrie et à combattre même sous son drapeau étoilé. Une défaite contre de tels soldats est une honte pour le drapeau américain.

Les premières grandes batailles livrées par l'armée américaine contre les troupes allemandes et italiennes se déroulent en Tunisie en février-mars 1943. En guerre depuis décembre 1941 contre l'Axe, les États-Unis portent cependant, dans un premier temps, leur effort dans le Pacifique contre les forces armées japonaises, suite à l'attaque d'une partie de la flotte américaine à Pearl Harbor le 7 décembre 1941. Après avoir débarqué en Algérie et au Maroc en novembre 1942, les divisions alliées tentent de s'emparer de la Tunisie avant les Allemands et les Italiens, mais ces derniers, plus rapides, parviennent à établir deux fronts solides à l'ouest et au sud du territoire. Bien que 180 000 soldats américains aient débarqué au Maroc et en Algérie en novembre 1942, le commandement américain se montre incapable d'en envoyer plus de 12 000 en Tunisie au cours des semaines suivantes. Ce désastre logistique de l'*US Army* permet aux forces de l'Axe de s'emparer de la plus grande partie de la Tunisie, bien que les troupes françaises ralentissent courageusement, en dépit d'un équipement et un armement surannés, la progression des troupes italo-allemandes sur la Dorsale tunisienne.

Du 19 au 25 février 1943, la bataille de Kasserine illustre parfaitement la médiocrité de l'armée américaine. Les 10e et 21e Panzerdivisions allemandes et la division blindée italienne Centauro, regroupant 22 000 soldats d'élite, expérimentés par plusieurs années de guerre, équipés de 250 chars, affrontent le 2e corps d'armée américain, fort de 30 000 hommes qui découvrent la guerre moderne, soutenus par 500 chars. Sur un front en partie montagneux, les troupes germano-italiennes attaquent en force les positions américaines. Les chars Sherman, Lee et Stuart sont balayés par les blindés allemands plus performants, tels les Panzer IV et les Tiger, appuyés par le solide 5e régiment des *bersaglieri* (tirailleurs italiens) du lieutenant-colonel Aldo Raimondi de la division Centauro. Les troupes germano-italiennes accomplissent une percée spectaculaire de 80 kilomètres dans les positions américaines. Le commandement américain s'avère dépassé par les événements. Les contre-attaques et les barrages d'artillerie sont trop tardifs pour enrayer les progressions des troupes de l'Axe. Le 20 février 1943, le moral des troupes américaines est au plus bas. Elles se retirent en abandonnant leur équipement sur le terrain. Le général Lloyd Fredendall, commandant le 2e corps américain, fragmente ses unités, qui sont alors facilement encerclées et submergées. Ayant construit son poste de commandement loin du front, il visite rarement ses soldats en première ligne. Dépassé par les événements, il est limogé et remplacé le 6 mars 1943 par le général George Patton.

Finalement, des unités de la 1re armée britannique et du 19e corps d'armée français sauvent les troupes américaines en pleine déroute. Le manque de carburant pénalise également les assaillants. Le maréchal Erwin Rommel, le général Hans-Jürgen von Arnim et le général italien Carlo Calvi de Bergolo, commandant les unités germano-italiennes, enragent de ne pas pouvoir poursuivre leur offensive, qui se termine par des pertes terribles pour le 2e corps américain : 6 300 morts ou blessés, 4 000 prisonniers, 315 chars, 716 véhicules et 200 canons détruits. Les troupes germano-italiennes déplorent seulement 352 tués ou blessés et 34 chars détruits.

Du 17 au 28 mars 1943, à El Ghettar en Tunisie, sur un front de 70 kilomètres, le 2e corps américain du général Patton, fort de 88 000 soldats, 300 chars et 200 pièces d'artillerie, affronte la division blindée italienne Centauro du général Calvi di Bergolo, réduite à seulement 7 850 soldats, 30 blindés, 40 canons de campagne et 12 canons antichars. Malgré l'écrasante supériorité numérique américaine, les troupes italiennes, luttant avec une bravoure extraordinaire, repoussent douze jours durant toutes les attaques. Les soldats américains se heurtent à des soldats italiens d'élite, ayant deux à trois années d'expérience de guerre dans les Balkans et en Afrique.

Patton, monté en épingle par la propagande américaine, se dévoile un piètre tacticien, qui accumule les erreurs sur le terrain. Les attaques américaines, mal coordonnées, sont systématiquement repoussées par d'habiles contre-attaques italiennes, menées avec fougue. Les positions italiennes perdues sont systématiquement reprises en peu de temps. Le relief, formé de collines hautes de 300 à 700 mètres d'altitude, facilite la défense des troupes italiennes, mais rend les contre-attaques plus difficiles.

La bataille d'El Guettar se termine par des lourdes pertes américaines, avec 5 000 soldats tués ou blessés, 1 500 prisonniers, 60 blindés détruits, contre 2 500 soldats italiens mis hors de combat et 20 chars détruits. Le succès italien est d'autant plus remarquable que les chars Fiat-Ansaldo M14/41 (14 tonnes) sont nettement inférieurs en qualité aux Sherman américains (32 tonnes) qui leur sont opposés, mais les tankistes italiens, plus expérimentés, font la différence sur le terrain, en manœuvrant avec une plus grande efficacité. Le 5e régiment des *bersaglieri* du lieutenant-colonel Aldo Raimondi reprend systématiquement les positions perdues lors d'assauts furibonds à la baïonnette, en faisant de nombreux prisonniers américains. Le manque de renforts empêche de transformer cette victoire défensive italienne en véritable déroute de l'armée américaine.

Bien entendu, la propagande de guerre américaine passe sous silence les échecs de ses troupes contre les Italiens, en laissant croire que l'adversaire principal est allemand ! Le film de guerre américain réalisé par Franklin Schnaffer en 1970, à la gloire de Patton, est révélateur à ce sujet : on ne voit pas un seul soldat italien lors des scènes de combat se déroulant en Tunisie…

Prenant le commandement de la 7e armée américaine lors du débarquement en Sicile, le 10 juillet 1943, Patton veut sa revanche. Lors de la bataille de Gela, du 10 au 13 juillet 1943, il affronte principalement des troupes italiennes. La force américaine de débarquement du secteur de Gela et de ses environs repose sur la 1re division armée d'infanterie (DI), la 2e division blindée, divers éléments de la 3e DI, de la 45e DI et de la 82e division aéroportée. L'appui feu peut compter sur les puissants canons des croiseurs *Savannah*, *Boise*, *Abercrombie*, *Shubrick*, *Jeffers*, *Bulter* et *Glennon*, notamment armés, pour certains, de pièces lourdes de 152 mm et 127 mm.

La plage de Gela est défendue par la 18e brigade côtière italienne, armée de vieux canons de la Première Guerre mondiale. Le 429e bataillon côtier italien se charge de la défense de la ville même. De nombreux nids de mitrailleuses, des barbelés et des bunkers complètent la défense. Plus en arrière, à 6 400 mètres en profondeur des terres, des batteries italiennes d'artillerie doivent soutenir la troupe en première ligne. La division italienne d'infanterie Livorno, forte de 11 400 soldats, doit contre-attaquer, appuyée par le groupe mobile E, fort d'une trentaine de chars Renault R35. Les troupes italiennes peuvent compter sur le soutien de cinq bataillons de la division blindée allemande Hermann-Goering, alignant une soixantaine de chars Panzer III, Panzer IV et Tiger.

La force de débarquement américaine dispose donc d'une supériorité numérique écrasante, avec 40 000 hommes contre 18 000 soldats italiens et environ 3 000 soldats allemands.

Dès le débarquement sur la plage, peu après minuit, le 10 juillet 1943, les soldats américains se heurtent à une défense acharnée de l'infanterie côtière italienne. Certaines positions luttent jusqu'à la mort de tous les défenseurs. Dans la ville même, l'infanterie côtière italienne oppose également une résistance opiniâtre. En divers endroits, les prisonniers italiens, qui ne se sont rendus qu'après avoir épuisé toutes leurs munitions, sont sauvagement abattus par les soldats américains, ulcérés par une telle résistance. Le 429e bataillon côtier italien déplore la perte de 40 % de ses effectifs, avec 197 morts ou blessés au combat. La tête de pont est régulièrement bombardée par les avions allemands et italiens, qui accomplissent de nombreuses sorties aériennes durant l'unique journée du 10 juillet.

Le même jour, vers 7 heures 30, la division italienne Livorno contre-attaque, soutenue par une trentaine de tanks Renault R35, blindés de 10 tonnes totalement dépassés en 1943 contre les chars Sherman américains de 32 tonnes. Les braves fantassins italiens bousculent les positions américaines, arrivent à seulement cent mètres de la plage, menaçant ainsi de rejeter les troupes de Patton à la mer. C'est alors que l'artillerie navale américaine, avec ses puissants canons de 152 mm et 127 mm, tire plus de 600 obus sur l'infanterie italienne, provoquant un véritable carnage. Le lendemain, la division Livorno, soutenue par quelques bataillons de la division Hermann-Goering, renouvelle ses attaques audacieuses, bouscule de nouveau les défenseurs américains, mais subit encore un terrible déluge d'obus de l'artillerie navale américaine, stoppant net son assaut. En seulement deux jours, la division Livorno, forte au début des opérations de 11 400 soldats, déplore 7 214 tués ou blessés ! La division Hermann-Goering compte de son côté 630 tués ou blessés.

Le 13 juillet 1943, les combats se prolongent avec l'attaque américaine pour s'emparer du terrain d'aviation de Santo Pietro, défendu par 500 soldats italiens, dont trois batteries de la milice fasciste, une compagnie du 76e régiment d'infanterie, une compagnie de vieux tanks Fiat 3 000 et des éléments divers. Les 3 000 soldats américains de la 45e DI, engagée pour cette opération, se heurtent à une résistance acharnée d'une journée, malgré leur écrasante supériorité numérique.

Le capitaine Compton, le sergent West et leurs soldats massacrent 73 prisonniers italiens qui ont lutté héroïquement jusqu'à l'épuisement total des munitions. Le général Patton, cherchant à couvrir les assassins de ce crime de guerre, affirme à son supérieur, le général Bradley, qu'il s'agit de civils armés, donc de francs-tireurs. Mais Bradley n'en croit rien et lance une enquête, menant à la constitution d'une cour martiale secrète pour juger le capitaine Compton et le sergent West. Assez curieusement, Patton n'est pas inquiété, bien qu'il soit moralement responsable en poussant ses officiers et ses soldats à ne pas épargner les prisonniers militaires italiens. Il n'a pas digéré ses revers contre l'armée italienne en Tunisie.

Les opérations de Gela et de Santo Pietro coûtent de lourdes pertes à l'armée américaine, avec 3 900 tués ou blessés, sans oublier une dizaine de navires coulés ou endommagés, victimes des attaques aériennes, menées principalement par les avions italiens, dont les redoutables *aerosiluranti* (avions torpilleurs).

En rivalité avec le général britannique Montgomery, l'égocentrique général Patton ordonne à ses troupes de suivre la ligne de moindre résistance le long du littoral occidental, conduisant jusqu'à Palerme après un raid de 250 km aussi spectaculaire qu'inutile : la décision se fait à l'est, à proximité du détroit de Messine, le cordon ombilical qui relie la Sicile à la botte italienne, où le commandement germano-italien parvient à évacuer le gros de ses troupes sur le continent, suite aux rivalités opposant Patton à Montgomery. C'est ainsi que 75 000 soldats italiens et 39 000 soldats allemands parviennent à rejoindre la Calabre, avec un important matériel, composé notamment du côté italien de 42 pièces d'artillerie, de 38 canons antichars et de 500 véhicules, et du côté allemand de 47 chars, 94 pièces d'artillerie et de très nombreux véhicules.

Outre ses grossières erreurs tactiques et stratégiques sur le terrain, Patton fait preuve d'un tempérament prompt au racisme et au mépris de l'adversaire, qui trouve un écho dramatique avec les exactions commises par ses troupes en Sicile. Il leur recommande d'être impitoyables contre les civils et les prisonniers militaires italiens. Après les massacres de Gela et de Santo Pietro déjà relatés, les conséquences ne se font pas attendre : le 15 juillet 1943, une centaine de prisonniers sont abattus à la mitrailleuse près de Comiso. À Canicati, une dizaine de civils sont tués et une centaine d'autres blessés par des soldats américains qui reçoivent de Patton l'ordre de tirer dans la foule !

Ces terribles affaires sont étouffées par le commandement supérieur, mais Patton vacille de son piédestal, perdant tout commandement opérationnel durant près d'un an pour motif disciplinaire. Durant la campagne de Sicile, il a également giflé deux blessés américains commotionnés qu'il prend pour des lâches. On lui reproche surtout d'avoir laissé s'échapper le gros de l'armée ennemie en Sicile[7].

Durant le débarquement en Normandie en juin 1944, des soldats américains, ulcérés par la résistance acharnée des troupes adverses, tuent des prisonniers allemands. De tels faits vont se reproduire durant toute la campagne de France et d'Allemagne en 1944-1945.

Mais ces actions condamnables contre des prisonniers allemands touchent également des civils français. Au sein des Ire et IIIe armées américaines, on dénombre, d'août à septembre 1944, 47 cas de pillages et de vols contre des civils français, 67 viols contre des Françaises, 21 meurtres et 18 agressions également contre des civils français. Des soldats américains refusent de payer leurs achats, se livrent à des pillages, tuent des civils, etc. Les instances militaires américaines reconnaissent qu'entre juin 1944 et juin 1945, près de 200 femmes françaises ou étrangères ont été violées en France par leurs soldats.

> « Disposant de la force, certains soldats se sentirent en pays conquis et entendirent, suivant la tradition soldatesque, prélever sur l'habitant ce qui leur plaisait [...]. De même, des criminels, soumis à la conscription, poursuivent pendant la guerre leurs coupables activités d'autant que la France, dotée d'un riche patrimoine mais victime de pénurie, offrait un bon terrain pour les trafics en tous genres. Pour les viols, la frustration sexuelle joua un rôle évident [...]. L'alcool, enfin, favorisa la délinquance.
>
> « Les autorités américaines réprimèrent sans laxisme ces débordements. Sur 169 hommes accusés de viols, 29 (4 Blancs et 25 Noirs) furent pendus, 15 autres étant exécutés pour viol et meurtre. Les peines de prison furent également nombreuses [...]. Concernant les meurtres, les tribunaux américains prononcèrent en France 35 condamnations à mort, 48 emprisonnements à vie et de nombreuses peines de prison d'une durée moyenne de 8

7. Jean Lopez et Olivier Wievorka (dir.), *Les Mythes de la Seconde Guerre mondiale*, vol. II, Perrin, « Guerre et Histoire », 2017.

> années. Au total, de 0,5 à 1 % des effectifs US engagés en Europe furent déférés devant des tribunaux pour faute – allant du simple trafic au meurtre – soit de 20 000 à 40 000 militaires[8]. »

L'historien américain Robert J. Lilly estime que 11 040 viols ont été commis par les soldats américains en Allemagne, 2 040 en Grande-Bretagne et 3 620 en France[9].

Il convient également de souligner que les troupes britanniques ne sont pas exemptes de tels comportements. Dès le 14 juin 1944, le général britannique Lewis écrit :

> « Les troupes britanniques commettent les habituels vols et pillages, particulièrement sur les côtes, ce qui suscite des comparaisons défavorables entre la conduite de nos troupes et celle des Allemands[10]. »

Il en va de même de l'armée française de libération, notamment le corps expéditionnaire français en Italie en 1943-1944. De nombreuses femmes italiennes sont violées par des tirailleurs et autres goumiers, allant jusqu'à alarmer le commandement allié, même si les troupes françaises luttent avec un courage admirable sur le front italien, jouant un rôle déterminant dans la conquête des positions allemandes en zone montagneuse, permettant la libération de Rome en juin 1944.

L'historienne allemande Miriam Gebhardt a recensé 190 000 viols commis par les troupes américaines, 50 000 par les troupes françaises et 30 000 par les troupes britanniques en 1944-1945, principalement en Allemagne. Selon l'historien Perry Biddiscom, les soldats français ont commis 385 viols dans la région de Constance, 600 à Bruschsal, 500 à Frudenstadt. L'historien Norman Naimark écrit :

> « Les goumiers marocains, intégrés aux troupes françaises, ont eu un comportement identique à celui des troupes soviétiques, notamment lors de l'occupation du Bade-Wurtemberg[11] ».

---

8. Olivier Wieviorka, *Histoire du débarquement en Normandie*, *op. cit.*
9. Robert J. Lilly, *La face cachée des GIs*, Payot et Rivages, 2008.
10. Archives militaires britanniques, Londres.
11. *Ibid.*

Viols et massacres de l'armée soviétique

L'opération *Bagration* de l'été 1944 amène l'armée soviétique aux portes de la Pologne, de la Prusse orientale et de la Hongrie, après une progression de 600 kilomètres. Une véritable catastrophe pour l'armée allemande qui perd 28 divisions, 400 000 soldats (tués, blessés, prisonniers). Il s'ensuit l'invasion de l'Allemagne de l'Est par les troupes soviétiques en 1945, durant laquelle environ 2 000 000 de femmes allemandes sont violées par les soldats soviétiques. Des prisonniers de guerre anglais témoignent ainsi à leur retour dans la zone d'occupation britannique en Allemagne :

> « Dans le secteur autour de notre camp d'internement, des soldats soviétiques violaient, au cours des premières semaines après la conquête, chaque femme et chaque fille entre 12 et 60 ans. Des pères et des maris, qui voulaient les protéger, ont été tués, et des filles qui montraient beaucoup de résistance ont également été assassinées[12]. »

Dans de nombreux cas, des femmes ont été violées jusqu'à 70 fois. Rien qu'à Berlin, on estime que 100 000 femmes ont été victimes de viols entre avril et septembre 1945.

Léon Rabitchev, officier des transmissions de la 31e armée soviétique, raconte :

> « Durant notre progression en février 1945 en Prusse orientale, j'ai assisté à une véritable orgie de haine et de violence à l'encontre des populations allemandes, particulièrement envers les filles et les femmes. Nous étions motorisés, ce fut facile de les rattraper. Et là a commencé l'enfer. Toutes les filles, toutes les femmes ont été mises à part et violées continûment par des groupes entiers. Je voyais au bord des routes ces femmes et ces jeunes filles nues et, autour, des groupes d'hommes pantalons baissés. Si les enfants essayaient d'aider leur maman, on les abattait. *Idem* pour les vieillards. On violait ces femmes, jeunes ou vieilles, jusqu'à ce qu'elles perdent connaissance. Et après on les tuait. Les colonels, les généraux regardaient ces scènes et éclataient de rire. Ils essayaient même de réguler le "mouvement" afin que chaque soldat reçoive

12. *Ibid.*

> sa "ration" [...]. C'est incroyable, même nos auxiliaires militaires féminines riaient. C'était complètement immoral et je ne les comprenais pas. Mes soldats ont participé aussi. Je ne pouvais pas les en empêcher. Dans le village de Trautenau, comptant une vingtaine de maisons, je découvre dans chaque chambre, sur les lits, des cadavres de femmes allemandes, les jambes écartées, une bouteille enfoncée entre les jambes[13]. »

Cependant, certains officiers soviétiques sanctionnent sans pitié leurs soldats coupables de viols. Le maréchal Ivan Koniev fait fusiller quarante soldats de son armée ayant commis des viols. Nous pourrions multiplier les exemples à ce sujet. L'historien américain Norman Naimark écrit que, « après l'été 1945, les Soviétiques ayant capturé et violé des civils étaient généralement punis, la sanction allant d'une simple arrestation jusqu'à une exécution[14] ».

Néanmoins, les viols se sont poursuivis durant l'hiver 1947-1948.

L'historien britannique Antony Beevor estime qu'au moins 1 400 000 femmes ont été violées en Prusse orientale, en Poméranie et en Silésie par l'Armée rouge en 1944-1945. L'historien russe Makhmout Gareïev tente de minimiser les chiffres des historiens occidentaux, rappelant que si des excès ont été susceptibles d'avoir lieu, ils ont été généralement durement réprimés par les officiers soviétiques et ne se sont pas généralisés. Cependant, l'historien anglais Richard Overy affirme :

> « Les Russes refusent de reconnaître les crimes de guerre soviétiques commis pendant la guerre. Ils estiment que c'est une vengeance justifiée contre un ennemi ayant commis bien pire[15]. »

Divers historiens estiment que 350 000 Polonais ont été tués par les troupes soviétiques durant l'occupation de la Pologne orientale en 1939-1941 et lors de la « libération » de ce pays en 1944-1945. Ils estiment également que 560 000 disparitions de Roumains de 1940 à 1950 sont imputables à l'Armée rouge. Environ 2,3 millions de citoyens soviétiques des minorités ethniques ont été déportés par l'Armée rouge et le NKVD durant la Seconde Guerre mondiale,

13. Cf. Jean Lopez et Lasha Otkhmezuri, *Grandeur et misère de l'Armée rouge*, Le Seuil, 2011.
14. Norman Naimark, *The Russians in Germany 1945-1949*, éditions Havard, 1995.
15. Cité par Norman Naimark, *The Russians in Germany 1945-1949*, *op. cit.*

car abusivement déclarés ennemis du régime soviétique. Ce chiffre inclut 1 209 000 Allemands soviétiques, 479 000 Tchétchènes et Ingouches, 191 014 Tatars de Crimée, 100 000 Ukrainiens, 92 000 Kalmouks, 91 000 Turcs de Meskhétie, 69 000 Karatchaïs, 42 000 Grecs, Bulgares et Arméniens de Crimée, 37 000 Balkars, 30 000 Polonais et 9 000 Finlandais.

D'après l'historien Michael Haunes, il y eut, entre 1939 et 1945, 1 187 783 victimes du régime soviétique, dont 46 350 exécutions judiciaires, 718 804 morts au goulag et 422 689 dans les prisons et les colonies pénitentiaires.

Les sources russes estiment que 580 589 prisonniers militaires de l'Axe ont péri dans les camps soviétiques, dont 381 067 soldats allemands, 62 069 soldats japonais, 27 683 soldats italiens, 403 soldats finlandais, 54 755 soldats hongrois et 54 612 soldats roumains. Cependant, des historiens occidentaux avancent que le total se trouverait entre 1,7 et 2,3 millions.

Il faudra attendre 2010 pour que le gouvernement russe reconnaisse enfin que le massacre de 22 000 officiers polonais à Katyń, durant la Seconde Guerre mondiale, a été l'œuvre de l'Armée rouge et du NKVD. Des décennies durant, les Soviétiques ont fait porter le chapeau aux Allemands.

7

Deux survivants des camps nazis racontent…

Durant de nombreuses années après la fin de la Seconde Guerre mondiale, les rescapés des camps nazis se sont murés dans le silence, d'autant que leur entourage proche n'était pas préparé psychologiquement à les écouter. Tous voulaient oublier au plus vite les horreurs de ce conflit, et construire un monde meilleur. On accorda plus d'attention, notamment en France, à la condamnation des collaborateurs et des officiers nazis ayant lutté sans pitié contre la Résistance. L'implication du régime de Vichy dans la déportation des juifs fut souvent placée au second plan, au bénéfice de la responsabilité du maréchal Pétain et d'une partie de son entourage dans la collaboration avec l'Allemagne et dans la lutte contre les résistants.

Pour le général de Gaulle, il fallait surtout mettre en avant les faits glorieux des combattants français dans la lutte contre l'Axe, afin que la France retrouve sa place de grande puissance aux yeux des Alliés, au moment où le président américain Roosevelt voulait placer le pays sous administration anglo-américaine en tant que puissance vaincue. Il oubliait ou méprisait ainsi le rôle réel des forces combattantes françaises (militaires et résistants) dans la défaite allemande.

Il faudra attendre la fin des années 1960, les années 1970 et surtout les décennies suivantes, pour que les récits des anciens déportés des camps nazis commencent à faire surface, à travers des livres, des articles et des films. La vérité apparaît peu à peu et ouvre les yeux sur l'horreur concentrationnaire du régime hitlérien.

Les juifs, les Tziganes et les résistants ont été les principales victimes des camps nazis. Environ six millions de juifs sont morts (5 720 000), victimes du régime hitlérien (gazages, exécutions par balles, faim, maladies, esclavage, froid). Rien que pour la France, 76 000 juifs ont été envoyés en camps, dont seulement 2 280 sont rentrés vivants, sans oublier 88 000 déportés politiques et résistants, dont 35 200 ne sont pas revenus.

À travers les témoignages poignants et terribles de Jacques Sztark et de Ginette Vincent-Baudy, on découvre toute l'horreur des camps du IIIe Reich.

Jacques Sztark, rescapé des camps nazis

Le témoignage de Jacques Sztark, véritable « commentaire des ténèbres », est l'un des récits les plus bouleversants de cette sombre période. C'est « un chant immortel » vécu dans la torture physique et la souffrance de l'âme. Chaque épisode laisse dans l'esprit une marque indélébile.

Son père, Herman Sztark, est né en 1887 à Kutno en Pologne. Arrivé en France en 1911 pour y mener des études de médecine, il est hébergé par une famille de comédiens, les Soumagne. Cet homme d'une grande érudition obtient son diplôme de chirurgien en 1916. Il fait la connaissance d'Yvonne Magre, dont les parents sont des propriétaires terriens reconnus et estimés à Saint-Philippe-d'Aiguilhe en Gironde. Marié en 1917, Herman Sztark s'engage à l'hôpital militaire de Bordeaux, 36 rue de Marseille. Son dévouement, en faveur des victimes de la guerre, lui vaut d'être décoré par le général Pau de la Médaille de secours aux blessés militaires.

Naturalisé français en 1922, il exerce la médecine à Castillon-la-Bataille. Spécialiste de la petite chirurgie, il s'occupe des accidents de la campagne : langues et doigts coupés, blessures au visage et aux jambes…

Son fils Jacques voit le jour le 11 avril 1924. Les Sztark sont alors domiciliés 49 rue Michel-Montaigne à Castillon-la-Bataille. Herman parvient à faire venir ses parents en 1930. Après être passé par l'école communale locale, Jacques poursuit ses études secondaires à Libourne.

Quoique dégagé de ses obligations militaires du fait de son âge, Herman Sztark contracte en 1938 un engagement dans l'armée. Il sent venir le danger du nazisme. Après trois mois de préparation militaire, il est dirigé à l'hôpital Robert-Picquey de Bordeaux comme médecin auxiliaire de l'armée. En 1939, il soigne également des blessés du centre de Pessac durant deux mois. Nommé, en janvier 1940, au 15e groupe forestier de Lacanau, il s'occupe d'un rayon de 25 kilomètres. En lui rendant visite, Jacques découvre pour la première fois des républicains espagnols.

Jacques se trouve à Castillon au moment de la débâcle de juin 1940. Son père est démobilisé à Laruns, dans les Pyrénées, le 23 juillet de la même année. La défaite militaire de la France est pour lui un choc terrible. Il retourne à Castillon pour reprendre son activité. L'ordre des médecins de Bordeaux lui interdit de travailler en juin 1941, du fait de ses origines juives. Malgré une lettre, adressée à l'inspecteur de l'Hygiène de la préfecture de la Gironde, attestant ses nombreux états de service rendus à la France, il ne peut reprendre son activité. Il se consacre au rendement de la propriété de la belle-famille à Saint-Philippe-d'Aiguilhe.

Suite à une dénonciation, l'accusant d'être communiste et franc-maçon, ce qui est faux, Herman Sztark est arrêté par 2 *feldgendarmes*, le 2 décembre 1943, à 10 heures du matin, et incarcéré à la gendarmerie de Castillon. Il est ensuite conduit, à 17 heures, à la gare pour être interné à la prison de Libourne. Le lendemain, il est dirigé sur Bordeaux et emprisonné au fort du Hâ.

Jacques Sztark raconte :

> « Le vendredi 3 décembre 1943, je vais à l'hôtel de France de la *Kommandantur* de Libourne, pour rencontrer l'interprète Stael, connaissant bien la famille de mon oncle, afin d'avoir des nouvelles de mon père et pour lui faire parvenir des vêtements. Stael me demande de repasser dans une heure. Je me présente à nouveau et m'étonne que Stael me présente à un officier allemand comme "le fils du juif". L'officier boche, à la correction glacée, me répond que je vais voir mon père. En réalité, je suis enfermé à la prison de Libourne durant trois jours. Je suis appelé le 6 décembre au bureau de la prison où ma mère m'informe que je serai libéré le lendemain, grâce à l'action menée par la sous-préfecture de la Gironde, se trouvant à Libourne[1]. »

1. Toutes les citations qui suivent, sauf mention contraire, sont extraites d'entretiens de l'auteur avec Jacques Sztark en septembre 1994.

En effet, dans une lettre du 3 décembre 1943, adressée à monsieur le préfet de la Gironde, se trouvant à Bordeaux, le sous-préfet de Libourne tente d'obtenir la libération du jeune Jacques Sztark :

> « J'ai l'honneur de vous rendre compte que les autorités allemandes ont procédé, dans la journée du 2 décembre 1943, à l'arrestation du docteur Sztark, de confession israélite, demeurant à Castillon.
> « Aucun renseignement n'ayant pu être fourni sur cette arrestation, je vous serais obligé de bien vouloir faire une démarche auprès du service de police allemand du Bouscat afin d'en connaître si possible les motifs.
> « Je vous signale, en outre, à titre d'information, que le fils du docteur Sztark qui s'est présenté dans la matinée à la *Feldgendarmerie* pour apporter des provisions à son père a été appréhendé sous prétexte qu'il ne portait pas l'étoile réglementaire.
> « Or, d'après la loi allemande et la législation actuellement en vigueur, l'intéressé ne saurait être considéré comme de race juive. Dans le courant de l'année 1943, j'ai en effet échangé une correspondance avec vos services signalant son cas (ligne ascendante de race aryenne par sa mère) et demandant que lui soit délivré le certificat réglementaire.
> « Je ne pense pas que son arrestation soit maintenue car je me suis empressé, dès que l'interprète de la *Feldgendarmerie* m'en a avisé, de lui fournir toutes précisions sur la situation.
> « Dans le cas contraire, je vous tiendrai au courant et vous demanderai d'intervenir d'urgence afin d'obtenir la libération de l'intéressé.
> « J'ajoute qu'au cours d'une communication téléphonique de ce jour, vos services m'ont donné l'assurance qu'ils détenaient le dossier de l'intéressé, un duplicata de certificat attestant qu'il était de race aryenne[2]. »

La préfecture de Bordeaux, qui a participé à la déportation de nombreux juifs à la demande des nazis, se montre impuissante à faire libérer Jacques Sztark.

> « Le mardi 7 décembre 1943, un gardien vient me chercher dans la cellule. Je grimpe dans une voiture où se trouvent un chauffeur

2. Archives du centre national Jean-Moulin, Bordeaux.

et trois officiers allemands : direction Bordeaux. Interrogé à la *Feldkommandantur*, rue de Budos, je suis ensuite enfermé dans le cachot n° 77 du fort du Hâ, où se trouvent mon père et une quinzaine de détenus, dont M. Zyromsky, le secrétaire de Léon Blum. Le 20, nous quittons le fort du Hâ dans un autobus jaune qui nous dépose au camp d'internement de Mérignac, gardé par des gendarmes français.

« Le 28, le lieutenant de gendarmerie, commandant le camp, informe mon père qu'il risque de partir pour les travaux forcés et lui demande de faire l'impossible pour s'évader. Il lui indique qu'un changement de garde doit avoir lieu dans la nuit du 29 au 30 décembre. La gendarmerie de Castillon reçoit un appel téléphonique ordonnant de prévenir ma mère de notre situation. Aidée par des amis, Jean Cheminade et Jean Courcelle, ma mère parvient à nous faire passer une pince coupante, afin de sectionner le grillage qui entoure le camp.

« La tentative d'évasion débute à minuit. Muni de la pince coupante, je parviens à faire une ouverture assez large pour me retrouver à l'extérieur du camp. Mon père, un homme robuste et corpulent, tente de passer à son tour. Ses vêtements se prennent dans le grillage, il ne peut passer, ce qui déclenche l'alarme dans tout le camp. Mon père m'ordonne de me sauver. Je refuse de le quitter, si bien que nous nous retrouvons cernés par les gendarmes. Le lieutenant interroge ses collègues sur la décision à prendre. Un gendarme déclare se "trouver entre l'enclume et le marteau". De peur d'être sanctionnés, les gendarmes préfèrent nous réintégrer dans le camp, mais s'abstiennent de faire un rapport sur cette tentative d'évasion. »

Le 30 décembre 1943, de bonne heure, 134 détenus du camp de Mérignac (53 hommes dont Herman et Jacques Sztark, 55 femmes et 26 enfants) quittent le camp de Mérignac pour rejoindre la gare de Bordeaux.

L'officier Maurice Andrau, chargé de l'escorte des détenus juifs, a sous ses ordres un brigadier-chef, trois brigadiers et trente-cinq gardiens de la paix. Deux cars et une camionnette sont mis à la disposition pour le transfert. L'officier de la paix Maurice Andrau écrit dans son rapport du 2 janvier 1944 :

« Seul le car de la Gendarmerie a pu nous rendre des services. À noter la bonne volonté et le bon esprit du gendarme chauffeur du car, dans l'accomplissement de sa tâche.
« Le très mauvais état du matériel (très nombreuses pannes durant le transport de Mérignac à la gare Saint-Jean, se terminant par l'arrêt en cours de route d'un car et de la camionnette, remorquée par la suite) n'aurait pas permis le départ primitivement fixé à 9 h 10 !
« Le transfert de Mérignac au poste de commandement de la compagnie s'est terminé à 9 h 10 ! La surveillance a été organisée par le personnel de service et 8 hommes de réserve.
« Ce contingent s'est accru de plusieurs unités au moment de l'embarquement. Cette surveillance a duré jusqu'à 12 h 15.
« Pour l'embarquement des détenus, trois wagons avec banquettes sans soufflets ont été mis à ma disposition à 11 h 20, après de nombreuses réclamations au service intéressé. L'embarquement commencé aussitôt s'est terminé à 12 h 15 et s'est effectué sans incidents.
« Premier wagon : 45 détenus (femmes, enfants, un infirme ayant à sa charge deux enfants en bas âge).
« Deuxième wagon : 44 détenus (femmes, enfants), un compartiment a dû être utilisé pour permettre le complément d'hommes qui n'a pu être logé dans le troisième wagon.
« Troisième wagon : 45 détenus (hommes et vieillards).
« Le départ du train a eu lieu à 12 h 35.
« Deux *feldgendarmes* accompagnaient le convoi.
« Le voyage Bordeaux-Paris a duré 20 heures environ. Les trois wagons étaient rattachés à un train de messageries. Arrivé le vendredi matin en gare d'Austerlitz à 7 h 10.
« Le service de la Préfecture de police (un inspecteur général, deux brigadiers et dix hommes) attendait le convoi en gare d'Ivry et non en gare d'Austerlitz.
« L'évasion du détenu Schinazi Daniel, né le 28 janvier 1924 à Bordeaux, s'est produite au moment où le train stationnait en gare d'Austerlitz.
« Ayant quitté le convoi pour prendre les ordres au commissariat spécial, m'étant présenté au commandant Desfill, accompagné de l'inspecteur du service de la sécurité publique, 61 rue de Monceau, nous nous sommes rendus sur le quai, où nous avons appris que le détenu s'était enfui dans une rame en stationnement sur la voie adjacente et en partance pour Juvigny-sur-Orge.

> « Immédiatement, les services de gare ont été alertés (le détenu ne possédait ni pièces d'identité, ni billet de chemin de fer). Des explications recueillies, les *feldgendarmes* accompagnant le convoi n'ont pas mis la responsabilité du gardien de service dans le compartiment en cause. À noter que ce compartiment n'avait aucun moyen d'éclairage.
> « Le débarquement et le transfert à Drancy se sont effectués sans incident. Cinq cars avaient été mis à ma disposition. Ils étaient escortés par 4 motocyclistes de la Préfecture de police.
> « Arrivée à Drancy à 11 heures 15[3]. »

À Drancy, le Dr Sztark porte le numéro de déportation 10610. Son fils Jacques a le 10611. Le camp de Drancy, mieux organisé que celui de Mérignac, comprend des chambrées pour 50 personnes. Il existe un service social et une école pour les enfants. Les horaires sont stricts. Des gendarmes français ou des gardes mobiles sont chargés de la surveillance. Outre les juifs, automatiquement condamnés à la déportation, le camp comporte différentes catégories : demi-juifs, personnel du camp, femmes de prisonniers de guerre, ressortissants de certaines nationalités...

Selon les archives allemandes, 76 convois de déportés raciaux quittent la France du 27 mars 1942 au 31 juillet 1944. Sur 75 271 juifs déportés, dont 10 000 enfants, on compte environ 47 000 étrangers et 23 000 Français : 40 000 sont éliminés dès leur arrivée dans les camps de la mort. Sur les 28 754 restants, il y a eu seulement 2 190 survivants, dont 740 femmes. Durant la seule année 1944, 15 566 détenus du camp de Drancy sont déportés en 14 convois pour Auschwitz.

Le jeudi 20 janvier 1944, 1 368 détenus du camp de Drancy (632 hommes, dont Herman et Jacques Sztark, 515 femmes et 221 enfants) sont transportés en autobus par des gendarmes et des policiers français pour être embarqués en gare de Bobigny. Jacques Sztark raconte :

> « Un responsable nous a annoncé les noms des futurs déportés. Nous sommes passés au salon de coiffure et nous avons gagné l'escalier de départ. En bas de chaque escalier de départ se tenait un gendarme. On nous distribua un casse-croûte pour le

3. Archives du centre national Jean-Moulin, Bordeaux.

> voyage : un gros sandwich avec du pâté et du fromage. La veille, une équipe de prisonniers, sous la garde de gendarmes, avait nettoyé sommairement les wagons. La même équipe chargea des wagons de vivres amenés de Drancy et qui devaient servir de ravitaillement à notre arrivée en Allemagne. On nous a enfermés dans des wagons de marchandises. Un wagon ambulance avait été prévu pour les vieillards. Nous étions cent par wagon, ce qui rendait le voyage particulièrement éprouvant. Un officier allemand nous annonça que pour une tentative d'évasion, dix détenus seraient fusillés.
>
> « J'ai eu la chance de me retrouver avec mon père. Notre convoi portait le n° 66. Deux groupes se formèrent immédiatement dans notre wagon : les plus jeunes voulaient s'évader. Le voyage a duré quatre jours. Le 23, nous sommes arrivés à Auschwitz-Birkenau. Lorsque les Allemands ont ouvert la porte du wagon, j'ai découvert un camp immense. Des SS hurlaient et des détenus, en tenue rayée, entassaient des cadavres sur des camions. »

Construit durant l'été 1940 près de Cracovie, en Pologne occupée, Auschwitz reçoit d'abord des prisonniers politiques, essentiellement polonais. Puis, en juin 1941, Himmler décide d'en faire le principal centre d'extermination des juifs. Auschwitz-Birkenau devient un gigantesque complexe d'installations couvrant plusieurs dizaines de kilomètres carrés vers lequel les convois de déportés convergent de l'Europe entière. Les deux tiers des arrivants, jugés inaptes au travail, sont exterminés. Les autres sont mis au travail (notamment pour la grande industrie allemande), dans des conditions de travail telles que leur espérance de vie n'a guère de chance de dépasser six mois.

> « Dès notre arrivée, nous avons été sélectionnés par un médecin SS. Mon père et moi avons eu la chance d'être admis pour le travail. Des camions nous ont amenés au camp de Buno-Nonowitz, où se trouvait une usine de carburant synthétique. On nous a rassemblés devant le chef de camp qui nous a dit :
>
> – Le passé c'est terminé. Vous êtes un numéro. Une seule chose compte, ce sont vos membres. Si vous vous blessez, vous ne mangerez plus.
>
> « Un orchestre jouait une marche lente et triste. Un Polonais venait d'être pendu. Un jeune pharmacien de Clermont-Ferrand, ne pouvant supporter un tel spectacle, se suicida en se jetant sur des fils électrifiés. Afin de permettre un meilleur rendement pour

la production du IIIe Reich, le camp avait le chauffage central pour les déportés. J'écrivis sur une fiche que j'étais infirmier. Nous fûmes pris en main par des soldats SS, armés de long caoutchouc, qui nous apprirent à marcher au pas. On nous a ensuite conduits dans une salle souterraine où il faisait très chaud. Nous avons dû remettre tous nos documents : portefeuille, stylo, bague, alliance, médaille... Nous nous sommes dévêtus. Un coiffeur, la tondeuse à la main, nous a entièrement rasé la figure et le crâne, sous les bras, sur la poitrine, sur le bas-ventre, sur les jambes... La tondeuse qui vient de se promener dans le pli secret d'un derrière, attaque aussitôt la figure du voisin. On passa ensuite à la désinfection. Des gardiens brandissaient un pinceau qu'ils trempaient dans un seau rempli de pétrole : un coup de pinceau sous les bras, un autre sur la poitrine, un autre sur le pubis. Un autre gardien vous interpelle brusquement, et le pinceau dégoulinant de liquide désinfectant vient, comme une caresse, trop subtile, fouiller les derniers recoins.

« Après être passés à la douche, on nous a remis des vêtements rayés. On a tatoué sur mon bras gauche le n° 172798. J'ai rempli sur un papier mon identité. On nous a dirigés vers un bloc où se trouvait le docteur Mengele, un homme grand et fort. Issu d'une famille fortunée, il avait pu accomplir de longues études de médecine et s'était spécialisé dans la génétique. Le cas des femmes tziganes qui pouvaient travailler juste après avoir accouché le fascinait. Après nous avoir rapidement examinés, il ordonna que l'on nous transfère au camp de Birkenau.

« Il faisait très froid, la neige recouvrait le sol. On nous a de nouveau douchés, puis nous nous sommes retrouvés nus dans la neige, avec l'ordre de rejoindre le bloc des médecins qui se trouvait loin de nous. J'ai cru aussitôt que le froid allait nous tuer un par un. C'est alors qu'un véritable miracle se produisit. Le médecin général Job, âgé de 70 ans, ancien médecin-chef de la place de Paris, se mit à courir et nous conseilla de le suivre. Guidés par son exemple, nous fîmes de même, ce qui nous sauva la vie !

« Le bloc des médecins comprenait des baraquements en bois qui étaient d'anciennes écuries de l'armée polonaise. Il y avait beaucoup de mourants et des cadavres nus, jaunes et verts. Nous fûmes mal vus par les médecins polonais internés. Ils nous reprochèrent l'inaction de l'armée française en 1939. Un médecin allemand se trouvait là pour nous interroger un par un. Il voulait savoir si nous avions menti au sujet de notre profession. Mon père, pour me sauver et m'avoir avec lui, m'avait conseillé de dire que j'étais infirmier. J'étais paniqué. Qu'allait-il se passer ? Lorsque mon tour arriva, je me mis à vanter les mérites des sanatoriums allemands en forêt noire. Le médecin allemand apprécia cet éloge rendu à son pays, ce qui me sauva la vie. Mon père et moi fûmes nommés veilleurs de nuit. Notre travail consistait à charger les cadavres sur des camions. On devait également leur arracher les dents en or.

« Notre alimentation journalière se limitait à une soupe à midi, composée d'avoine et de graisse animale, et pour le soir une ration de pain avec une cuillère à café de marmelade, ou de margarine, ou une tranche de pâté à base de sciure de bois.

« Le 1er juin 1944, mon père fut envoyé à la laverie pour étendre du linge sur un fil. Quant à moi, on m'affecta à un commando de travail, chargé de casser des pierres pour la construction d'une route à l'extérieur du camp, à 80 kilomètres des Carpates.

« Début juillet 1944, je me suis retrouvé au sein d'un commando formé uniquement de prisonniers de guerre russes. La discipline la plus stricte était observée. J'ai vu des soldats russes tuer un de leurs compagnons à coups de pied, parce qu'il avait volé. On devait décharger des carcasses d'avions abattus. Le 16, je participais aux travaux d'agrandissement de la station d'épuration de Birkenau. Des corps brûlaient en plein air au milieu d'un champ.

« En août 1944, je fus chargé de ramasser des morceaux de caoutchouc pour des bateaux. J'ai assisté à la destruction du camp des Tziganes : femmes et enfants morts furent carbonisés dans les fours crématoires.

« Muté au lavage du linge, en septembre 1944, j'ai pu retrouver mon père. À Birkenau, nous avons rencontré Robert Lateulade, polytechnicien, reçu également à l'école des Mines, sous-lieutenant d'artillerie en 1940 et membre ensuite d'un réseau de la Résistance. Grâce à une de ses lettres, ma mère eut de nos nouvelles. Mon père avait soigné son père en 1939 à l'hôpital Robert-Picquey. Robert Lateulade est mort à Mathausen le 25 mars 1945.

« Le 25 octobre 1944, je fus définitivement séparé de mon père. On m'envoya au camp de Stuttof, près de Dantzig. Mon père demanda à un juif marseillais, David Lipko, de veiller sur moi. Il fut un véritable frère pour moi.

« Dans le courant du mois de novembre, on nous dirigea sur la base aérienne d'Helfingen dans le Wurtenberg. Nous devions dégager les voies ferrées sous la neige. Puis nous partîmes par le train pour le camp de Waihigen. Au cours d'un arrêt, en gare de Stuttgart, nous fûmes bombardés par l'aviation alliée. C'était apocalyptique : les wagons semblaient se soulever, le bruit était assourdissant et il y avait des éclairs partout. J'ai cru que David Lipko était devenu fou. Il se jeta sur moi pour m'étrangler. Je pus me dégager de son étreinte et il retrouva peu à peu ses esprits.
« Victime à Waihigen du typhus, je me trouvais réduit à l'état de bête. David Lipko, qui ne m'avait pas oublié, m'apporta de la confiture et de l'eau. Je survécus à cette nouvelle épreuve. Je quittai le camp le 4 avril 1945 dans la première version avec 38 °C de fièvre, pour arriver à Dachau le 6. Je tombai de nouveau gravement malade.
« Nous fûmes libérés par les Américains le dimanche 29 avril 1945. J'étais à ce moment précis sur un lit en bois, lorsqu'un casque américain m'est apparu. Ce fut ma première vision de la Libération. Un service sanitaire se mit rapidement en place. Des soldats français de la division blindée Leclerc sont venus nous rendre visite. Ils m'ont fait boire du vin pour fêter la victoire. Ne pouvant rien avaler, je l'ai immédiatement vomi. Je ne pouvais plus me lever et marcher. Je ne pesais plus que 27 kg pour 1 m 64 !
« Les Américains se sont très bien occupés de moi. Ils me transportèrent sous un chapiteau pour me passer au DDT. Nous avons ensuite occupé les anciens baraquements des SS. J'ai été soigné avec du "lait de poule" : lait avec un œuf, du sucre et de l'eau-de-vie. C'est ce qui m'a sauvé la vie.
« Une ambulance de la Ire armée française du général de Lattre est venue nous chercher pour nous déposer à l'hôpital de campagne 401. J'ai vu alors une infirmière avec des cheveux longs, ce qui sembla symboliser la vie, car je n'avais vu que des femmes tondues depuis des mois. Je me sentais fier d'être français à la vue de ces uniformes de l'armée de Lattre, incarnant la résurrection de la France : j'ai pleuré d'émotion...
« Je suis resté à l'hôpital 401 jusqu'au 10 juillet 1945. Je suis arrivé à Castillon le 13. Toujours malade, je n'ai pu m'occuper de la propriété familiale qu'en octobre 1946. Mon père n'est jamais revenu des camps de la mort.
« La famille de mon père se trouvant en France fut sauvée de la déportation, grâce au sang-froid de la famille Étourneau. Un de

mes cousins, Jean Gorszkowicz, a même rejoint la 2e division blindée du général Leclerc.
« J'ai eu la chance de rencontrer, en avril 1947, une femme formidable, Madeleine Lavergne, qui s'est beaucoup occupée de moi. Nous nous sommes mariés en août 1947. Sa famille avait appartenu à la Résistance. Nous avons eu deux enfants, un garçon et une fille. »

Bien que victime de la barbarie allemande, Jacques Sztark accepte de recevoir dans sa propriété des prisonniers de guerre allemands, afin de les faire travailler dans les vignes. Cet acte généreux et incroyable va leur sauver la vie en les libérant du déminage des côtes de l'Atlantique, où beaucoup d'autres vont succomber. Hans Bauer, un des prisonniers, profondément touché par l'humanité de Jacques Sztark, lui fait le serment de retrouver la tombe de son père après sa libération. C'est ainsi que Jacques découvre où son père a été enterré.

Autre fait marquant, Jacques souffre de la phobie des chiens. Ces animaux lui rappellent ceux qui gardaient les camps et pouvaient mordre avec férocité les prisonniers. Il parvient à guérir de ce handicap phobique en élevant des chiens dans sa propriété, afin d'en faire des compagnons fidèles pour les aveugles.

Sa santé fragile, suite aux nombreux sévices dans les camps nazis, l'empêche de poursuivre les études souhaitées. Il est décédé le 11 mai 1996 par une belle journée de printemps ensoleillée.

Ginette Vincent-Baudy, résistante déportée

La dignité de son visage et la noblesse de son regard indiquent que Ginette Vincent-Baudy appartient à ces êtres d'exception qui ont conservé le sens de l'honneur. Née le 29 mai 1920 à Sainte-Foy-la-Grande, en Gironde, Ginette Baudy arrive à Bordeaux en 1926. Son père, menuisier ébéniste, a choisi cette voie pour faire prospérer son affaire. Après être passée par différents établissements scolaires, dont Saint-Augustin et Cheverus, Ginette exerce le métier de sage-femme. L'hôpital Pellegrin lui ouvre ses portes de 1939 à 1941, ainsi que la clinique Boursier, cours de la Marne. Elle y fait la connaissance d'une juive, Rachel Sentomb, qui doit bientôt se réfugier dans le Midi, occupé par l'armée italienne. Ginette Vincent-Baudy le rappelle :

« Un fait doit être souligné : après l'invasion de la zone libre en 1942, les autorités militaires italiennes ont toujours protégé dans leur zone d'occupation les juifs français et étrangers contre les mesures de Vichy, ainsi qu'en empêchant, au besoin par la force, les arrestations de juifs[4]. »

Le futur fiancé de Ginette, Jean-Robert Vincent, a fait des brillantes études à Saint-Genès et Michel-Montaigne. Accusé d'espionner les camps militaires de l'occupant, il est arrêté par les Italiens à Gradignan en décembre 1940, et finalement libéré faute de preuves suffisantes. Il rejoint la Résistance au sein de l'OCM (Organisation civile et militaire) en 1942, grâce à une filière dans la Vienne. Il participe alors au sabotage de la manufacture de Châtellerault. Ayant rejoint Bordeaux en 1943, il rencontre Ginette Baudy chez des amis communs.

Ginette travaille au pavillon de la Mutualité, cours Gallieni, y hébergeant des juifs. Son supérieur, le Dr Chenu, a prolongé volontairement l'hospitalisation d'un résistant communiste, recherché par l'occupant. Installée comme sage-femme à Eysines, en Gironde, Ginette entre officiellement dans la Résistance en septembre 1943, au sein du groupe France-Alerte, rattaché à l'OCM. Elle y assure la fonction d'agent de liaison.

« J'avais la garde d'une boîte aux lettres à Eysines-le-Vigean, dans une petite maison sur la route de Blanquefort. Bénéficiant de par ma profession d'un laissez-passer, je transportais à bicyclette des pistolets, des faux papiers et des lampes pour les parachutages. »

Le groupe France-Alerte s'est signalé par l'un des plus formidables exploits de la Résistance française, en détruisant en juin 1944 l'immense dépôt de munitions – 120 wagons – dans les champignonnières de Hurtebise, anciennes carrières de Jonzac. Le général allemand von der Chevalerie, commandant de la Ire armée allemande dans le Sud-Ouest, devait déclarer que « ce dépôt était, en importance, le deuxième de l'armée allemande et que sa destruction était plus dure à supporter par le Reich que la perte d'une bataille[5] ».

4. Toutes les citations qui suivent, sauf mention contraire, sont extraites d'entretiens de l'auteur avec Ginette Vincent-Baudy en juin 1994.
5. Archives du centre national Jean-Moulin, Bordeaux.

Le 29 juin 1944, le résistant Renaudin, suspecté de trahison, est abattu à l'angle des rues Mouneyra-Héron à Bordeaux par des FFI du corps franc Marc. L'intervention d'un agent de police complique la tâche de l'équipe chargée de l'exécution. Au cours de l'engagement qui s'ensuit, l'agent est tué, le résistant André Danglade, grièvement blessé, est arrêté par une patrouille allemande. Il décédera peu de temps après. En le fouillant, les Allemands trouvent une lettre adressée à Ginette Baudy. La SAP (Gestapo française) se rend immédiatement à son domicile à Eysines. Elle raconte la scène avec émotion :

> « J'ai été arrêtée le 29 juin 1944. Au cours de la perquisition, les gestapistes français ont trouvé une fausse carte d'identité, une mitraillette Sten, ainsi que la photo de Renaudin. Le commissaire Darfis et l'inspecteur Vidernet de la SAP m'ont longuement interrogée, rue Victoire-Américaine. J'ai fait l'andouille en leur disant que j'ignorais qu'une mitraillette était cachée à mon domicile. Ils ne m'ont pas crue, puisque j'ai été incarcérée au fort du Hâ, dans une cellule vétuste pour 4 ou 5 personnes.
> « Mon fiancé a assisté de loin à mon arrestation. Un policier qui l'a aperçu lui a tiré dessus, il a pu s'enfuir à bicyclette et se cacher chez un docker, puis chez une tante à Gradignan. Se sachant "brûlé" à Bordeaux, il a rejoint la Vienne et n'est rentré à Bordeaux qu'en septembre 1944. Il s'est alors engagé au 34e RI de la brigade FFI Carnot du colonel Jean de Milleret pour se battre sur le front du Médoc. J'ai eu moins de chance.
> « Le 6 août 1944, à la gare de petite vitesse de Bordeaux-Saint-Jean, nous descendons des camions qui nous ont prises en charge au fort du Hâ. Devant nous, des wagons à bestiaux bien connus de tous les déportés. Sur les quais, des Allemands solidement armés. Me voici, parmi d'autres, embarquée sans ménagements.
> « Le train venait de la prison Saint-Michel et même, paraît-il, du camp de Gurs. Il était allé à Angoulême ou peut-être Poitiers, mais la route du Nord étant coupée, il a dû rebrousser chemin. Les hommes ont été parqués dans la synagogue, les femmes au conseil de guerre.
> « Les Allemands ont reformé un nouveau convoi en y ajoutant, pour faire bonne mesure, des prisonniers du fort du Hâ, et cette fois, nous sommes partis vers le sud. Nous étions deux wagons de femmes : l'un contenant celles de Bordeaux, l'autre celles venant de Toulouse, mais il y avait aussi de nombreux wagons d'hommes.

« Dans le mien : Marie Bartette, Marie Feillou, Marie Estrade, Geneviève Sourgens, Renée Bisserier, Marie-Louise Gigleux, Jeannine Lejard, Mauricette Bonnet, Marie Lasserre, Marie-Louise Lasserre (fille de la précédente), Marie-Jeanne Amatchi, Aimée Sahouret, Geneviève Dubreuil, Yvonne Baudon, Ginette Boyesen, Jeanne Barsac, Madelaine Cazaux, Jeanne Tauzin, Yvette Mageau, Andrée Pugnet, Sophie de Puinet de Parry, Marie-Louise de Marqueissac, Mme Gaubet, une Basque que nous appelions Gagoucha, et Christine Vacher.

« Par terre, de la paille ; aux lucarnes, des fils de fer barbelés, et nous voilà parties pour un voyage qui va durer trois semaines. La route sera longue et dure, mais notre espoir ne faiblira pas. Le 9 août, un faux départ nous mène vers Bègles. Le 10, nous voilà bien parties. Dès le départ, je regarde de tous mes yeux, à travers les fils barbelés, me faisant un tabouret de valises que les Allemands nous ont rendues. J'admire cette France que je veux revoir libre. À Toulouse, arrêt, hurlements, vociférations. Nous apprendrons plus tard que des hommes se sont évadés.

« Nous repartons. Je vois les créneaux de la cité de Carcassonne qui se détachent sur un ciel flamboyant de soleil levant. Notre train ne roule pas vite. Le 12 août, nous voici à Remoulins. Arrêt prolongé. Pourquoi ? En nous naît le fol espoir que le voyage finisse là. Hélas ! Nous voilà repartis le 17 et, de nouveau, la campagne de France défile devant mes yeux. »

La Méditerranée est proche. À Roquemaure, tout le monde descend. Pendant 17 kilomètres, Ginette et ses compagnes marchent entre les vignes et les oliviers. Il fait très chaud. Au cours d'une halte, Mme Gaubert disparaît dans la nature. La longue colonne, escortée par des Allemands armés, traverse Châteauneuf-du-Pape. La population, effarée, regarde cet étrange cortège. Devant Ginette, un Allemand saisit un curieux au collet, le repousse brutalement dans sa maison et claque la porte non sans hurler des imprécations ; sans doute a-t-il craint que cette porte ouverte n'attire des déportés.

À Sorgues, la longue colonne rembarque. Quelques hommes, aidés par des cheminots, réussissent à s'évader, dont Geo Sourgens. Les habitants, apitoyés, apportent des melons, des tomates et même du vin, sans que les Allemands s'y opposent. Ginette raconte :

« Quel régal ! La vie nous semble meilleure. Mais le train repart. Tout me paraît bizarre : aucun train de voyageurs ne circule ; seulement des convois militaires camouflés ou des trains sanitaires. Coupées de toute nouvelle, nous ne savions pas que les troupes françaises du général de Lattre avaient débarqué en Provence. Regardant toujours par une lucarne, je vois surgir une grande pierre du genre menhir, et aussitôt un éclatement, suivi de tirs de mitrailleuses. Un avion volant bas nous mitraille, nous prenant sans doute pour un train de soldats allemands. Nous pensons à ce moment mourir là, tuées par des balles peut-être françaises. Certains ont réussi à agiter des mouchoirs blancs, des foulards. Sans insister, l'avion s'éloigne, mais il y a des dégâts.
« Nos gardiens, partis se mettre à couvert, reviennent. Nous pouvons voir sortir des blessés de certains wagons, peut-être des morts. Par une chance incroyable, nous qui étions dans le premier wagon juste derrière la machine, devenue inutilisable, une bombe étant tombée juste dans la cheminée, nous n'avons absolument rien, il n'y a que des éclats dans le bois. Les Allemands sont étonnés de nous voir indemnes. Qu'à cela ne tienne ! Un pont devant nous ne permettant à aucun train de passer, nous traversons à pied. Ils veulent vraiment que nous poursuivions le voyage, car ce sont des *feldgendarmes*, et nous leur permettons de rentrer en Allemagne.
« Nous voilà bientôt à Montélimar où la Croix-Rouge peut nous approcher et nous donner, entre autres, du nougat. Déjà, à Remoulins, la Croix-Rouge avait pu nous donner quelques petites choses qui nous avaient bien rendu service dans notre dénuement. Maigres distributions de pains, très peu d'eau dans ces wagons surchauffés. Nous buvons de l'eau des pompes à machine (non potable) dans les gares, quand nos gardiens nous permettent de descendre à une ou deux. Comment s'étonner que la dysenterie s'installe dans le wagon et que le malheureux bidon de compote généreusement octroyé comme tinette, soit toujours plein ? »

À Montélimar, un bruit circule que des FFI vont essayer de les délivrer. Ginette a bien entendu quelques tirs de mitraillettes, mais les gardiens, depuis leur plate-forme, tirent sur tout ce qui bouge. Le train arrive à Lyon. Dans les wagons, les femmes se sont regroupées par affinité. Près de Ginette Baudy, Yvonne Baudon, arrêtée à Eysines, ignore que son mari a été fusillé au camp de Souges. Elle croit qu'il fait partie du convoi des hommes. La chaleur caniculaire, le manque d'hygiène et d'espace sont la cause de disputes. Marie-Louise Gigleux ne peut pas supporter Geneviève Dubreuil. Après Lyon, des hommes parviennent encore à s'évader, dont un cheminot de Bègles, Paul Durou. Des femmes tirent des cartes et assurent que le convoi n'ira pas en Allemagne. Faible espoir, puisque bientôt Ginette Baudy peut admirer la Forêt-Noire, ses vallées sombres et ses immenses étendues de sapins :

> « Arrêt, hurlements, ouvertures des wagons, et nous voilà hébétées, brutalement bousculées sur un quai de gare, entourées de SS hargneux et de chiens menaçants, pour nous retrouver dans une grande salle de douche où nous nous empressons de nous laver. Par la suite, on nous a parquées dans un réduit assez restreint qui semble être la cantine du camp de Dachau. Là, nous avons pu parler avec des prisonniers qui, étant là depuis l'*Anschluss* (l'annexion de l'Autriche), avaient des places de faveur.
>
> « Nous avons pu apercevoir des hommes, probablement ceux de notre convoi, nus au milieu de la cour, puis des êtres hâves, aux yeux creux, dans des vêtements rayés. Nous n'allions pas tarder à leur ressembler.
>
> « Deux jours plus tard, toujours accompagnées des mêmes gardiens, nous traversons Dachau. Au passage, nous admirons les maisons fleuries de géraniums, et constatons la sollicitude avec laquelle les enfants nous crachent dessus.
>
> « Nous roulons de nouveau à travers l'Allemagne. Nous apercevons avec satisfaction les traces des bombardements alliés. Notre confiance dans la victoire finale nous aide à mieux supporter notre situation. Arrêt dans les faubourgs de Berlin. À la faveur d'une corvée d'eau, Mme Puinet a tenté de s'évader. Elle parle allemand et connaît, paraît-il, des gens des environs. La pauvre femme n'a pas le temps d'aller bien loin. Nos gardiens la retrouvent cachée dans une réserve de charbon, dans quel état ! Elle réussira à s'évader quelque temps après de l'usine des environs de Berlin où elle a été transférée.
>
> « De nouveau, il fait nuit ; nous descendons du train et nous marchons, cette fois, vers le but de notre voyage. Des maisons dorment près d'un lac, tout à l'air calme. De grandes flammes attirent notre attention, nous saurons très vite que ce sont les flammes de fours crématoires. Une immense porte s'ouvre

> et se referme derrière nous. Nous sommes à Ravensbrück le 1er septembre 1944. »

Le camp de Ravensbrück, situé près de Fürstenberg, dans le Mecklembourg, a été construit en 1939 sur des marais, dans une région insalubre. Les détenues sont gardées par des auxiliaires SS féminines (*Aufseherin*) qui ont des comportements d'une cruauté inouïe, leur apparition semant la terreur parmi les détenues. Elles portent de surnoms sinistres, comme « l'Ange de la mort », la « Terreur de Ravensbrück », la « Vipère », le « Pou volant » ; elles exhibent un brassard nazi frappé de la croix gammée et promènent leurs silhouettes hautaines. L'uniforme repose sur une vareuse et une robe grises, un calot, des bas fumés, des bottes ou des chaussures basses.

L'équipe médicale de Ravensbrück comprend des infirmières, que l'on appelle *Schwestern*. Elles se distinguent très nettement des gardiennes du camp. Issues de la bourgeoisie allemande, elles ont toujours une tenue stricte, dépourvue de toute vulgarité. La plupart d'entre elles – sauf l'infirmière Gerta, qui est la maîtresse en titre du docteur Rosenthal – ne participent pas aux beuveries et aux scènes d'orgie organisées par les SS en poste dans le camp. Elles obéissent à une vieille femme au visage carré et sévère, pleine d'autorité, l'*Oberschwester* Elizabeth Marschall. Ginette Vincent-Baudy témoigne :

> « Parmi les *Schwestern* qui travaillaient sous ses ordres, il y avait une majorité des vieilles filles haineuses : l'aigre et blême *Schwester* Lisa, rancie dans le célibat qui ressemblait à un salsifis gratté ; l'infernale Erika, d'autres qui étaient passives et indifférentes, telle la *Schwester* Martha. J'en ai connu deux qui étaient jolies, bonnes et très tristes ; l'une, surtout, qui s'appelait Gerda, n'a à se reprocher que d'avoir été le témoin passif de tant de crimes… Ces gens n'ont été que des instruments trop dociles, mais c'est quand même cette équipe des gens moyens, tous recrutés dans la bourgeoisie traditionnelle allemande, ayant fait des études, pratiquant l'hygiène et le linge propre et même les langues étrangères, qui ont géré, sans révolte, cette entreprise si hautement et si originalement criminelle qu'étaient Ravensbrück et son infirmerie. »

Le Dr Herta Oberheuser, travaillant à Ravensbrück, est une petite femme au visage dur, aux yeux froids, forte et énergique. Issue d'une famille ruinée, elle a connu maintes difficultés pour terminer ses études. À Ravensbrück, elle se venge en s'acharnant sur les détenues qui n'ont pas la chance de lui plaire. Quelques privilégiées constituent la cour de ses favorites, et elles sont seules à avoir droit à des soins médicaux. Par ailleurs, le Dr Oberheuser leur évite les travaux les plus pénibles, améliore leur nourriture et leur fait de menus cadeaux. Mais c'est également une femme lunatique, et même ses favorites craignent constamment ses sautes d'humeur. Quant aux autres, l'immense majorité des détenues, le Dr Oberheuser les hait. Elle éprouve une aversion particulière pour les Polonaises et pour les Russes, qu'elle méprise profondément. Aucune pitié ne vient alors éclairer le regard glacé qu'elle jette sur elles lors de la visite médicale. Cette curieuse femme a coutume de se jucher sur une table de l'infirmerie, et de faire défiler les prisonnières devant elle, comme du bétail. Parfois, d'un coup de pied négligent, elle relève la robe de l'une d'entre elles, pour faire apparaître les jambes, car, d'après elle, la santé des jambes est le signe de l'aptitude ou de l'inaptitude au travail ! À Ravensbrück, le Dr Oberheuser ne manque pas d'activité. Elle pratique l'euthanasie sur les malades devenues incurables – ou qu'elle juge ainsi –, même si leur état de santé est dû essentiellement au manque de soins.

Dorothea Binz, l'*Oberaufseherin* en second, fait passer un vent de terreur. Née en 1920, elle a tout juste 19 ans au début de la Seconde Guerre mondiale. Elle est alors cuisinière, mais son travail ne lui plaît guère, et elle demande à l'un de ses amis d'intervenir en sa faveur, afin qu'elle puisse entrer comme volontaire dans la SS. Peu après l'ouverture du camp de Ravensbrück, elle est envoyée là, et se trouve affectée... aux cuisines, pour sa plus grande colère. Cependant, elle gravit rapidement les échelons. Au bout de quelques mois elle devient *Aufseherin*, et très rapidement, elle est nommée *Oberaufseherin*. Dès lors, elle défile à travers le camp, vêtue de son uniforme *feldgrau*, chaussée de bottes noires, le fouet à la main. Elle devient l'un des rouages les plus sadiques de Ravensbrück. Grande, blonde, elle conserve un regard glacial et cruel. Elle bat les détenues qui arrivent en retard à l'appel, ou bien elle les punit en les laissant au garde-à-vous, dehors, pendant des heures. En passant à travers les rangées de femmes alignées, elle se plaît à gifler plusieurs détenues. Ginette Vincent-Baudy dira :

> « C'était comme si un homme me frappait, car le procédé était bien au point. Elle frappait si fort qu'on pouvait entendre le bruit

> de la gifle deux rangées plus loin. Je l'ai vue une fois étrangler avec ses mains une détenue. Cette femme était une véritable amazone, une amazone de la mort. »

À son arrivée, Ginette Baudy se souvient d'avoir été parquée dans des douches. L'eau coule de canalisations débouchant des hauteurs différentes. Elle sort sous une très forte pression. Des tenues rayées ou des robes noires sont remises aux détenues, après la confiscation de tous leurs effets personnels. Certaines femmes sont tondues pour cause de poux. Ginette échoue au bloc 22 avec des Gitanes allemandes.

> « Nous étions une soixantaine par bloc. Les Gitanes étaient voleuses, menteuses. Une hiérarchie s'était établie entre les détenues suivant les nationalités. C'était la loi de la jungle. On comptait, il est vrai, 23 nationalités différentes. Le premier appel, à trois ou quatre heures du matin, pouvait durer deux heures. Le travail commençait à cinq heures. Le petit-déjeuner se limitait à un quart d'eau chaude noire et un morceau de pain avant le premier appel. À 12 heures, nous pouvions manger une soupe de rutabagas ou de betteraves. Le travail reprenait à treize heures jusqu'à dix-huit heures. On nous faisait le plus souvent creuser des trous, qu'il fallait ensuite reboucher. Tout était fait pour nous humilier. Les dortoirs en bois comprenaient trois étages. Nous dormions sur des paillasses pleines de poux. Les épidémies causaient d'énormes ravages dans nos rangs. Le typhus, la diphtérie, la scarlatine, la tuberculose ont tué de nombreuses détenues. Une femme sur quatre seulement est sortie vivante de Ravensbrück.
>
> « En novembre 1944, je suis allée travailler aux usines Siemens, près de Berlin. Là, ma situation s'améliora. J'avais tous les matins une soupe et deux pommes de terre. Nous étions logées dans un camp près des usines, et groupées suivant les nationalités. L'hiver 1944-1945 fut terrible, la température tomba à -25 °C ! »

Grâce à l'action du comte Bernadotte, chef de la Croix-Rouge suédoise, Ginette est libérée le 23 avril 1945. Elle entre au Danemark, où la population réserve aux détenues un accueil formidable. Arrivée en Suède le 25 avril, elle bénéficie de toute l'attention de la population suédoise, dans la région de Göteborg, où se trouve un parc magnifique. Le centre hospitalier lui apprend à s'alimenter progressivement, lui fait passer de multiples radios, des examens sanguins... Un contact s'établit entre les rescapées et la population locale. Les familles suédoises invitent régulièrement les Françaises dans leur maison. Ginette se souvient :

> « J'ai été choyée par une famille adorable, avec qui j'ai par la suite correspondu durant des années. Je n'oublierai jamais tout le bien que ces gens ont pu me faire. La Suède a été merveilleuse avec nous. J'ai bénéficié de ce havre de paix durant deux mois et demi. »

Un bateau la ramène le 27 juillet 1945 en France. Elle débarque à Cherbourg, pour être ensuite rapatriée à l'hôtel *Lutetia* à Paris. Elle arrive en gare de Bordeaux au début du mois d'août. Elle se marie le 5 octobre 1945 avec Jean-Robert Vincent, qu'elle a connu dans la Résistance :

> « Mon mari avait une excellente situation, en tant que chef du service administratif et comptable d'une entreprise ferroviaire de Bordeaux, rue Jean-Renaud-Dandicolle. Il est malheureusement décédé en 1988, suite à un grave accident de voiture. Sage-femme de l'hôpital Pellegrin durant des années, je suis retraitée du centre hospitalier régional. »

Ginette Vincent-Baudy oublie de dire, par modestie, qu'elle est officier de la Légion d'honneur, titulaire de la Médaille de la déportation pour fait de Résistance, de la Croix de guerre, de la Croix de combattant volontaire de la Résistance. Elle est l'exemple vivant de ce que fut le courage et le sacrifice de la Résistance française. Elle nous a quittés le 23 mars 2007.

8

Les parachutistes méconnus de la Seconde Guerre mondiale

On connaît les combats audacieux des parachutistes allemands en Hollande et en Belgique en mai 1940, puis en Crète en mai 1941, ainsi que ceux des parachutistes américains et britanniques en Normandie en juin 1944, sans oublier les exploits des parachutistes français en Libye, en Crète, en France et dans les Pays-Bas entre 1941 et 1945. Mais que sait-on des opérations militaires des parachutistes italiens, japonais et soviétiques ? Elles sont souvent méconnues, et méritent donc de figurer dans cet ouvrage.

Les héroïques parachutistes italiens

L'Italie fait figure de pionnière dans le domaine des forces parachutistes. En effet, le 9 août 1918, le lieutenant Alessandro Tandura est probablement le premier soldat à être parachuté derrière les lignes ennemies, pour une mission de renseignement. En 1927, le lieutenant Prospero Freri forme 256 élèves parachutistes au sein de la *Regia Aeronautica* (aviation militaire italienne). En 1938, le maréchal de l'air Italo Balbo et le lieutenant-colonel Goffredo Tonini fondent, en Libye, une école militaire des troupes parachutistes. Le recrutement est organisé sur la base du volontariat au sein de la population libyenne, tandis que l'instruction est assurée par le meilleur spécialiste de l'époque, le désormais lieutenant-colonel Prospero Freri. Ce sont finalement 300 tirailleurs libyens et italiens qui forment le 1er bataillon parachutiste. Un deuxième bataillon du même type est bientôt constitué, permettant ainsi la création du groupement mobile Tonini, fort de 650 hommes au total. Parallèlement à la création de troupes parachutistes en Libye, le centre d'instruction parachutiste de Tarquinia, en Italie, est officiellement inauguré le 15 octobre 1938. Les premières unités de l'organigramme de la future division parachutiste italienne Folgore (« Foudre ») sont entérinées au mois de septembre 1940, avec la constitution du 1er bataillon de carabiniers parachutistes, des 2e et 3e bataillons parachutistes. Au printemps 1941, un 4e bataillon parachutiste est formé. Finalement, la division Folgore, sous les ordres du général Enrico Frattini, intègre en septembre 1941 l'organigramme des forces armées italiennes.

Dès les premières opérations militaires sur le front égypto-libyen en 1940-1941, l'armée italienne engage des unités commandos parachutistes pour contrer les actions offensives de l'adversaire. Le groupement mobile Tonini, formé de 650 parachutistes italiens et libyens, voit le jour en novembre 1940. Il aligne 4 canons de 75 mm, 7 canons antichars de 47 mm, 6 canons de 20 mm, 8 mitrailleuses, 20 fusils-mitrailleurs, une automitrailleuse et 45 véhicules divers.Le 15 janvier 1941, le groupement Tonini se trouve dans le secteur de Derna, en Libye, afin de protéger la retraite de plusieurs colonnes italiennes. Il a face à lui la 6e division motorisée australienne, soit 13 000 soldats ! Quatre chars Fiat-Ansaldo M13/40 viennent renforcer les 650 parachutistes, qui multiplient les patrouilles et les embuscades dans le désert, faisant ainsi croire aux Australiens qu'ils sont plusieurs milliers. Entre le 17 et le 23 janvier, de violents combats se déroulent au carrefour de Mechili et à Sidi Azeiz, où les Australiens, pourtant nettement plus nombreux, sont repoussés, avec de lourdes pertes, par les paras italo-libyens qui luttent comme des lions. L'intervention des chars lourds britanniques Matilda et de l'artillerie n'entame pas le moral des défenseurs.

Durant la nuit du 24 au 25 janvier 1941, d'importantes troupes australiennes, soutenues par des blindés, attaquent la ferme d'El Fteiah, défendue héroïquement par les Italo-Libyens. Le lieutenant Sainas et ses paras de la 2e compagnie contre-attaquent avec fougue, ciblant même les chars et les automitrailleuses adverses à la grenade.

Après un assaut furibond, ils mettent en fuite des Australiens médusés par un tel héroïsme. Le 27, les restes du groupement Tonini ont pour mission de protéger les voies d'accès de la ville de Derna, avec un bataillon de *bersaglieri* (tirailleurs) du capitaine Sartini. Les offensives britanniques sont de nouveau repoussées, malgré l'écrasante supériorité numérique et matérielle de l'assaillant. *Bersaglieri* et parachutistes quittent leur position pour attaquer de nouveau à la grenade les blindés ennemis !

Entre le 28 janvier et le 1er février 1941, paras et *bersaglieri* contiennent de nouveau les assauts de l'adversaire. Le 2, le fort de Bir Sibil tombe, mais il est repris au petit matin par une contre-attaque italienne à l'arme blanche. Le 3, les derniers hommes du groupement Tonini rejoignent Benghazi et incorporent le groupement motorisé Colpani, qui doit servir d'arrière-garde à la 10e armée italienne. À Sidi Salech, le groupement Colpani-Tonini, fort de 646 paras et *bersaglieri*, oppose une résistance féroce à 6 000 soldats britanniques, appuyés par de nombreux blindés. Après trois jours de combat, on ne compte plus que 148 combattants italiens valides, tous les autres sont tués ou blessés ! Cette poignée de braves parvient cependant à rompre l'encerclement et à rejoindre les lignes italiennes reformées plus à l'ouest.

Les paras italo-libyens ont fait honneur à leur corps d'élite, les actes de bravoure sont particulièrement nombreux. Citons le para Boubakeur Ramalon qui, blessé, refuse les soins et attaque les chars à la grenade avant d'être atteint une seconde fois ; le sous-lieutenant Giovanni Mercadente, qui détruit deux blindés avec son canon de 47 mm et parvient à repousser à coups d'obus explosifs un assaut d'infanterie ; le sergent Mohamed Iden qui, bien que blessé, risque sa vie pour récupérer son officier et le ramener dans les lignes italiennes ; le caporal Mohamed Ali, mitrailleur, qui ne quitte pas son arme et finit écrasé sous les chenilles d'un char Matilda de 28 tonnes !...

Début avril 1941, les 148 paras italo-libyens survivants intègrent les colonnes motorisées italiennes Fabris et Montemurro, qui encerclent El Mechili, défendu par les débris de la 2e division mécanisée britannique, de la 3e brigade motorisée indienne, une batterie du Royal Horse Artillery et une unité du 3e régiment antichar australien. Le 8 avril, les Britanniques tentent une sortie, mais se heurtent à la solide résistance du 8e régiment de *bersaglieri* et des paras. L'estocade est donnée par le colonel Fabris qui oblige les défenseurs, battant en retraite, à se jeter sur les canons de la colonne Montemurro, lesquels font pleuvoir sur eux un déluge de feu. Les généraux Gambier-Parry et Vaughan, commandant la garnison britannique, se rendent avec 1 700 hommes au colonel Ugo Montemurro. Les troupes italiennes capturent également 500 véhicules divers.

À la mi-juillet 1942, la division parachutiste italienne Folgore arrive en Afrique pour combattre à El Alamein, en Égypte. Elle va bientôt entrer dans la légende. Cette unité d'élite comprend 6 000 hommes, dont deux régiments d'assaut (186e et 187e), un régiment d'artillerie, le 8e bataillon du génie d'assaut, deux compagnies d'armes lourdes (mortiers de 81 mm et canons antichars de 47 mm) et deux compagnies de sapeurs du génie.

Le général Frattini, commandant de la division Folgore, se souvient :

> « En juillet 1942, la Folgore était prête. En Afrique du Nord, il fallait de toute urgence des renforts ; c'est alors que me parvint l'ordre inattendu de nous transporter immédiatement par voie aérienne sur le front égyptien. La nouvelle fut accueillie dans mes bataillons avec un enthousiasme délirant. Ces parachutistes étaient tous volontaires, tous soldats dans cette arme depuis plus de deux ans. Ils avaient déjà combattu sur plusieurs fronts ; ils étaient fascinés par leurs nouvelles responsabilités, par le fait merveilleux de se distinguer, par le rôle exceptionnel qu'ils étaient appelés à jouer. Il faut ajouter que les épreuves auxquelles ils avaient été soumis avaient été dures, effrayantes.
>
> « Ainsi, sur 1 000 volontaires arrivés à l'école parachutiste de Tarquinia, 500 en général renonçaient au bout de quinze jours et abandonnaient les cours d'entraînement au saut. Ceux qui restaient étaient des hommes exceptionnels, vraiment choisis, des hommes qui ne craignaient aucun risque et qui, plus tard au combat, ne furent obsédés que par une seule pensée : se comporter de façon telle que le compagnon d'armes qui est à vos côtés ne puisse jamais penser que vous ayez peur. Tous, dans la division qui volait vers l'Afrique, pensaient qu'en Égypte ils allaient sauter sur les arrières des Anglais. Ils furent très déçus ! À peine débarqués, ils reçurent l'ordre de déposer les parachutes, et furent enrôlés dans les unités normales d'infanterie, retranchées dans le sable, derrière des champs de mines. La déception fut grande, mais elle fut vite surmontée par des actions commandos,

> dans la tradition des *arditi* (soldats italiens des troupes d'assaut) de la Grande Guerre de 1915-1918[1]. »

La division Folgore est massée à l'extrémité sud du dispositif germano-italien, son flanc droit appuyé à la dépression de Kattara. Avec seulement 80 canons sur un front de 15 kilomètres, la Folgore fait face à trois divisions d'infanterie et une division blindée, dont l'ensemble représente 60 000 soldats britanniques, 400 canons, 400 chars et 150 automitrailleuses ! Les paras italiens se retranchent derrière des réseaux de barbelés et des champs de mines. Une terrible guerre de position commence.

On peut se demander comment une seule division a pu tenir tête à quatre divisions ennemies : 6 000 hommes contre 60 000 ! D'autant plus que les Britanniques connaissaient parfaitement bien le système de défense de la Folgore, car les champs de mines étaient ceux qu'ils avaient eux-mêmes piégés, et dont les paras italiens s'étaient emparés durant la dernière offensive de Rommel.

Le général Frattini poursuit :

> « Les soldats britanniques étaient sûrement des combattants courageux, bien entraînés. Mais nos parachutistes avaient acquis dans les combats quotidiens la certitude de leur propre supériorité guerrière, ils savaient que leur combativité, leur audace, leur intelligence stratégique avaient fait naître chez l'adversaire un sentiment de crainte et de prudence. Supériorité psychologique, morale donc, poussée jusqu'à la conviction que, dans cet affrontement des qualités humaines, même le blindage des chars – instruments guidés par les hommes – ne comptait pas beaucoup. Tous portaient la patrie et le drapeau dans le cœur, tous étaient parfaitement préparés au combat et à la mort. Chacun était anxieux dans l'épreuve et les cœurs battaient à l'unisson. Tous étaient de la même trempe, sûrs de la solidarité absolue de leurs camarades, animés par la même volonté obstinée de résister à l'adversaire, quel qu'en fût le prix. Ils étaient constamment sur le qui-vive, rapides à répondre à l'attaque brutale, toujours prêts à la contre-attaque, s'approchant de l'ennemi le plus possible, lançant des grenades à main[2]. »

1. Archives militaires italiennes, Rome.
2. *Ibid.*

Lors des opérations militaires de l'été 1942, les paras de la Folgore se taillent une solide réputation. Le 5 août, une patrouille du lieutenant Stasi capture deux blindés et une vingtaine de soldats britanniques. Le 30, le groupement du colonel Ruspoli enlève la cote 78, dans la dépression de Kattara. Les paras italiens rassemblent une trentaine de prisonniers et soignent les blessés qui souffrent d'atroces brûlures. Un officier allemand de liaison suggère de les achever. Dégoûté, le colonel Ruspoli répond : « Monsieur ! Vous déshonorez l'uniforme. Sachez que ces hommes sont prisonniers de l'armée italienne. À ce titre, ils recevront tous les soins nécessaires. » Le regard dédaigneux, il ajoute : « Vous pouvez disposer[3] ! »

Dans la journée du 31, le groupement Ruspoli reçoit le renfort du 19e régiment d'infanterie de la division Brescia. Les Italiens ont creusé des trous individuels dans le sable rocailleux et subissent le tir incessant des canons britanniques. Ils souffrent également des mouches, du soleil et de la soif. La chaleur monte à 55 °C ! C'est l'enfer. Dans la soirée, les chars de la 3e brigade néo-zélandaise chargent les positions. La résistance italienne est acharnée. Les stocks d'obus antichars et de torpilles des mortiers épuisés, les paras italiens sortent des trous et attaquent à la grenade les tanks ennemis. Les Britanniques sont repoussés et laissent 40 blindés calcinés devant les lignes italiennes !

Comme le rappelle le général Frattini :

> « En tant qu'unité parachutiste, la Folgore n'avait pas de véhicules. Comme nous étions massés dans la zone la plus éloignée des bases de ravitaillement, qui se trouvaient toutes sur la côte, nous étions ravitaillés par les autres divisions. Celles-ci faisaient de leur mieux pour nous aider. Mais, souvent, elles ne pouvaient nous apporter plus d'un demi-litre d'eau par personne, pour toute une journée. Eau rare et saumâtre, nourriture en conserve, soleil brûlant, vie dans les trous creusés dans le sable, intermèdes de bombardement le jour et la nuit, patrouilles nocturnes : voilà quelle était notre vie dans les tranchées du désert égyptien. Trois mois de cette vie avaient infligé à nos hommes de dures souffrances, avaient diminué leur résistance physique, mais n'avaient absolument pas entamé leur moral. Et lorsque l'attaque ennemie se déchaîna contre les hommes de la Folgore, ils

3. *Ibid.*

résistèrent. L'ennemi arrivait pourtant avec des troupes neuves, bien supérieures aux nôtres en nombre et en moyens[4]. »

Le 3 octobre, le 10e bataillon de la division Folgore, sous les ordres du commandant Grossi, repousse une charge mécanique de la 6e brigade néo-zélandaise. Vingt chars lourds Grant sont mis hors de combat. Le commandant Rossi, armé d'une grenade, est tué en voulant grimper sur la tourelle d'un tank Grant, monstre de 30 tonnes !

Le 12 octobre 1942, le groupement Ruspoli relève des éléments de la division Trieste sur les cotes 103 et 125 dans l'Himeimat. C'est l'enfer dans toute son horreur. Les Italiens semblent avancer dans l'haleine d'un four. La nourriture et l'eau manquent. Le scorbut, les insolations, la dysenterie causent des pertes importantes dans les rangs italiens. Malgré cette terrible situation, les paras du colonel Ruspoli stoppent encore toutes les attaques adverses. On assiste même à des mutineries au sein de l'armée britannique. Des troupes australiennes refusent de monter de nouveau en ligne après les effroyables pertes subies devant les positions de la division Folgore dans le secteur de l'Himeimat.

Du 23 au 25 octobre 1942, la division Folgore repousse les assauts de la 44e division d'infanterie et de la 7e division blindée britanniques, de même que ceux de la 1re brigade française libre. La bataille fait rage. En certains endroits, les soldats italiens stoppent les chars adverses avec des bouteilles enflammées. Les maigres forces blindées germano-italiennes tentent de repousser les puissantes divisions mécaniques alliées qui sont parvenues à enfoncer certaines des positions. C'est une lutte à mort. La division blindée italienne Ariette est totalement anéantie après un combat héroïque opposant ses chars M13/40 de 13 tonnes à des Sherman alliés de 32 tonnes trois fois plus nombreux.

Les troupes de l'Axe doivent bientôt retraiter pour éviter la destruction complète devant l'écrasante supériorité numérique et matérielle de l'adversaire. Alors que les unités allemandes, plus mobiles, peuvent se dégager sans danger, les troupes italiennes, souvent dépourvues de véhicules, risquent l'encerclement. Les divisions Trieste et Trento tentent d'échapper aux Britanniques. La Trento est encerclée, le 5 novembre, dans la région de Fouka, par deux divisions

---

4. *Ibid.*

ennemies. Les munitions épuisées, le général Francesco Scotti, qui la commande, se résout à déposer les armes. La Trieste, plus heureuse, brise l'étau et parvient à rejoindre les Allemands.

Les soldats italiens du secteur sud attendent anxieusement, dans la nuit du 3 au 4 novembre 1942, l'arrivée des camions allemands chargés de les emmener. Ils ne viendront jamais. Sans eau, sans ravitaillement, sans munitions, encerclés par 3 divisions et 2 brigades, les débris des divisions Pavia, Brescia et Folgore doivent finalement capituler le 5. Le général Priederi, commandant de la division Brescia, refusant de se rendre se fait tuer l'arme à la main, ainsi que le général Ferraro Orsi, commandant le 10e corps.

Le général Frattini, de la division Folgore, rencontre son principal adversaire, le général anglais Hugues, commandant de la 44e division. L'officier anglais se met au garde à vous devant son homologue italien pour le saluer. Hugues prend la parole : « Divers rapports me forçaient à croire que vous étiez mort. Je constate avec soulagement qu'il n'en n'est rien. » Avant de se retirer, Hugues ajoute : « Durant toute ma carrière de soldat, je n'ai jamais rencontré de meilleurs soldats que ceux de la division Folgore[5]. » Face à un tel hommage, Frattini est ému jusqu'aux larmes. La division Folgore, partie de Tarquinia avec 6 000 hommes, déplore 400 tués, 1 650 blessés ou malades et 3 000 prisonniers. Cependant, un millier d'hommes ont pu échapper à la capture ! La division Folgore a tenu tête pendant près de quatre mois à des forces ennemies dix fois supérieures en nombre, en causant la destruction de 350 blindés (chars, chenillettes et automitrailleuses).

Les soldats italiens ont combattu à El Alamein avec un courage qui a forcé l'admiration de Rommel et de Montgomery.

Du fait des lourdes pertes subies à El Alamein, dont un millier de chars détruits ou endommagés, le général Montgomery a bien du mal à suivre les forces de l'Axe en retraite. Rommel dispose sur ses arrières des barrages antichars qui stoppent facilement les détachements avancés alliés. La forteresse de Tobrouk est évacuée le 12 novembre. Suite au débarquement anglo-américain au Maroc et en Algérie, survenu le 8 novembre, Rommel ne se fait plus d'illusion sur la défense de la Libye. Il pense que la guerre va se porter en Tunisie.

Un bataillon de 600 parachutistes italiens, prenant le nom de bataillon Folgore en hommage à la défunte division, est formé

5. Archives militaires britanniques, Londres.

en Tunisie en janvier 1943, sous les ordres de capitaine Carlo Lombardini. Il combat héroïquement à Zuara, contre un ennemi très supérieur en nombre. À Medenine, le 6 mars, il parvient même à conquérir tous les objectifs qui lui sont assignés. Il mène des raids commandos audacieux sur les arrières des troupes alliées. Le 24 mars, une trentaine de paras italiens, commandés par les lieutenants Artusi et Righetti, attaquent de nuit une importante position, tenue par de nombreux soldats écossais.

> « La mission est ardue, puisqu'il faut évoluer à découvert et franchir un champ de mines dont on ne sait pas grand-chose. Mais l'effet de surprise est un succès, même si le lieutenant Artusi est grièvement blessé[6]. »

À la mi-avril 1943, le bataillon Folgore ne compte plus que 200 parachutistes valides sur les 600 du début ! Tenant fermement les hauteurs de Takrouna, il repousse avec une bravoure extraordinaire tous les assauts des 5e et 6e brigades néo-zélandaises. Le 20, les paras lancent même une contre-attaque à la grenade et à l'arme blanche qui force l'adversaire, disposant pourtant d'une écrasante supériorité numérique, à reculer !

La supériorité matérielle des Alliés est alors écrasante en Tunisie : 7 contre 1 pour les véhicules blindés, 20 contre 1 pour les chars et 3 contre 1 pour l'artillerie ! Malgré cette situation nettement défavorable, et aussi incroyable que cela puisse paraître, les troupes de l'Axe, surtout italiennes, remportent encore de nombreux succès sur le terrain. Ce que confirme le général anglais Alexander, commandant l'ensemble des troupes alliées engagées sur ce théâtre de guerre :

> « En Tunisie, l'ennemi contre-attaque continuellement et réussit à arrêter notre avance au prix de très lourdes pertes. Nous remarquons que les Italiens se battent particulièrement bien, même mieux que les Allemands qui sont en ligne avec eux. Malgré de sévères pertes infligées par nos barrages d'artillerie, l'ennemi persiste dans ses contre-attaques, et il devient évident qu'une avance dans ce massif inextricable, celui des montagnes tunisiennes, sera coûteuse[7]. »

---

6. David Zambon, in *Ligne de Front*, hors-série n° 16, août-septembre 2012.
7. Archives militaires britanniques, Londres.

Parallèlement au bataillon Folgore, le 1er bataillon parachutiste d'assaut Adra, aux ordres du lieutenant-colonel Edvino Dalmas, est engagé en Tunisie. Né à Zara le 3 octobre 1895 et irrédentiste convaincu, Edvino Dalmas quitte sa ville natale, qui fait partie à l'époque de l'empire austro-hongrois, pour rejoindre l'Italie, où il s'enrôle dans l'armée royale et participe à la Première Guerre mondiale comme officier. À la constitution de la *Regia Aeronautica* (armée de l'air italienne), il rejoint cette nouvelle arme. Promu capitaine en 1928, puis commandant en octobre 1937, il passe lieutenant-colonel en 1941 et participe à la création d'un corps de parachutistes *arditi* de la *Regia Aeronautica* pour en devenir rapidement le chef. Cette unité d'élite devient le bataillon Adra. À peine arrivés en Tunisie le 16 novembre 1942, les 350 paras *arditi* qui composent cette unité de choc prennent position, dès le lendemain, sur le djebel Abiot, où se trouvent également une vingtaine de chasseurs parachutistes allemands aux ordres du major Witzig, le vainqueur du fort d'Eben-Emael en mai 1940. Entre troupes d'élite, le contact est excellent. Witzig, qui n'ignore rien de la résistance héroïque de la division Folgore, admire les paras italiens et tient en haute estime le lieutenant-colonel Dalmas. Les 370 paras italiens et allemands ont devant eux la 78e division britannique d'infanterie, soutenue par deux régiments d'artillerie.

Malgré l'écrasante supériorité numérique et matérielle de l'adversaire, Witzig et Dalmas décident de lancer une opération commando au petit matin. Les paras italiens doivent s'emparer de trois collines à proximité du hameau d'Abiot, tandis que les paras allemands s'occupent de l'habitat.

> « Sans préparation d'artillerie, l'effet de surprise et la rapidité d'exécution du plan préétabli représentent la clé du succès. Après une approche nocturne, silencieuse et habile, les paras attaquent dès les premières lueurs de l'aube. Les pelotons aux ordres des lieutenants Messina, Silvestri et Carfagnini investissent de plein fouet des Anglais désorientés, qui esquissent un semblant de résistance avant de décrocher. Les trois hauteurs sont occupées et une centaine d'hommes sont capturés[8]. »

Naturellement, la réaction britannique ne se fait pas attendre. Après une puissante préparation d'artillerie, les fantassins anglais

8. David Zambon, in *Ligne de Front*, hors-série n° 16, *op. cit.*

contre-attaquent mais sont repoussés à l'arme blanche et à la grenade. Les combats ont lieu au corps à corps et les pertes sont lourdes dans les deux camps. Luttant à un contre dix, les paras italiens et allemands rivalisent de bravoure. Edvino Dalmas, grièvement blessé, est remplacé par le capitaine Molino. Sous la pression d'un ennemi toujours plus nombreux, les paras doivent finalement reculer jusqu'à Jefna et mener un ultime combat en mai 1943. Le bataillon Adra déplore la mise hors de combat de 215 paras (tués ou blessés) sur un effectif initial de 350 hommes !

En septembre 1943, Mussolini fonde la République sociale italienne (RSI) et poursuit la lutte aux côtés des Allemands. À ce titre, 400 000 à 600 000 soldats et miliciens fascistes italiens participent aux combats contre l'invasion des troupes alliées, après leur débarquement au sud de la péninsule en septembre 1943.

Le régiment parachutiste Folgore de la RSI du colonel Dalmas est constitué le 27 avril 1944 avec le bataillon Nembo sous les ordres du commandant Rizzatti, le bataillon Cyclone (prenant ensuite le nom de bataillon Folgore) sous les ordres du capitaine Recchia et le bataillon Azzuro du capitaine Bussoli. L'ensemble regroupe environ 1 800 parachutistes.

Le 3 juin 1944, le régiment Folgore se trouve aux portes de Rome, au sud de la capitale, sur le front de Castel di Decima, opposé aux 1re et 5e divisions britanniques d'infanterie : 1 800 paras italiens contre 30 000 soldats britanniques. Le 4 juin, le commandant Carlo Rizzati trouve une mort glorieuse en essayant de détruire un char Sherman de 32 tonnes avec une simple grenade. Les paras italiens, luttant comme des lions, affrontent le 46e Royal Tank Regiment, appuyant la 5e division britannique. Armés de lance-roquettes antichars allemands, ils parviennent à détruire toute une colonne de blindés britanniques. Ils doivent s'approcher à une cinquantaine de mètres pour cette mission suicide. Les Britanniques, qui ne s'attendaient pas à une résistance aussi acharnée, marquent le pas. Durant une journée entière, les paras italiens bloquent la progression ennemie. Ils déplorent 82 tués et 148 blessés, mais une trentaine de blindés alliés sont mis hors de combat et la 5e division britannique est contenue, avec de lourdes pertes humaines (600 tués ou blessés).

Après cette bataille épique aux portes de Rome, le régiment Folgore se reforme à l'arrière. Il rejoint ensuite le front des Alpes occidentales, contre les troupes françaises et américaines. Il lutte aux côtés de la division alpine italienne Monterosa, de la division italienne des grenadiers Littorio, de la 5e division allemande de montagne et de la 44e division allemande d'infanterie, formant au total une force de 44 000 hommes contre le double de soldats alliés. Les paras italiens tiennent le secteur de Monginevro, à plus de 2 000 mètres d'altitude, mènent de nombreuses patrouilles et reconnaissances dans les pires conditions topographiques et climatiques en hiver. D'août 1944 à mai 1945, ils repoussent tous les assauts ennemis et parviennent même à conquérir des sommets, après une lutte sauvage. Le 4 mai 1945, ils se trouvent dans le Val d'Aoste. La guerre sur le front italien se termine et les paras italiens se rendent à une division américaine qui, admirative de leur bravoure, décide de leur rendre les honneurs militaires.

Les incroyables et audacieux parachutistes japonais

De décembre 1941 à mai 1942, lors des six premiers mois de la guerre du Pacifique, le Japon conquiert Hong Kong, la Malaisie, les Indes orientales hollandaises, les Philippines, la Birmanie et la plus grande partie de la Nouvelle-Guinée, ainsi que de nombreux archipels stratégiques. Le résultat de cette gigantesque expansion entraîne la mise sous tutelle japonaise de 90 millions d'êtres humains ; en outre, ce qui est peut-être le plus important, le Japon gagne dans l'affaire la plupart des matières premières qu'il a si ardemment convoitées : 88 % du caoutchouc mondial, 54 % de l'étain, 28 % du riz, 19 % du tungstène, d'énormes quantités de minerai de fer et de manganèse, enfin, le contrôle des champs pétrolifères des Indes néerlandaises. Toutes les régions que les chefs militaires de Tokyo jugent nécessaires à la formation de leur « sphère de prospérité de la Plus Grande Asie orientale » sont virtuellement occupées. Jamais dans l'histoire une si importante fraction de la planète n'a été conquise en si peu de temps.

Mais la réalité de cette guerre-éclair orientale est encore plus étonnante. Les Britanniques ont perdu 11 000 hommes en défendant Hong Kong, plus de 135 000 en Malaisie et à Singapour, 13 500 en Birmanie ; la défense des Philippines a coûté au moins 100 000 hommes aux forces des Philippines et américaines et une armée de 75 000 hommes, composée de Hollandais, de Britanniques, d'Américains et d'Australiens, a été vaincue en essayant de tenir les Indes néerlandaises.

Une partie de la flotte américaine du Pacifique a été détruite dans la rade de Pearl Harbor. La flotte britannique d'Extrême-Orient gît par le fond au large des côtes malaises.

Et le coût de tout cela pour le Japon ? Seulement 4 destroyers et quelques bâtiments de moindre importance, 381 avions et environ 15 000 hommes perdus ! Robert Cooper témoigne :

> « Rien ne peut expliquer cette disparité dans les pertes respectives des adversaires. Les Japonais ne jouissaient pas de la supériorité numérique : sur les 51 divisions que comptait l'armée nippone, 11 seulement avaient participé à la conquête de l'Asie du Sud-Est. Il faut dire, cependant, que l'armée impériale avait profité de l'énorme avantage dont bénéficie toujours l'agresseur : la latitude de pouvoir frapper à l'heure et à l'endroit choisis par lui. L'effet de surprise avait joué en sa faveur[9]. »

Dans les jungles de ce vaste théâtre du conflit du Pacifique, les combats prennent rapidement la forme d'une guerre de commandos, où l'effet de surprise joue un rôle important dans le succès de l'opération militaire.

En octobre 1940, la première unité japonaise de commandos parachutistes voit le jour, sous les ordres du lieutenant-colonel Kawashima. Elle s'établit à l'école de l'air de Hamamatsu et se limite au début à une trentaine d'officiers de toutes spécialités. Peu après, 250 volontaires sont formés aux combats commandos et au parachutisme. Il s'agit pour l'essentiel de sous-officiers destinés à former l'ossature d'une future grande unité. Le 1er décembre 1941, six jours avant l'attaque surprise sur Pearl Harbor, le 1er régiment parachutiste commando est officiellement créé, à partir de trois promotions qui regroupent 800 hommes. Le 2e régiment parachutiste commando est formé en janvier 1942 avec les quatrième et cinquième promotions. Ces deux régiments sont rassemblés au sein de la 1re brigade parachutiste commando aux ordres du général Kume, qui dispose également d'un état-major et du 1er régiment aérien, chargé du transport des commandos parachutistes.

De son côté, la Marine impériale fonde, en septembre 1941, deux unités de commandos parachutistes de 750 hommes chacune : la 1re force spéciale de débarquement (FSD), sous les ordres du capitaine de frégate Horiuchi Toyoaki et la 3e FSD, commandée par le capitaine de frégate Fukumi Koichi. Toutes deux quittent le Japon le 26 novembre à destination de Formose.

9. Archives militaires britanniques, Londres.

Dans le cadre de l'invasion des Indes néerlandaises, la 1re FSD doit s'emparer de l'aérodrome de Langoan, près de Manado, dans les îles Célèbes, afin de permettre à la Marine impériale d'étendre sa zone de couverture aérienne. La garnison hollandaise de Manado, sous les ordres du major Schilmöller, aligne 10 compagnies de 150 hommes chacune, soit un total de 1 500 hommes. On compte également une colonne mobile de 45 hommes équipés de trois automitrailleuses, ayant pour mission de défendre l'approche de l'aérodrome. Ainsi, écrit Pierre-Edouard Côte :

> « Pour cette opération, il est décidé de larguer la 1re force spéciale de débarquement de la base de Yokosuka en deux vagues. La première, totalisant 334 parachutistes, comprend l'état-major, un détachement de transmissions, les 1re et 2e compagnies. La 1re compagnie de l'enseigne de 1re classe Mutaguchi doit s'emparer de l'aérodrome de Langoan, tandis que la 2e compagnie de l'enseigne de 1re classe Saito doit prendre la base de Kalas. Par ailleurs, un détachement de 22 hommes, composé pour moitié de paras de la section antichar dotée d'un canon de 37 mm et pour moitié de membres de la section sanitaire, doit se poser sur le lac Tondano, près de Kalas, à bord de deux hydravions Kawanashi H6K5 "Mavis". La seconde vague comprend 74 hommes de la 3e compagnie. Bien plus qu'une simple manœuvre aéroportée, le raid sur Manado est une véritable opération combinée, puisque s'ajoutent au parachutage proprement dit un débarquement en plusieurs points de 2 500 fusiliers-marins et l'emploi de chars légers. L'attaque doit être précédée par un bombardement naval, et des chasseurs Mitsubishi A6M "Zero" fournissent la couverture aérienne[10]. »

Le 6 janvier 1942, à 6 h 30, la première vague décolle de Davao en direction de l'île de Mindano à bord de 28 avions de transport Kasumiguara. Chaque bimoteur transporte 12 parachutistes et 7 containers. À 9 h 52, les premiers appareils se présentent au-dessus de l'aérodrome de Langoan, choisi comme zone de largage. Les paras nippons doivent donc sauter directement sur leur cible, sans approche de sécurité. Les soldats hollandais, aux ordres du lieutenant Wielimnga, tirent depuis de puissants points d'appui, clouant ainsi

10. *Ligne de Front*, hors-série n° 16, *op. cit.*

sur place les paras qui touchent le sol. Ces derniers ne peuvent même pas se saisir de leurs armes principales dans les containers et doivent lutter uniquement à la grenade et au pistolet. Malgré cette situation périlleuse, les paras japonais parviennent à détruire les retranchements ennemis les uns après les autres. Ils peuvent ensuite récupérer les containers largués avec les armes. Ils quittent ensuite la zone des pistes et capturent une automitrailleuse hollandaise. Une seconde se présente mais est rapidement détruite, tandis que la troisième prend la fuite.

À midi, la totalité de l'aérodrome est sous le contrôle des paras commandos japonais. Ils se dirigent ensuite vers le second objectif, à savoir la base d'hydravions de Kakas, défendue par 150 soldats hollandais, une automitrailleuse et un canon antichar. Les paras luttent comme des lions et ont finalement raison de la garnison. La base est entièrement conquise par les Japonais à 14 h 50. Le détachement nippon, venu en hydravions, peut se poser sur le lac sept minutes plus tard. Les 22 aéroportés font ainsi leur jonction avec le gros des troupes parachutées.

La seconde vague est larguée le 12 janvier 1942, à 6 h 30, sur l'aérodrome de Langoan, dans le but de renforcer les forces déjà présentes. Les paras de la Marine impériale déplorent 20 tués et 32 blessés au combat contre 150 tués et 50 prisonniers hollandais.

La campagne militaire des Indes néerlandaises se poursuit, car le Japon entend mettre la main sur les importantes ressources pétrolières de la colonie. Cet objectif est confié aux paras commandos de la 1re brigade, qui doivent s'emparer de l'aérodrome de Palemberg et de deux raffineries proches de la ville sur l'île de Sumatra. Les troupes alliées sur place reposent sur 2 000 soldats hollandais, britanniques et australiens, sous les ordres du lieutenant-colonel néerlandais Vogelesang. La garnison alliée peut également compter sur son abondante artillerie, avec 8 canons de 75 mm disposés autour de la ville, 12 pièces de 94 mm et 12 canons de 40 mm pour la protection de l'aérodrome, 4 autres pièces de 94 mm et trois de 40 mm pour la défense des raffineries, sans oublier plusieurs automitrailleuses équipées chacune d'un canon de 37 mm. À l'opération aéroportée proprement dite, le commandement japonais décide d'y associer un débarquement mené par le 229e régiment de la 38e division d'infanterie.

Le 14 février 1942, 339 paras commandos du 2e régiment de la 1re brigade aéroportée japonaise embarquent à bord de 27 bombardiers de l'aérodrome de Sungai Petani en Malaisie. À 11 h 26, ils sautent près de l'aérodrome de Palemberg. Mais du fait d'importantes forêts, ils éprouvent les pires difficultés à se regrouper et à récupérer leurs armes se trouvant dans divers containers. Des petits groupes arrivent cependant à s'approcher des abords de l'aérodrome et tirent sur les défenseurs qui ripostent immédiatement. Le lieutenant japonais Okumoto s'illustre particulièrement avec quatre parachutistes. Lors d'une embuscade au pistolet et à la grenade, ils détruisent quatre camions et capturent 150 soldats alliés et une automitrailleuse. Bien que blessé dans cette action audacieuse, Okumoto réutilise l'automitrailleuse et établit la liaison avec les autres parachutistes. Vers 13 h 30, il rejoint le commandant Komura, qui n'a réussi à regrouper que 10 paras. Cette petite troupe est bientôt renforcée par les lieutenants Mitsuya, Ooki et 24 autres paras. Komura ordonne de s'emparer des bâtiments de l'aérodrome. Ooki, avec l'automitrailleuse capturée et 20 paras, se poste au nord du terrain. Les 300 défenseurs alliés opposent d'abord une résistance tenace. Mais harcelés de tous côtés par l'extraordinaire mobilité des paras nippons, les Alliés se dispersent finalement dans la jungle. Les paras japonais peuvent alors s'emparer des bâtiments de l'aérodrome vers 18 h 20. Le regroupement des isolés se poursuit jusqu'à 21 heures. Kume, le commandant de la 1re brigade parachutiste commando, est absent suite à un accident sans gravité de l'appareil le transportant.

Durant ce temps, une vague de paras commandos nippons est larguée à 11 h 30 du côté des raffineries de pétrole. Les containers d'armes, tombés dans des marécages, sont difficiles à récupérer. Malgré ce handicap de taille, le lieutenant Tokunaga et six paras, armés seulement de grenades et de pistolets, s'emparent d'un retranchement ennemi, lors d'un assaut furibond. Ce petit groupe de braves progresse ensuite vers le centre de la raffinerie Ouest lorsque 60 soldats alliés, pourvus d'armes automatiques, ouvrent le feu. Rejoint par des isolés, Tokunaga ordonne à une partie de ses paras de fixer les défenseurs pendant que l'autre partie sécurise les installations. À 13 h 30, malgré l'écrasante supériorité numérique des soldats alliés, Tokunaga fait hisser le drapeau du Soleil levant en guise de victoire. Les Alliés, vexés par cette défaite, montent une puissante contre-attaque qui dégénère en un terrible corps à corps. Mais les paras commandos nippons, rompus à ce type de combat, prennent le contrôle total de la raffinerie Ouest. À la raffinerie Est, le lieutenant japonais Hasebe est tué à la tête de ses hommes en progressant le long d'une route battue par les tirs alliés. Les survivants de ce détachement se replient et attendent la nuit pour attaquer à nouveau. Mais les Alliés, démoralisés par le mordant des troupes nippones, abandonnent la position à la faveur de l'obscurité, après avoir cependant déclenché les dispositifs de destruction à retardement des installations pétrolières. À 6 heures, le 15 février 1942, les explosions endommagent 80 % de la raffinerie Est.

Le même jour, à 13 heures, 90 paras commandos japonais sont largués sur l'aérodrome, afin de renforcer l'ensemble du dispositif offensif. Kume ordonne à la section Adachi d'effectuer une reconnaissance sur Palembang, afin de déterminer le potentiel défensif des forces alliées. À 17 h 30, le lieutenant Adachi rend compte que la ville n'est pas défendue. Les paras de cette seconde vague aéroportée occupent ensuite l'ensemble et établissent la jonction avec ceux qui ont conquis les raffineries. Durant la nuit du 15 au 16 février, des barges de débarquement amènent les premiers éléments du 229e RI, afin de relever les paras.

L'opération sur Palembang est un succès complet. Le 2e régiment de paras commandos revendique la capture de 1 080 soldats alliés, dont 530 sur l'aérodrome et 550 dans les raffineries, sans oublier plusieurs centaines de tués. Les paras japonais déplorent seulement 29 tués et 48 blessés dans leurs propres rangs ! Une fois de plus, l'audace, le mordant, la mobilité et la surprise ont payé contre des troupes pourtant plus nombreuses : 429 paras commandos nippons légèrement armés, en comptant ceux de la seconde vague, ont eu raison d'une garnison alliée de 2 000 soldats, soutenus par une puissante artillerie.

Quelques jours seulement après le retentissant succès de Palembang, une troisième opération commando aéroportée est déclenchée sur une possession des Indes néerlandaises, en l'occurrence la partie occidentale du Timor. Les paras commandos japonais doivent s'emparer de l'aérodrome de Penfui, défendu par 600 soldats hollandais et 400 soldats australiens. Près de 4 600 paras nippons de la marine et de l'armée de terre sont engagés dans cette opération. Du 20 au 22 février 1942, les paras, largués cette fois en dehors de la zone directe de l'objectif finale, progressent rapidement dans la jungle et s'emparent de l'aérodrome le lendemain. Près d'un millier de soldats alliés sont capturés, pour la perte limitée de 36 tués et 34 blessés dans les rangs japonais !

Les valeureux parachutistes soviétiques

Durant l'entre-deux-guerres, les principales puissances militaires développent des troupes aéroportées, appelées à mener des opérations commandos.

En Union soviétique, sous l'impulsion du général Toukhatchevski, devenu commandant du district de Leningrad, un bataillon de parachutistes est formé dès 1929. Le 2 août 1930, au cours d'un exercice militaire, deux groupes de parachutistes soviétiques sont largués, depuis un gigantesque bombardier Polikarpov R1, à des altitudes comprises entre 500 et 300 mètres, dans un vaste champ, près de la ville de Voroneje, afin de prendre par surprise le poste de commandement d'un corps d'armée.

> « L'opération, qui marque très officiellement la naissance des troupes aéroportées soviétiques, est couronnée de succès, d'autant que, pour la première fois, des armes et munitions sont également parachutées à la suite des hommes [...]. Au 1er janvier 1934, la force aéroportée soviétique est incontestablement la première au monde, puisqu'elle regroupe près de 10000 hommes[11]. »

En 1938, les troupes aéroportées soviétiques poursuivent leur développement, avec la constitution de 6 brigades de 3000 hommes chacune. En mars et avril 1941, 5 corps aéroportés sont créés, sur la base de 6 brigades et 11 divisions, dont l'ensemble représente 60000 hommes.

Juin 1941, l'armée allemande déclenche sa vaste offensive sur le front de l'Est contre l'armée soviétique. Les corps aéroportés russes implantés dans la Baltique, en Biélorussie et en Ukraine subissent des pertes considérables dès les premiers jours de l'invasion, tandis que les attaques systématiques des aérodromes par l'aviation allemande provoquent la destruction de 80 % des appareils TB-3, destinés au largage des parachutistes.

Devant la progression foudroyante des troupes hitlériennes, les forces aéroportées soviétiques sont surtout utilisées comme infanterie d'élite au profit des unités au sol. Cependant, quelques rares opérations limitées de diversion et de sabotage ont lieu aux environs de Kiev, d'Odessa et de la péninsule de Kertch. Ainsi, certains détachements commandos sont-ils parachutés en arrière des lignes ennemies, afin de renforcer et de coordonner les premiers groupes de partisans dès juillet 1941.

Au cours de l'été 1941, certaines unités parachutistes de l'Armée rouge perdent près de 90 % de leurs effectifs. Malgré cette hécatombe,

---

11. Paul Villatoux, in *Ligne de Front*, hors-série n° 15, avril-mai 2012, « Les paras de la Seconde Guerre mondiale », t. I : *Les Alliés*.

le commandement décide en septembre 1941 de porter le nombre de corps aéroportés à dix, grâce à l'apport important de nouvelles recrues. Les missions sont redéfinies par le règlement du 29 août 1941, précisant :

> « Les parachutistes de l'Armée rouge ont pour tâche d'agir en liaison avec les forces terrestres pour encercler et détruire les troupes adverses, de désorganiser le commandement et les arrières de l'ennemi, de prendre le contrôle et de sécuriser les points sensibles (aérodromes, nœuds routiers, zones stratégiques) sur les arrières ennemis, de soutenir les opérations amphibies par le contrôle des zones côtières[12]. »

À la fin de l'année 1941, le général Joukov décide de lancer une première opération commando aéroportée, visant à désorganiser les troupes allemandes au nord de Moscou, dans la région de Kline et Kalinine. Dans la nuit du 14 au 15 décembre, 415 paras commandos de la 214e brigade aéroportée sont largués avec pour mission de détruire les ponts, les nœuds routiers et la ligne de chemin de fer, afin de semer la confusion chez l'adversaire. Le succès total de ce raid incite Joukov à renouveler l'expérience, cette fois pour couper la voie de ravitaillement entre Viazma et Smolensk, axe de communication vital pour la IVe armée allemande. Dans la nuit du 2 au 3 janvier 1942, 416 paras commandos de la 201e brigade aéroportée sautent près de la localité de Meydin, à 150 kilomètres au sud-ouest de Moscou, afin de prendre d'assaut l'aérodrome de Bolsnoïe-Fatyenovo, où doit atterrir un bataillon du 250e régiment de fusiliers. Cependant, les conditions atmosphériques et l'abondance de la neige empêchent un tel atterrissage. Les paras commandos sont contraints de se disperser. Ils accomplissent cependant des sabotages et des raids meurtriers sur les arrières de l'ennemi par la multiplication des embuscades. Une opération similaire est menée le 18 janvier, avec un largage de 642 paras commandos près de Znamenka et Zhelanie, suivi du transport aérien de 1 643 fusiliers. Soutenus par des groupes de partisans, les paras et les fusiliers luttent avec bravoure durant cinquante jours de manière éparpillée, en menant des actions de harcèlement sur les colonnes allemandes de ravitaillement. De nombreux véhicules ennemis sont détruits.

12. Archives militaires russes, Moscou.

Le 27 janvier 1942, sur le front de Viazma-Smolensk, 2 100 paras commandos du 4e corps aéroporté sont largués avec 120 mitrailleuses, 72 armes antichars et 20 mortiers de 82 mm. La moitié de cette importante troupe parvient à se regrouper pour mener des actions commandos avec des groupes de partisans sur les arrières de l'ennemi. Ce succès pousse le commandement soviétique à planifier un nouvel assaut aéroporté avec 7 300 paras commandos des 9e et 214e brigades aéroportées, largués entre le 17 et le 23 février 1942 près des villages de Lugi et de Velikopolie. Avec l'aide des partisans, des zones d'atterrissage sont sécurisées, permettant ainsi de recevoir 500 containers d'armes et de ravitaillement. Les sabotages et les embuscades causent de lourdes pertes sur les arrières de la IVe armée allemande, obligeant même cette dernière à se replier sur la ligne Ressa-Ugra.

Entre le 4 et le 8 mars 1942, un bataillon de la 204e brigade aéroportée est engagé à Yelna, afin de mener une guérilla meurtrière sur les arrières de l'ennemi. Un autre bataillon de la 23e brigade aéroportée est déployé dans la région de Svintsovo, entre le 16 et le 18 avril, avec une mission identique de harcèlement. Les 29 et 30 mai 1942, 4 000 paras commandos des 23e et 211e brigades aéroportées sont déposés à 10 kilomètres au sud de Dorogobouj pour couvrir le repli du 1er corps de cavalerie du général Belov. Cette opération est également un succès tactique, puisque les paras commandos bloquent la progression de 2 Panzerdivisions, lors d'embuscades exécutées avec un immense sang-froid. Certains paras soviétiques attaquent les chars allemands avec des bouteilles enflammées (cocktails Molotov).

Ces combats acharnés des troupes aéroportées soviétiques, durant l'hiver 1941-1942 et le printemps 1942, permettent la mise hors de combat de 15 000 soldats allemands, la destruction de plusieurs centaines de blindés ennemis et la libération de 200 villages.

Entre septembre 1942 et février 1943, 20 nouvelles brigades aéroportées soviétiques voient le jour, composées pour chacune de 3 345 paras commandos, 6 canons de 76,2 mm, 8 canons antichars de 45 mm, 28 canons antiaériens de 37 mm, 24 mitrailleuses et 36 fusils-mitrailleurs largués par containers. Chaque parachutiste emporte avec lui un pistolet-mitrailleur, cinq grenades, un poignard, une boussole, une lampe torche, de la nourriture pour deux jours. Durant l'été 1943, ces brigades parachutistes intègrent les 2e, 3e, 4e et 9e divisions aéroportées qui jouent un rôle déterminant lors de la bataille de Koursk, où les Panzerdivisions sont repoussées à Maloarkhangelsk, Ponyri et Oktiabrski. « Ces combats héroïques, écrit Paul Villatoux, finissent de consacrer le statut de fantassins d'élite des parachutistes[13]. »

Le 24 septembre 1943, afin de renforcer les têtes de pont sur le Dniepr, 4 575 paras commandos des 3e et 5e brigades aéroportées et 666 containers sont largués. Les défenses antiaériennes allemandes, plus importantes que prévu, causent la dispersion des parachutages. Les paras sont rapidement submergés par les *Panzers*, mais certains groupes parviennent cependant à mener une intense guérilla durant une semaine. Les rares survivants rallient ensuite des groupes de partisans.

À la suite de cet échec, le commandement soviétique décide d'abandonner les opérations aéroportées de grande envergure. Dès lors, les brigades parachutistes sont reconverties en formations d'infanterie d'élite pour le restant du conflit et s'illustrent sur divers champs de bataille, à Korsun, Ouman, Iasi, Debrecen, Vienne, Berlin et Prague en 1944-1945. Des petits commandos sont parachutés en Pologne, en Yougoslavie, en Hongrie, en Autriche, en Bohème-Moravie et en Slovaquie, afin d'infiltrer les organisations de résistance et de préparer un terrain favorable à l'influence soviétique dans ces zones. D'autre part, entre le 18 et le 24 août 1945, plusieurs compagnies, fortes chacune de 250 paras commandos, sont aérotransportées pour s'emparer des principaux terrains d'aviation de Mandchourie et désarmer les garnisons japonaises. Des opérations du même ordre sont conduites dans le nord de la Corée et dans l'île de Sakhaline, entre le 23 et le 25 août 1945.

Les commandos parachutistes soviétiques ont ainsi combattu avec un indéniable courage et une réelle efficacité durant le second conflit mondial, comme en témoigne le titre envié et rare de héros de l'URSS attribué à 126 d'entre eux.

---

13. *Ligne de Front*, hors-série n° 15, *op. cit.*

9

Franco a-t-il fait perdre la guerre à Hitler et à Mussolini en Méditerranée ?

Souvent injustement considéré comme un allié des nazis durant la Seconde Guerre mondiale, Francisco Franco, chef de l'Espagne, a pourtant refusé de s'engager militairement contre les Alliés, même si une division espagnole a lutté contre l'armée soviétique sur le front russe. On ignore souvent que sa non-intervention contre les Britanniques en Méditerranée a joué un rôle important dans la défaite de l'Axe.

Une Espagne affaiblie par la guerre civile

La fin de la guerre civile, en mars 1939, laisse l'Espagne exsangue, avec 600 000 morts militaires et civils. Franco a bénéficié de l'aide considérable de l'Italie et de l'Allemagne, en hommes et en armement, dans sa lutte victorieuse contre les troupes républicaines espagnoles, soutenues par la Russie soviétique.

L'armée espagnole à l'été 1940 représente une force qui ne peut s'engager dans un conflit de longue durée aux côtés des puissances de l'Axe. Franco, général de carrière, en est parfaitement conscient. Il ne peut aligner que 27 divisions, disposant souvent d'un matériel obsolète, comme des chenillettes italiennes L3, des chars légers *Panzer* I allemands et des T26B soviétiques (pris aux troupes républicaines). L'aviation n'est guère mieux lotie avec des avions dépassés, comme les chasseurs Fiat CR32 italiens. Dans l'hypothèse où l'Espagne aurait lutté aux côtés des troupes allemandes et italiennes en Méditerranée et en Afrique du Nord, elle aurait pu déployer l'équivalent de 50 divisions (en comptant les réserves), principalement d'infanterie. Mais ce chiffre, en apparence important, ne doit pas faire illusion. Le manque criant de matériel moderne fait que l'armée espagnole n'est pas réellement opérationnelle, malgré la vaillance réputée de son infanterie.

Le général espagnol Martinez Campo déclare en mai 1940 :

> « L'Espagne, après une guerre d'usure de trois ans, est trop faible pour intervenir, d'un côté comme de l'autre, et il est important, à tout prix, d'être neutre. L'armée manque de moyens blindés, d'artillerie antichar ou antiaérienne. La mobilisation rapide ne serait pas possible et les matières premières nécessaires feraient défaut, en particulier le carburant. D'autant que les flottes britanniques et françaises peuvent bloquer nos approvisionnements en tous genres, venant en grande partie des Amériques. Notre marine, désuète et peu nombreuse, ne peut affronter avec efficacité les flottes alliées, même avec l'aide des marines italiennes et allemandes[1]. »

Rencontre diplomatique à Hendaye

La rencontre entre Hitler et Franco à Hendaye, le 23 octobre 1940, doit décider de l'entrée en guerre de l'Espagne aux côtés de l'Axe. Hitler dresse à Franco un tableau de sa vision du nouvel ordre européen, où l'Espagne aura toute sa place, sans cependant approuver les exigences territoriales franquistes, portant sur l'annexion du Maroc sous protectorat français et l'occupation du Roussillon. Ces demandes territoriales espagnoles sont, pour Hitler, impossibles à accepter, car il ne veut surtout pas dresser le maréchal Pétain contre lui. Il entend en effet s'entendre avec le régime de Vichy pour en tirer

1. Archives militaires espagnoles, Madrid. Lire également : Yann Mahé et Ivan Lopez, « L'Espagne en guerre, de la guerre civile au front de l'Est », *Ligne de Front* n° 43, juillet-août 2021, éditions Caraktère.

des avantages économiques substantiels, et surtout bénéficier stratégiquement de la non-intervention du puissant empire colonial français aux côtés des Britanniques. De plus, il ne peut accorder à Franco ce qu'il a refusé à Mussolini, un allié militairement plus puissant. Hitler entend cependant bénéficier de l'aide militaire espagnole dans la conquête de la base hautement stratégique de Gibraltar, opération militaire programmée le 10 janvier 1941 sous le nom de code Felix, avec des unités allemandes.

Néanmoins, parfaitement conscient de la situation stratégique du moment, Franco exige une aide économique et militaire considérable du IIIe Reich qu'il sait pertinemment que Hitler ne pourra pas lui fournir : la livraison de plusieurs centaines de chars et d'avions modernes, de 100 000 tonnes de blé. Il souligne également que la Grande-Bretagne n'est pas vaincue et qu'elle résiste ardemment avec son puissant empire colonial, et qu'une intervention militaire américaine n'est pas à exclure dans le futur. Il sait qu'un engagement aux côtés de l'Allemagne mettra fin à son approvisionnement vital venant du Canada et d'autres États des Amériques.

Franco est informé par des officiers militaires allemands, dont l'amiral Wilhelm Canaris, en partie responsable du renseignement du IIIe Reich, que l'Allemagne ne pourra résister longtemps à un conflit contre l'empire britannique et les États-Unis, surtout si Hitler envisage en plus d'attaquer la Russie soviétique. La longue liste des demandes de Franco à Hitler permet à l'Espagne de rester neutre, sans entraîner l'invasion du pays par la Wehrmacht. Cherchant cependant à ménager son partenaire allemand, Franco accepte d'engager une division espagnole dans la lutte contre le bolchevisme sur le front russe en août 1941, la célèbre division Azul, qui luttera avec héroïsme jusqu'en octobre 1943, date de son rapatriement. On estime que 45 000 volontaires espagnols ont combattu aux côtés des Allemands sur le front russe de 1941 à 1943, de manière échelonnée. La division Azul déplore 4 950 tués, 10 837 blessés et malades, sans oublier 372 prisonniers, soit au total 16 159 soldats hors de combat.

Opération Felix

Il est intéressant de se porter sur le déroulement programmé de l'opération *Felix*, qui vise à l'invasion de Gibraltar. Deux corps d'armée allemands doivent traverser les Pyrénées et atteindre le sud de l'Espagne, avec l'accord et le soutien militaire de Franco. L'assaut sur

Gibraltar serait mené par des troupes allemandes parachutistes et de montagne, précédées d'un bombardement intense de l'aviation et de l'artillerie.

Le 5 décembre 1940, suite à l'échec de sa rencontre avec Franco à Hendaye en octobre, Hitler convoque son haut commandement et demande que ses troupes puissent traverser l'Espagne, en envoyant à ce titre son émissaire, l'amiral Canaris, cet officier allemand qui dissuade secrètement Franco d'entrer en guerre... Le 10 janvier 1941, Canaris fait cependant savoir à Franco que Hitler demande le passage à travers le territoire espagnol des divisions allemandes devant s'emparer de Gibraltar, tout en promettant que les fournitures demandées à Hendaye seraient acheminées plus tard. Franco répond qu'il ne peut accepter cette demande tant que l'aide ne serait pas livrée, du fait de la situation alimentaire difficile de l'Espagne ; elle dépend de la bonne volonté de la Grande-Bretagne pour les expéditions de blé, dont la péninsule Ibérique a absolument besoin, en échange de sa neutralité. L'amiral Canaris, à son retour en Allemagne, rapporte que le général Franco lui a affirmé que l'Espagne ne pourrait entrer en guerre que lorsque la Grande-Bretagne serait au bord de l'effondrement. Hitler, portant déjà son regard contre la Russie soviétique, décide alors d'annuler l'opération Felix.

Un tournant de la Seconde Guerre mondiale

Le refus de Franco de s'engager dans la guerre contre l'empire britannique est lourd de nombreuses conséquences. En effet, si Hitler s'était emparé de la forteresse de Gibraltar et avait bénéficié du soutien des bases militaires du Maroc espagnol, le détroit hautement stratégique aurait été verrouillé, au détriment de la flotte britannique, qui n'aurait pu ravitailler en armes et en troupes ses forces militaires en Égypte. Les troupes allemandes et italiennes se seraient alors emparées de l'Égypte et du canal de Suez, mettant fin à la présence militaire britannique en Méditerranée. Les troupes de l'Axe auraient alors pu s'emparer du pétrole irakien et du Moyen-Orient, tendre les bras aux troupes allemandes fonçant durant l'été 1942 vers le Caucase. Les Américains n'auraient pas pu débarquer en Algérie et au Maroc en novembre 1942. La guerre aurait été gagnée en Méditerranée par Hitler et Mussolini. D'autant que la conquête de Gibraltar par les troupes allemandes, avec l'aide espagnole, aurait été une opération facilement réalisable. La majorité de l'artillerie britannique défendant cette forteresse n'était pas sous casemate bétonnée, mais à l'air libre, donc totalement vulnérable aux attaques aériennes de la Luftwaffe. D'autre part, la garnison britannique n'était pas assez nombreuse pour repousser une puissante offensive de la Wehrmacht, qui aurait pu aligner des effectifs nettement supérieurs en nombre et en moyens.

En refusant de s'engager dans le conflit aux côtés des Allemands et des Italiens, Franco a bel et bien rendu un inestimable service aux Alliés occidentaux en Méditerranée. Il y avait dans son entourage deux attitudes antagonistes : celle de certains phalangistes, les plus extrémistes, qui voulaient entrer en guerre aux côtés des puissances de l'Axe ; et celle des responsables militaires et des catholiques qui souhaitaient la neutralité – voyant en outre d'un mauvais œil le paganisme d'une partie du régime hitlérien. Cette seconde attitude fut défendue par l'homme de confiance de Franco, Luis Carrero Blanco. Ce dernier, depuis toujours hostile au nazisme, finit par convaincre le Caudillo.

Cependant, en annulant la conquête de la forteresse de Gibraltar, Hitler a perdu l'occasion de porter un coup mortel à la puissance militaire britannique en Méditerranée. Franco a joué un rôle souvent méconnu dans cette affaire, qui a bénéficié aux Alliés occidentaux dont il dépendait économiquement.

10

L'opération militaire italienne en Grèce a-t-elle été un désastre stratégique pour l'Axe ?

Depuis la fin de la Seconde Guerre mondiale, on nous raconte que l'offensive militaire italienne contre la Grèce en octobre 1940 a causé la perte de l'Allemagne. Elle aurait contraint Hitler à faire intervenir ses troupes dans les Balkans en avril 1941, afin de soutenir son allié italien en difficulté, forçant ainsi le commandement allemand à reporter son attaque contre la Russie soviétique à la fin juin 1941, alors qu'elle était programmée pour début mai. Ce retard aurait empêché la Wehrmacht de s'emparer de Moscou avant l'arrivée de l'hiver ; les *Panzers* auraient été bloqués par le froid et la neige à quelques kilomètres de la capitale soviétique. Or tout cela ne repose sur aucune réalité. Les causes de l'échec allemand devant Moscou ne sont pas aussi simplistes.

Les événements ignorés de la guerre italo-grecque

L'historiographie anglo-américaine présente ce conflit comme une totale déconfiture de l'armée italienne, soi-disant en surnombre et très bien armée, contre un adversaire grec peu nombreux et sous-équipé. Or il n'en est rien.

Bien que le régime politique de la Grèce soit proche de celui de l'Italie fasciste, le gouvernement d'Athènes conserve toute sa sympathie à l'égard de la Grande-Bretagne, allant jusqu'à accorder aux navires de la *Royal Navy* l'ouverture de ses ports, ce qui irrite profondément Mussolini, en guerre contre Churchill. Ce même Mussolini qui ne supporte pas la mainmise allemande sur la Roumanie latine, qu'il considère comme faisant partie de sa « chasse gardée ». Pour rendre la monnaie de sa pièce au *Führer*, il décide alors d'envahir la Grèce, afin de s'emparer des ports stratégiques du pays et de contrebalancer l'influence allemande grandissante dans les Balkans.

Depuis avril 1939, l'Italie occupe l'Albanie, pays frontalier de la Grèce, et peut donc déclencher une offensive contre Athènes. Mussolini, très sûr de lui, pense vaincre la Grèce en quelques semaines. Une partie de son commandement militaire lui déconseille cependant d'attaquer fin octobre, du fait du mauvais temps et du terrain montagneux, très favorable défensivement à l'armée grecque. De plus, on l'informe que l'armée grecque est plus puissante que les apparences trompeuses ne le laissent paraître. Si l'on compte seulement 30 000 soldats grecs en premier échelon à la frontière albanaise, la totalité des troupes rapidement disponibles atteint 300 000 hommes, alors que l'armée italienne présente en Albanie ne dépasse pas 110 000 hommes, soit grosso modo un rapport des forces en présence de 3 contre 1 en faveur de la Grèce. Le mauvais temps paralyse au sol les 400 avions italiens opposés aux 200 avions grecs. Ils ne peuvent donc soutenir efficacement les troupes italiennes. Les montagnes à la frontière greco-albanaise, culminant entre 1 200 et 2 700 mètres d'altitude, rendent très difficile la progression des troupes italiennes. Fait aggravant, l'intervention prévue de l'armée bulgare aux côtés des Italiens n'aura pas lieu.

Chaque division grecque aligne trois régiments d'infanterie contre deux seulement dans les rangs de sa rivale italienne. L'armement de l'infanterie grecque est du même niveau qualitatif et quantitatif que celui d'en face. L'armée italienne aligne certes plus de véhicules à moteur, mais sur un front montagneux la motorisation n'offre aucun avantage crucial. Les chars italiens se limitent à des chenillettes L3 faiblement blindées, très vulnérables à l'artillerie adverse et armées seulement d'une ou deux mitrailleuses chacune : de véritables cercueils roulants !

Le 4 novembre 1940, soit une semaine après le début de l'offensive italienne, on dénombre 48 bataillons italiens opposés à 115 bataillons grecs. Le 14 novembre, 24 bataillons italiens affrontent

63 bataillons grecs. Le 1er janvier 1941, 96 bataillons italiens luttent contre 116 bataillons grecs. Il faut attendre le début du mois de mars 1941 pour que le rapport des forces en présence s'inverse en faveur des Italiens: 156 contre 135, soit 560 000 soldats italiens contre 540 000 soldats grecs, sur un front montagneux de 250 kilomètres. Ainsi, d'octobre 1940 à février 1941, l'armée italienne s'est-elle trouvée en infériorité numérique contre l'adversaire grec. Durant la seule bataille de Tepeleni, en février 1941, 32 bataillons italiens ont combattu 72 bataillons grecs. La faiblesse des ports albanais ne permet qu'une arrivée lente et progressive des renforts italiens.

Sous la neige et un froid qui atteint les -20 °C, les troupes italiennes et grecques, mal équipées, souffrent le martyre. Les membres gelés se comptent par plusieurs dizaines de milliers. La division d'*alpini* Julia, forte de 9 000 hommes fin octobre 1940, n'aligne plus que 1 500 soldats valides le 25 janvier 1941! Le bataillon alpin Cividale est réduit à 72 survivants sur 1 200 hommes!

L'offensive italienne de la fin octobre 1940, bien que menée sous une pluie diluvienne puis sous une neige abondante, sous un froid terrible et dans les pires conditions topographiques, avec des effectifs trois fois inférieurs en nombre que ceux de l'adversaire, progresse néanmoins de 40 kilomètres en terre grecque, avec la division Julia en pointe. La non-intervention de l'armée bulgare, qui devait fixer les renforts grecs, permet au commandement grec de lancer une puissante contre-offensive courant novembre, refoulant l'armée italienne 40 kilomètres en arrière, en Albanie. Une terrible guerre en montagne, où la ligne de front ne bouge guère, se déroule à environ 1 500 mètres d'altitude, sous -20 °C. Les assauts et les contre-attaques dans les deux camps sont contenus et repoussés. Certains sommets changent d'occupant cinq à dix fois en une seule journée. Des bataillons perdent 80 % de leurs effectifs initiaux en quelques jours. Les troupes grecques et italiennes rivalisent de bravoure.

La presse britannique, italophobe par nature, ironise sur la déconfiture de Mussolini contre la Grèce, mais « oublie » de signaler l'infériorité numérique des troupes italiennes durant plusieurs mois et les conditions particulières de cette guerre en montagne, sous un froid terrible qui décime la troupe.

Les véritables raisons de l'intervention allemande dans les Balkans

On avance souvent que la principale raison de l'intervention militaire allemande en avril 1941 dans les Balkans est directement liée à la « défaite » italienne sur le front albano-grec. Or, dès la fin novembre 1940, l'armée italienne parvient à contenir les offensives grecques et lance même une contre-offensive courant mars 1941 qui, si elle ne parvient pas à enfoncer les lignes adverses, permet cependant de fixer 16 des 21 divisions grecques. La Wehrmacht affronte donc en avril 1941 seulement 5 divisions grecques, pendant que l'armée italienne en fixe trois fois plus, permettant un succès rapide pour Hitler dans les Balkans.

De plus, au cours de la même période d'avril 1941, les troupes italiennes lancent une puissante offensive qui repousse les 16 divisions grecques jusqu'à la frontière grecque, entraînant leur capitulation. Ainsi, la part italienne dans la défaite de la Grèce, souvent méprisée et ignorée, est tout simplement décisive.

De même, l'armée italienne participe activement à l'invasion de la Yougoslavie, aux côtés des troupes allemandes et hongroises, avec l'engagement d'une vingtaine de divisions qui s'emparent de la Dalmatie après de durs combats.

Les véritables raisons de l'intervention militaire allemande dans les Balkans en avril 1941 ne sont donc pas liées à un prétendu désastre militaire italien contre la Grèce, mais à la nécessité d'occuper la Yougoslavie, favorable à Churchill et pouvant à tout moment basculer dans le camp des Alliés. Avant l'invasion de l'Union soviétique, Hitler peut-il se permettre de laisser les Balkans, plutôt anglophiles, à la portée des troupes britanniques ? Bien sûr que non ! Avant d'attaquer Staline, Hitler doit absolument sécuriser cette zone hautement stratégique, donnant sur la Méditerranée, et frontalière ou proche de ses alliés roumains, bulgares et hongrois.

D'autant que l'occupation de la Grèce et de la Yougoslavie qui va suivre nécessite principalement la présence de troupes italiennes, libérant ainsi les forces allemandes pour le front russe. De mai 1941 à septembre 1943, une trentaine de divisions italiennes occupent les Balkans, la présence allemande se limitant à deux ou cinq divisions.

De plus, la guerre italo-grecque en Albanie (octobre 1940-avril 1941) contraint la Grande-Bretagne à détourner 2 divisions et 2 brigades (initialement prévues pour chasser les Italiens de Libye), afin de soutenir l'armée grecque contre les Italiens. Ces forces britanniques vont cruellement manquer durant la contre-offensive germano-italienne en Libye, en février-mars 1941, refoulant l'adversaire jusqu'à la frontière égyptienne.

Les motifs réels du report allemand de l'offensive contre la Russie soviétique

L'offensive allemande dans les Balkans en avril 1941 n'est pas la cause du report de l'invasion de l'Union soviétique. Pour conquérir la Yougoslavie et la Grèce, avec l'aide précieuse de l'Italie, Hitler engage seulement une vingtaine de divisions en première ligne. L'opération ne dure que trois semaines et permet la sécurisation complète des Balkans par la présence principale d'une trentaine de divisions italiennes.

L'invasion de l'Union soviétique, initialement prévue début mai, ne peut débuter que fin juin 1941, en raison de pluies diluviennes et du dégel, qui rendent impraticable le terrain où doivent se dérouler les combats contre l'Armée rouge. Il faut attendre plus d'un mois pour que le sol, transformé en bourbier, redevienne praticable pour les troupes allemandes, et notamment les *Panzers* et autres véhicules à moteur.

De plus, la logistique allemande prend du retard pour engager à temps les divisions nécessaires à cette vaste opération sur plusieurs milliers de kilomètres de front. Le réseau ferroviaire est rapidement saturé et les véhicules à moteur insuffisants pour permettre le déclenchement de l'offensive en mai 1941. Plusieurs centaines de milliers de soldats allemands, alors présents en France, en Belgique et en Hollande, doivent traverser toute l'Allemagne pour atteindre les frontières à l'est de l'Europe. Cela demande beaucoup plus de temps que prévu.

Une puissance militaire soviétique sous-estimée

Aveuglés par leurs rapides succès militaires en Pologne, en Belgique, en Hollande, au Luxembourg, en France, en Yougoslavie et en Grèce, les principaux chefs militaires allemands sont persuadés de terrasser l'armée soviétique avant l'hiver 1941, soit au plus tard en octobre. Ils sous-estiment le nombre réel des divisions russes à 180 divisions, alors que Staline peut en aligner, avec les renforts, trois fois plus ! Le racisme hitlérien juge les Slaves comme des sous-hommes, inaptes à la guerre moderne contre les *Panzers*. La profondeur stratégique du territoire soviétique est également mal évaluée et le régime soviétique jugé peu solide, facilement friable au moindre choc venant du nazisme et d'une race germanique prétendue « supérieure ».

De plus, lors de cette vaste offensive de l'été 1941, Hitler perd du temps à réduire les poches soviétiques de résistance, au lieu de progresser plus en profondeur, et disperse ses forces en offensives inutiles, parfois plus idéologiques que stratégiques, au lieu de les concentrer sur des objectifs vitaux pour empêcher le rétablissement en profondeur de l'adversaire.

Jean Lopez écrit avec justesse :

> « Les chefs allemands ont commis plusieurs erreurs qui les conduisent à l'échec final. Ils ont sous-estimé les moyens humains et matériels de leur adversaire à un point incroyable : ils s'attendaient à trouver 200 divisions, il y en aura 500. Les hypothèses sur lesquelles ils ont modelé leur appareil logistique sont bien trop optimistes : dès septembre 1941, la troupe souffre de pénuries multiples qui accélèrent son usure. Surtout, les chefs militaires et politiques allemands ont tenu pour certain que le régime bolchevique s'effondrerait avec les défaites. Le nombre de prisonniers, de déserteurs, de transfuges en tous genres alimente leur attente de l'implosion politique. En vain. Le régime stalinien tient bon, son chef au premier rang. Une répression impitoyable des militaires et des diverses dissidences, réelles ou supposées, une mobilisation brutale de toute la population et de tous les moyens matériels, l'appel au patriotisme russe garantissent, au milieu du chaos des défaites, que l'Armée rouge continue, toujours et partout, de contre-attaquer, que les chemins de fer évacuent 1 000 usines stratégiques loin vers l'est, que du temps est gagné pour rameuter les réserves, apprendre de l'ennemi, remodeler les unités et les tactiques [...]. La surprise germanique ira *crescendo*, comme la découverte de matériels sans équivalent côté allemand (chars KV et T-34, bombardiers Sturmovik, lance-fusées) et une étonnante aptitude à mourir pour un régime honni[1]. »

1. Jean Lopez (dir.), *Infographie de la Seconde Guerre mondiale*, Perrin, 2018.

Le 22 juin 1941, l'Armée rouge aligne 213 divisions contre l'adversaire allemand, puis 360 divisions le 11 août 1941, et 580 le 31 décembre 1941. Durant la même période, sur les 205 divisions allemandes disponibles, 133 sont destinées à l'invasion de l'Union soviétique et 20 autres sont en réserve. Les divisions restantes sont réparties ainsi : 38 à l'Ouest, 12 en Norvège et 2 en Afrique du Nord. La Wehrmacht peut également compter, contre l'armée soviétique, sur 16 divisions finlandaises, 14 divisions roumaines, 3 divisions italiennes, 2 divisions hongroises et 2 divisions slovaques : soit au total 170 divisions de l'Axe contre l'Armée rouge, rapidement trois fois supérieure en nombre.

Mussolini et Hitler en désaccord sur l'attaque de la Russie soviétique

Le *Duce* déconseille à Hitler de s'engager dans une guerre contre la Russie soviétique, à cause de l'étendue du territoire et des importants moyens humains et militaires de ce pays. Il rencontre à plusieurs reprises son homologue allemand pour lui suggérer de conclure une paix honorable avec Staline, afin d'engager tous ses moyens militaires contre les Britanniques et les Américains. Le *Führer*, persuadé de la supériorité raciale des Germains sur les Slaves, n'a que faire des conseils de son allié italien.

En juin 1942, Mussolini prépare l'invasion de l'île de Malte, bastion stratégique britannique en Méditerranée ; or, Hitler et Rommel le poussent à annuler cette opération, pourtant nécessaire à la sécurisation des transports maritimes de l'Axe de l'Italie vers la Libye, et qui aurait pu entraver ceux des Alliés vers l'Égypte. Sans avoir reçu les renforts nécessaires pour conquérir l'Égypte, Rommel s'élance à la conquête du Caire, avec des forces insuffisantes, en partie décimées par les récents combats, allongeant dangereusement ses lignes de ravitaillement. Il n'écoute pas le commandement italien qui lui recommande, à juste titre, d'attendre l'arrivée des renforts nécessaires. Il se heurte finalement aux troupes britanniques à El Alamein, plus nombreuses et régulièrement renforcées par voie maritime. La conquête de l'île de Malte par les Italiens aurait fortement perturbé l'envoi des renforts britanniques, mais Hitler et Rommel, médiocres stratèges, s'y sont opposés avec vigueur.

Aussi bien sur le front russe qu'en Méditerranée et en Afrique du Nord, Hitler et son entourage politique et militaire sont les principaux responsables de la défaite du IIIe Reich : en faire porter la responsabilité à l'Italie relève de l'imposture la plus complète !

Persuadé de la supériorité raciale des Germains sur les Slaves, Hitler interdit à la presse allemande de dévoiler l'existence du remarquable char soviétique T34, car il est inexplicable, d'après les « théories » nazies, qu'un tel peuple de « sous-hommes » ait pu fabriquer et engager en masse un blindé aussi performant. Cette anecdote en dit long sur le sectarisme et l'aveuglement idéologique du chef du IIIe Reich.

11

Koursk : une défaite allemande ?

Depuis des décennies, on présente la bataille de Koursk comme un tournant de la guerre, une terrible défaite allemande, comparable à celle de Stalingrad. Or, les récentes recherches de divers historiens remettent à juste titre en cause cette thèse, venant en grande partie de la propagande stalinienne de l'après-guerre et souvent reprise par une historiographie occidentale partisane.

Une offensive à objectif limité

Au printemps 1943, le front soviétique reste le théâtre de guerre principal du IIIe Reich. Hitler estime par ailleurs que l'offensive est le meilleur moyen de contenir l'Armée rouge, toujours plus puissante. Il s'agit de conserver l'initiative des opérations, afin de prévenir et contrer les éventuelles attaques russes. Le commandement allemand, après bien des atermoiements, parvient finalement à convaincre Hitler que le saillant de Koursk représente l'objectif futur de la Wehrmacht.

L'opération s'étale sur un front d'environ 700 kilomètres, visant à réduire ce saillant, par une offensive au nord et au sud. On espère capturer plusieurs centaines de milliers de soldats soviétiques, dont l'industrie allemande aura le plus grand besoin. Si le saillant ne peut être réduit, il s'agit également de causer des pertes considérables à l'Armée rouge, avec l'entrée en ligne de nouveaux chars lourds et moyens allemands, comme les Tiger et les Panther, sans oublier les puissants chasseurs de chars Ferdinand, Hornisse et Marder. Ces blindés sont supérieurs en armement et en blindage à leurs principaux rivaux soviétiques. Le Tiger, de face, est notamment invulnérable, par son épais blindage, à tous les chars, canons antichars et automoteurs soviétiques du moment.

La puissante défense en profondeur de l'Armée rouge

Pour contenir l'offensive allemande, les Soviétiques établissent dans le saillant de Koursk l'un des plus puissants systèmes défensifs jamais réalisés au cours de la Seconde Guerre mondiale. La ville de Koursk est protégée par six puissantes lignes défensives sur 110 kilomètres de profondeur, comprenant 9 000 kilomètres de tranchées, autant de barbelés, un million de mines, plusieurs centaines de points d'appui antichars. Dans le saillant de Koursk et ses environs, l'armée soviétique aligne 1 900 000 soldats, 5 600 blindés et 3 000 autres en réserve, sans oublier 31 400 pièces d'artillerie. De plus, l'armée de l'air soviétique peut engager 3 600 avions.

Du côté allemand, on dénombre pour cette opération 780 000 soldats, 3 400 blindés (dont 147 Tiger et 198 Panther), 7 800 pièces d'artillerie et 1 800 avions. Les Soviétiques alignent donc le double de soldats, plus du double de chars, quatre fois plus d'artillerie et le double d'avions.

L'offensive allemande, initialement prévue en mai 1943, est reportée en juillet, car Hitler doit attendre la livraison des nouveaux tanks comme les Tiger et les Panther. Les Soviétiques profitent de ces deux mois de répit pour renforcer considérablement les défenses du saillant de Koursk, qui se transforme en une véritable forteresse.

Offensives allemandes et contre-attaques soviétiques

La première attaque allemande, au nord du saillant, progresse de 30 kilomètres dans les défenses soviétiques et s'épuise le 11 juillet, tandis que la seconde, au sud, pénètre de 50 kilomètres sans parvenir à rompre définitivement et doit être suspendue le 16 juillet. De plus, les troupes soviétiques contre-attaquent dès le

12 juillet vers Orel, le 17 juillet sur Mious et le Donetz. Prenant à revers l'offensive allemande du flanc sud du saillant de Koursk, les troupes soviétiques libèrent Kharkov le 23 août, mettant fin à la bataille de Koursk.

En apparence, il s'agit d'une victoire tactique sur le terrain de l'Armée rouge. Les deux attaques allemandes de juillet sont contenues et la contre-attaque soviétique au sud permet la libération de Kharkov, sans oublier au nord le succès offensif d'Orel. Cependant, ce succès soviétique permet aux Allemands de raccourcir le front ; malgré la perte de Kharkov, ils parviennent à établir un nouveau front, moins exposé, plus à l'ouest.

Des pertes soviétiques considérables

En réalité, Hitler et certains de ses généraux n'ont jamais cru que leurs troupes parviendraient à réduire le puissant saillant de Koursk. Pour eux, il s'agit de pousser l'armée soviétique à lancer des contre-attaques suicidaires, ce qui lui causerait des pertes considérables, dans un affrontement frontal où les chars allemands auront l'avantage technique, malgré le surnombre de l'adversaire. Ainsi que l'écrit Jean Lopez :

> « Sur le terrain, les Allemands continuent à damer le pion à leurs ennemis dans la coopération interarmes, les liaisons radio, la concentration des moyens, le niveau général de la formation et d'entraînement. Le haut commandement soviétique continue à sacrifier des masses d'hommes dans des attaques frontales au lieu de manœuvrer[1]. »

Alors que les troupes allemandes rencontrent une résistance acharnée de l'adversaire, et ne peuvent venir à bout des défenses établies en profondeur, le commandement soviétique, craignant une percée des Panzerdivisions, lance des contre-attaques suicidaires, entraînant une immense bataille de blindés. Les tanks allemands voient arriver devant eux des masses considérables de chars soviétiques : le massacre peut alors commencer !

1. Jean LOPEZ (dir.), *Infographie de la Seconde Guerre mondiale*, *op. cit.* Lire également, Roman TÖPPEL, *Koursk, 1943, la plus grande bataille de la Seconde Guerre mondiale*, Perrin, 2018.

Les Tiger, les Panther, les Panzer IV F, les Ferdinand, les Hornisse et les Marder II, dont les canons tirent plus loin que ceux de leurs adversaires, font une véritable hécatombe dans les rangs soviétiques. Les T34/76, les T60 et autres T70 russes, armés de canons moins puissants, doivent s'approcher de près pour inquiéter les « pachydermes allemands », s'exposant ainsi aux tirs de ces derniers. Les canons de 76,2 mm des T34 ne peuvent pas percer, même à 200 mètres de distance, le blindage avant des Tiger, alors que ces derniers peuvent détruire, avec leurs canons de 88 mm, tous les chars adverses du moment à 1 500 mètres de distance ! Il faut donc engager une dizaine de T34 pour venir à bout d'un Tiger – un T34 qui a pourtant surclassé tous les tanks allemands jusqu'en 1942 ; mais en 1943, avec l'arrivée des Tiger et des Panther, la supériorité technique a changé de camp, au bénéfice des Allemands. Il faudra attendre l'arrivée, à la fin de l'année 1943, du puissant T34/85 soviétique, armé d'un canon long de 85 mm, pour que les tanks soient de nouveau capables de rivaliser en puissance de feu et en blindage avec les Tiger et les Panther allemands. Mais durant la bataille de Koursk, le commandement soviétique doit se contenter du T34/76, impuissant à longue et moyenne distance contre les Tiger et les Panther.

Les pertes témoignent de l'ampleur du désastre du côté soviétique, au cours de cette bataille ! Les Allemands déplorent 1 200 blindés détruits (14,6 % des pertes totales des deux camps) contre 7 000 blindés soviétiques hors de combat (85,4 % des pertes) ! Les pertes soviétiques en blindés sont donc six fois supérieures à celles des Allemands ! De plus, si l'armée allemande compte 203 000 soldats hors de combat (tués, blessés ou disparus), soit 14,5 % des pertes des deux camps, l'armée soviétique déplore dans ses rangs 1 200 000 soldats hors de combat, soit 85,5 % des pertes ! Concernant les combats aériens, la Luftwaffe compte 650 avions détruits (17,8 % des pertes), contre 3 000 avions soviétiques descendus (82,2 % des pertes).

> « Les Soviétiques ont remporté à Koursk une victoire à la Pyrrhus. En hommes comme en matériel, leurs pertes sont colossales[2]. »

2. Jean Lopez (dir.), *Infographie de la Seconde Guerre mondiale*, *op. cit.*

Ainsi, la bataille de Koursk de l'été 1943 ne représente-t-elle en rien un désastre militaire pour le IIIe Reich. L'armée allemande inflige à l'adversaire soviétique des pertes six fois plus importantes en blindés, six fois plus importantes en hommes et presque sept fois plus importantes en avions.

Stalingrad, Bagration, des défaites autrement plus cinglantes que Koursk pour la Wehrmacht

Le saillant de Koursk n'est pas réduit par les Allemands, mais l'armée soviétique doit sacrifier beaucoup plus de troupes et de moyens pour contenir et repousser l'offensive ennemie. Ainsi, il ne s'agit en rien d'un désastre comparable à Stalingrad pour l'armée allemande.

Durant cette dernière (juillet 1942-février 1943), l'Axe déplore 324 000 soldats allemands hors de combat (tués, blessés, prisonniers), 197 120 soldats italiens, 120 000 soldats roumains et 117 000 soldats hongrois, soit au total 758 120 soldats. De son côté, l'armée soviétique compte 1 129 619 soldats hors de combat. Nous sommes donc loin de l'énorme écart entre les pertes des deux camps à Koursk : 203 000 soldats allemands et 1 200 000 soldats soviétiques.

Le renversement du sort de la guerre au bénéfice de l'armée soviétique s'est-il joué à Koursk ? Stalingrad, par l'ampleur des pertes de l'Axe, incarne davantage ce renversement. De même que l'opération Bagration, de l'été 1944, représente une victoire bien plus décisive pour l'Armée rouge que le demi-succès de Koursk. En effet, lors de cette gigantesque offensive soviétique, marquée par une progression de 600 km de l'Armée rouge et la mise hors de combat de 400 000 soldats allemands (tués, blessés, disparus, prisonniers), Staline voit ses troupes atteindre les frontières de la Prusse orientale et les portes de Varsovie en Pologne. C'est un vrai désastre militaire pour le IIIe Reich. Il est vrai qu'avec 3 955 chars soviétiques opposés à 495 chars allemands, 1 258 300 hommes contre 849 000, 30 000 canons contre 3 276, 4 000 avions contre 602, l'Armée rouge ne pouvait que remporter la mise lors de cette gigantesque opération. Cependant, les pertes soviétiques ne sont pas minces, avec 766 000 soldats hors de combat (tués, blessés, disparus). Mais nous sommes loin cette fois de l'énorme différence des pertes de Koursk.

Si la bataille de Koursk est une victoire militaire soviétique, elle n'a pas l'ampleur des désastres allemands de Stalingrad et de Bagration. Certains auteurs avancent même un demi-succès allemand à Koursk, en tenant compte de l'ampleur considérable des pertes soviétiques. Il est certain que plusieurs batailles de Koursk auraient saigné à blanc l'Armée rouge, malgré l'importance de ses réserves en hommes et en matériel.

12

Quelques vérités occultées sur l'armée américaine

On présente depuis des décennies l'armée américaine de la Seconde Guerre mondiale comme une force redoutable, ayant accumulé les succès sur le terrain. La réalité est moins brillante que la propagande « made in USA » a voulu nous faire croire, notamment à travers une foisonnante œuvre cinématographique qui accumule clichés et mensonges. Outre les revers américains en Tunisie en 1943 déjà présentés dans un précédent chapitre[1], l'armée américaine rencontre ailleurs les pires difficultés pour vaincre l'adversaire, malgré sa grande puissance de feu et son écrasante supériorité numérique.

En Normandie, en juin 1944, le commandement américain pense vaincre l'adversaire allemand en quinze jours. Or il lui faudra près de trois mois pour venir à bout de la résistance allemande, avec l'aide précieuse des troupes britanniques, canadiennes et des maquis français, sans oublier la 2e division blindée française du général Leclerc de Hauteclocque. Pourtant, les Alliés engagent au cours de cette bataille, de juin à août 1944, 1 925 000 soldats britanniques et canadiens, 1 527 000 soldats américains, soit 3 450 000 soldats alliés contre 880 000 soldats allemands, 10 000 blindés alliés contre

1. Cf. chapitre 6.

1 400 blindés allemands, 8 460 chasseurs et bombardiers alliés contre 425 avions allemands.

Si le débarquement du 6 juin 1944 est un succès, malgré la perte de 3 686 soldats américains (tués, blessés et disparus) à Omaha Beach, l'avance des semaines suivantes est d'une désespérante lenteur. Les Américains s'embourbent dans le bocage normand, les Anglo-Canadiens piétinent devant Caen. Bien que disposant d'une écrasante supériorité numérique et matérielle, les troupes alliées se montrent incapables de vaincre rapidement l'armée allemande, qui oppose une résistance acharnée.

De plus, la bataille de Normandie s'achève avec des pertes considérables chez les Alliés : 79 000 soldats anglais et canadiens sont hors de combat, ainsi que 117 000 soldats américains, soit 196 000 soldats alliés tués ou blessés, contre 140 000 soldats allemands ; 2 398 chars alliés sont détruits contre 1 200 du côté des Allemands, 1 300 avions alliés sont perdus contre moitié moins du côté de la Luftwaffe, luttant pourtant à un contre dix.

Le mythe Patton

Le général Patton, souvent présenté comme l'officier américain ayant joué un rôle décisif en Normandie, en tant que commandant de la IIIe armée américaine, entre en ligne le 1er août 1944. Mais la fameuse percée d'Avranches qu'il s'attribue est en réalité réalisée le 30 juillet. Il n'est donc pour rien dans la percée en Normandie. Ce sont Montgomery, Bradley et Collins qui ont planifié, enfoncé le front et engagé l'exploitation. De plus, les troupes britanniques et canadiennes affrontent 75 % des Panzerdivisions engagées dans la région normande. Patton, qui entre en scène après la percée, n'a plus qu'à pousser ses troupes par le couloir d'Avranches pour les répandre en France, sans grande résistance de l'ennemi, décimé par près de trois mois de combat. Un des corps d'armée de Patton libère la Bretagne, mais échoue à s'emparer des ports stratégiques, transformés en forteresses par les Allemands. Les trois autres corps de la IIIe armée de Patton foncent vers la Loire, la Seine, la Meuse et la Moselle, sans rencontrer de grande résistance, l'adversaire se trouvant en pleine retraite.

Devant Metz, l'armée de Patton est tenue en échec durant tout le mois de septembre 1944 par de faibles troupes allemandes bien encadrées. Des semaines d'assauts frontaux et meurtriers. Les forts des environs de la ville résistent même jusqu'à la mi-décembre 1944! Il n'aura avancé que de 40 kilomètres en trois mois! Il n'a rien conquis que les Allemands n'étaient disposés à lui céder sous le poids du nombre : un contre dix! Le dernier mois lui a coûté 27 000 hommes (tués ou blessés) ! En voulant courir deux lièvres à la fois, conquête de Metz et poussée immédiate sur le Rhin, Patton se disperse. Depuis août 1944, motivé par ses ambitions personnelles, il ne pense qu'à passer le Rhin le premier, mais il ne voit pas la guerre dans sa globalité, méprise adversaires et alliés.

Paranoïaque, il pense que les plans stratégiques, faisant interagir plusieurs armées, ne sont que des complots pour le priver de ses lauriers. Il se révèle incapable de s'entendre avec ses supérieurs et ses partenaires. C'est l'une des raisons qui ont poussé Eisenhower à lui préférer Bradley pour commander les troupes américaines en Normandie.

Dans les Ardennes, en décembre 1944 et janvier 1945, Patton ambitionne de renverser le sort de la bataille, or ses principales attaques sont violemment repoussées. Il faut que le commandement allemand décide le repli de ses troupes, le 8 janvier 1945, pour que les unités de Patton puissent enfin progresser au-delà de Bastogne, grâce également au soutien massif de l'aviation américaine. Lors des combats dans les Ardennes, les régiments de Patton déplorent 30 000 soldats tués ou blessés. Sa 4e division blindée compte 1 400 soldats hors de combat (tués ou blessés) et 200 chars détruits!

Le 31 décembre 1944, près de Bastogne, des soldats américains de la 11e division blindée exécutent 84 prisonniers allemands. Durant la même période, la 90e division américaine d'infanterie massacre également une centaine de prisonniers allemands dans la Sarre. Ces deux divisions sont placées sous les ordres de Patton. Mais il est vrai que des unités de la *Waffen-SS* exécutent froidement de nombreux prisonniers militaires américains au cours de la bataille des Ardennes. Notamment à Malmedy, le 17 décembre 1944, où 84 prisonniers américains tombent sous les balles du groupe de combat *Waffen-SS* Peiper. Cette unité massacre au total 362 prisonniers américains et 111 civils pendant la bataille des Ardennes en 1944-1945.

L'ultime campagne de Patton est celle d'Allemagne, où sa IIIe armée ne rencontre qu'une résistance symbolique, le IIIe Reich étant sur le point de s'effondrer. Patton atteint la Tchécoslovaquie le 6 mai 1945.

Les échecs militaires en Italie

Sur le front italien, de septembre 1943 à avril 1944, les troupes américaines, bien que disposant d'une écrasante supériorité numérique et matérielle, sont contenues durant de longs mois, sur un front montagneux, par des unités allemandes et fascistes italiennes, moins nombreuses mais plus expérimentées, sachant parfaitement mener une guerre défensive avec de faibles moyens. Le commandement américain n'a pas réfléchi aux combats hors des terrains de manœuvre : en forêt, en ville, en montagne, dans le désert…

> « Ces impasses tactiques sont sources d'échecs cuisants, d'autant qu'elles se conjuguent parfois à de la désinvolture. La traversée du Rapido en Italie, le 20 janvier 1944, en est un parfait exemple. Pour accéder à la rivière, deux régiments de la 36e division d'infanterie (DI) doivent porter les barges à travers un espace dénudé – choix suicidaire, car les Allemands bien dotés en armes automatiques, le surplombent. Au moins aurait-il fallu jouer de la surprise et combiner l'assaut avec des diversions. Il n'en est rien. Les Américains attaquent, certes de nuit, mais après des préparations visibles et sans appui feu efficace : 2 000 hommes sont taillés en pièces[2]. »

La médiocrité américaine se retrouve lors des deux débarquements en Italie. Si par deux fois le commandement américain surprend l'adversaire allemand par ses débarquements à Salerne en septembre 1943 et à Anzio en janvier 1944, par deux fois également il se laisse enfermer dans des têtes de pont. Il faut alors l'écrasante supériorité aérienne des Alliés pour mettre fin à cette situation. Lorsqu'ils percent enfin la ligne Gustav en 1944, forçant les Allemands à abandonner Rome, ils le doivent principalement au remarquable corps expéditionnaire français du général Juin, et non aux troupes américaines qui échouent à couper les routes de repli de l'ennemi.

À ce sujet, le maréchal allemand Kesserling, commandant des troupes de l'Axe en Méditerranée, est le premier à reconnaître la défaite de son armée sur le front italien contre les Français :

2. Nicolas Aubin, « 1941-1945, l'US Army a-t-elle été mauvaise ? », *Guerre et Histoire*, n° 60, avril 2021.

> « L'avance du corps expéditionnaire français, à la fois dans les vallées et en montagne, a rompu notre dispositif, facilité la progression des Ve et VIIIe armées alliées et empêché notre redressement sur la ligne Dora. Les Français ont combattu avec beaucoup de mordant et exploité, sans aucun délai, tous les succès locaux obtenus[3]. »

L'historien allemand Böhmler, ancien combattant sur le front italien, témoigne également en faveur des troupes françaises :

> « La grande surprise fut l'attitude du corps expéditionnaire français. La campagne de 1940 avait jeté une ombre sinistre sur l'armée française. On ne pensait pas qu'elle pourrait se remettre de sa défaite écrasante. Et maintenant les divisions du général Juin se révélaient extrêmement dangereuses. La raison n'en était pas seulement l'expérience en montagne des Marocains et des Algériens. Trois facteurs intervenaient ensemble : à côté de l'expérience en montagne des soldats des colonies françaises, il y avait l'équipement américain très moderne du corps français qui lui donnait une telle puissance. Et enfin ces troupes étaient commandées par des officiers français qui connaissaient parfaitement leur instrument. Avec ces trois éléments de base, Juin avait fait un excellent alliage. Pour la nuit, son corps se montra apte à toutes les missions, et le maréchal Kesserling a souligné en ma présence que ce sont toujours les secteurs du front où il savait que se trouvait le corps de Juin qui lui ont donné le plus d'inquiétude[4]. »

Les termes du compte rendu du général Ringel, commandant de la 5e division de montagne allemande sur le front italien, sont également éloquents :

> « L'infanterie franco-marocaine se montre ardente, manœuvrière, déjà bien habituée au canon et au mortier. Elle constitue un instrument de qualité exceptionnelle entre les mains du commandement. La valeur des cadres de cette infanterie est connue depuis la campagne de Tunisie. Ils se sont comportés admirablement, comme on pouvait le craindre. Les jeunes

---

3. Archives militaires allemandes, Fribourg-en-Brisgau.
4. Rudolf Böhmler, *Monte Cassino*, Rupert Verlag, 1955.

> Français du rang se sont conduits de façon admirable, donnant l'exemple et payant ardemment de leur personne. Enfin le général anglais Alexander et le général américain Clark se rendent à l'évidence et doivent admettre qu'au Nord du front, face à la 5e division de montagne et à la 44e division d'infanterie, se tient toujours l'homme que même le commandement allemand a reconnu comme son adversaire le plus dangereux en Italie : le général Juin avec ses Franco-Africains[5]. »

Le front italien ne représente pas un front secondaire, puisqu'il mobilise une quarantaine de divisions allemandes et italiennes fascistes qui ne peuvent intervenir ailleurs. C'est le premier front occidental, de septembre 1943 à mai 1944, et le second, de juin 1944 à mai 1945.

L'armée américaine subit d'autres revers en Italie. En décembre 1944, la division alpine italienne Monterosa (9 100 hommes) du général Mario Carloni, fidèle à Mussolini, bouscule sur le front de Garfagnana, au nord de la Toscane, la 92e division américaine d'infanterie (18 000 hommes) du général Edward Almond. Les *alpini* accomplissent une percée en profondeur dans les lignes américaines et sont finalement stoppés par le mauvais temps et le manque de ravitaillement. À l'issue de cette bataille, les pertes italiennes s'élèvent à un millier d'*alpini* hors de combat (tués ou blessés), contre 2 000 soldats américains, dont 250 sont faits prisonniers.

En divers endroits du front italien, au cours des années 1944 et 1945, les troupes italiennes restées fidèles à Mussolini repoussent les troupes américaines, comme notamment la division des *bersaglieri* Italia, la division Decima Mas des fusiliers-marins italiens du prince Borghese, la division des fusiliers-marins San Marco, la division des grenadiers Littorio, le régiment parachutiste Folgore et d'autres unités italiennes d'élite. Ainsi l'armée allemande ne lutte-t-elle pas seule, mais elle peut compter sur de nombreuses unités italiennes qui combattent comme des lions, contre un adversaire nettement plus nombreux.

5. Archives militaires allemandes, Fribourg-en-Brisgau.

Les autres difficultés des forces américaines ailleurs en 1944-1945

Comme nous l'avons déjà signalé, l'armée américaine peine à vaincre l'adversaire allemand en Normandie en juin-août 1944. La percée sur le front normand, qui devait normalement s'effectuer en quelques semaines, se prolonge près de trois mois devant la résistance acharnée des troupes allemandes, malgré l'écrasante supériorité numérique et matérielle des Alliés. Mieux, à Omaha Beach, le 6 juin 1944, les Américains manquent d'être rejetés à la mer.

Par la suite, la très difficile progression américaine en Normandie exige un appui feu considérable, en artillerie lourde et bombardiers, pour repousser les contre-attaques allemandes et enfoncer les positions de la Wehrmacht. Luttant souvent à un contre dix, les troupes allemandes parviennent cependant à contenir les unités américaines.

De plus, on ignore souvent que 60 % des troupes alliées débarquées en Normandie ne sont pas américaines... De même, que 75 % des blindés allemands engagés sur ce front affrontent des divisions britanniques et canadiennes. La percée américaine est enfin assurée en août 1944, grâce aux divisions britanniques et canadiennes qui fixent la majorité des divisions ennemies dans le secteur de Caen. Mais il y a plus grave: le général américain Bradley laisse filer, de la poche de Falaise, une grande partie de l'armée allemande, pour ne pas avoir suffisamment assuré l'encerclement. Falaise n'est ainsi qu'un demi-succès.

Quelques jours plus tard, le commandement américain néglige, sur la Seine, un nouvel encerclement de l'adversaire allemand pourtant en pleine retraite. En septembre-octobre 1944, le général américain Eisenhower, assurant la conduite des opérations des troupes alliées du front ouest, disperse ses divisions en Bretagne, en Lorraine et en Belgique, alors que la priorité serait de foncer sur la Ruhr, poumon économique et industriel du IIIe Reich, mission confiée à la Ire armée américaine uniquement, qui, faute de moyens suffisants, échoue.

La zone boisée d'Hürgten, étendue sur 132 km^2 à l'est de la frontière belgo-allemande, est le lieu d'une terrible bataille, du 12 novembre 1944 au 10 février 1945, où 120 000 soldats américains affrontent 80 000 soldats allemands. Les troupes américaines subissent un véritable calvaire dans cette immense forêt, piétinent sans gloire, tout en déplorant la perte 33 000 de leurs soldats, tués, blessés ou évacués pour raison de santé. Les Allemands comptent 29 000 soldats hors de combat.

À l'automne 1944 et durant l'hiver 1944-1945, l'armée américaine s'enlise. Les attaques sont décousues et maladroites contre un adversaire pourtant moins nombreux, luttant souvent à un contre trois, voire en certains endroits à un contre dix. En novembre 1944, l'offensive générale américaine échoue. Un mois d'assauts aussi stériles qu'inefficaces : le commandement allemand n'a même pas eu besoin d'engager ses réserves. Il peut ainsi lancer une contre-offensive surprise, le 16 décembre 1944, qui met en déroute les premières lignes américaines. Le mauvais temps ralentit finalement la percée allemande, de même que les problèmes logistiques, davantage que la résistance américaine. Au final, cette bataille se termine par la mise hors de combat de 70 000 soldats américains (tués ou blessés) contre 58 900 soldats allemands, sans oublier 800 blindés et 600 avions américains détruits contre 600 blindés et 800 avions allemands détruits. La bataille des Ardennes n'est en rien un triomphe de l'armée américaine, même si l'adversaire allemand doit stopper son offensive.

Des chiffres édifiants et méconnus

Plus de 60 % des départements français libérés l'ont été uniquement par les troupes britanniques, canadiennes, françaises (maquis et armée régulière) et autres forces alliées non américaines. Ainsi, nous sommes loin du mythe véhiculé depuis des décennies de propagande US d'une France majoritairement libérée par les divisions américaines.

En janvier 1945, les effectifs des principales puissances militaires alliées reposent sur 4 000 000 de soldats soviétiques, 1 430 000 soldats américains, 1 339 500 soldats britanniques et canadiens et 1 500 000 soldats français. Si on additionne les soldats soviétiques, britanniques, canadiens et français, on arrive à un total de 6 839 500 soldats alliés non américains et 1 430 000 soldats des États-Unis. À travers ces chiffres éloquents, il apparaît en pleine lumière que l'Amérique seule n'a pas vaincu l'Allemagne ni sauvé le monde. L'apport soviétique, britannique, français et canadien a été décisif, sans négliger bien entendu celui des États-Unis : sans l'armée américaine, les Alliés britanniques, français et canadiens n'auraient pas pu vaincre l'armée allemande en France en 1944. Mais l'inverse est tout aussi vrai : les troupes américaines ne pouvaient battre seules la puissance militaire allemande présente en France.

En janvier 1945, l'Allemagne aligne 2 966 000 soldats contre 8 269 500 soldats soviétiques, américains, britanniques, canadiens et français. La campagne d'Allemagne (de janvier à mai 1945) est donc perdue d'avance pour le IIIe Reich.

Il convient de rappeler que sur 5 500 000 soldats allemands tués durant la Seconde Guerre mondiale, 4 000 000 sont tombés contre l'armée soviétique, 1 500 000 contre les Alliés occidentaux (américains, britanniques, français, canadiens et autres). L'apport de l'Armée rouge a donc été capital dans la défaite du IIIe Reich.

La réalité de la guerre américaine en Asie et dans le Pacifique

Si les forces armées américaines (terre, air, marine) ont joué un rôle déterminant dans la défaite du Japon, on ne doit pas oublier l'apport important d'autres pays, dont principalement la Chine, qui fixe 31 des 154 divisions japonaises dans une guerre d'usure, sur un front immense, qui mobilise 1 700 000 soldats chinois et fixe 800 000 soldats japonais. Les Alliés australiens, néo-zélandais, britanniques, indiens, français et autres apportent également leur contribution à la défaite du Japon, même si l'armée américaine fait pencher la balance.

De décembre 1941 à mai 1942, le Japon conquiert Hong Kong, la Malaisie, les Indes orientales hollandaises, les Philippines, la Birmanie et la plus grande partie de la Nouvelle-Guinée, ainsi que de nombreux archipels stratégiques. Durant ces combats, les Alliés perdent 334 500 soldats tués, blessés ou prisonniers contre seulement 15 000 soldats japonais ! Une partie de la flotte américaine du Pacifique a été détruite dans la rade de Pearl Harbor, mais pas les précieux porte-avions. La flotte britannique d'Extrême-Orient gît par le fond au large des côtes malaises. Et le coût de tout cela pour le Japon ? Seulement 4 destroyers et quelques bâtiments de moindre importance perdus !

Pour la reconquête des territoires perdus en Asie et dans le Pacifique, les forces armées américaines montent considérablement en puissance, passant de 270 000 hommes en mai 1942, à 1 800 000 en décembre 1943 et à 3 600 000 en août 1945. La flotte marchande japonaise, indispensable à l'effort de guerre du Japon, est largement victime de la marine américaine : forte de 6 384 000 tonnes en janvier 1942, elle tombe à 1 467 000 tonnes en août 1945.

La force navale principale des belligérants dans le Pacifique repose sur le porte-avions. Si, en 1941, le Japon peut aligner 11 porte-avions contre 7 du côté américain, elle n'en a plus que 4 contre 29 américains en 1945. La marine et l'aviation américaines ont porté des coups fatals au Japon lors de plusieurs batailles aéronavales.

Les trois grandes batailles terrestres de la guerre du Pacifique soulignent la résistance acharnée des troupes japonaises, mais également le courage des soldats américains, qui ont dû conquérir des positions solidement fortifiées, sur un terrain hostile, contre un adversaire fanatisé.

La bataille de Guadalcanal (août 1942-février 1943) oppose 60 000 soldats américains à 32 600 soldats japonais. Elle se termine victorieusement pour les États-Unis, avec des pertes importantes dans les deux camps : 7 100 soldats américains et 31 000 soldats japonais tués, 29 navires américains et 38 navires japonais perdus, 615 avions américains et 683 avions japonais détruits.

La conquête américaine de l'île d'Iwo Jima (février-mars 1945) est l'une des plus meurtrières batailles du Pacifique. La seule où les pertes totales américaines sont plus lourdes que celles des Japonais. L'invasion de l'île est programmée sur cinq jours, après un bombardement aérien de plusieurs semaines et naval de trois jours, ne devant rien laisser des défenses japonaises. En réalité, il faut près de deux mois de combats acharnés pour venir à bout des troupes japonaises, habilement dissimulées dans des fortifications enterrées, d'une grande densité et très majoritairement intactes, en dépit de l'importance des bombardements préliminaires de l'aviation et de la flotte américaines. Malgré la disproportion des forces en présence – 110 000 soldats américains contre 18 591 soldats japonais –, l'armée américaine rencontre les pires difficultés pour s'emparer de l'île, avec 26 083 soldats tués ou blessés contre 18 375 soldats japonais.

La conquête de l'île d'Okinawa exige trois mois de combats acharnés (d'avril à juin 1945). L'armée américaine doit engager 400 000 hommes contre 93 512 soldats japonais.

Les pertes témoignent de l'âpreté de cette bataille : 14 009 soldats américains tués et 37 000 blessés, contre 77 166 soldats japonais tués et 16 346 prisonniers ; 38 navires américains et 16 navires japonais coulés ; 763 avions américains et 1 430 avions japonais abattus ; 225 blindés américains et 27 blindés japonais détruits.

Les stratèges américains ont estimé que la conquête du Japon aurait exigé le sacrifice de 500 000 soldats américains, tués ou blessés. Les deux bombes atomiques larguées sur le Japon en 1945 ont écarté cette éventualité et mis fin à la Seconde Guerre mondiale.

En guise de conclusion

Avant même l'intervention militaire américaine en Europe en juin 1944, l'armée allemande a déjà perdu une bonne partie de sa puissance lors des précédentes campagnes, principalement contre l'Armée rouge. La majorité de l'armée allemande (60 % des divisions) lutte sur le front russe.

La campagne de Tunisie de 1943, première intervention militaire américaine contre les troupes italiennes et allemandes, souligne l'inexpérience des soldats des États-Unis, battus à Kasserine et sauvés par des renforts britanniques et français. À El Guettar, l'unique division blindée italienne Centauro tient en échec des troupes américaines dix fois plus nombreuses.

En Sicile, lors de la bataille de Gela en juillet 1943, les troupes américaines du général Patton manquent de peu d'être rejetées à la mer par la vigoureuse contre-attaque de la division italienne d'infanterie Livorno, et sont sauvées *in extremis* par la puissante artillerie navale alliée. Patton fait exécuter de nombreux prisonniers italiens et lance une manœuvre aussi maladroite qu'inutile, permettant au gros des forces germano-italiennes de rejoindre la Calabre.

En Italie, les troupes américaines piétinent devant la ligne Gustav de longs mois durant. C'est finalement le corps expéditionnaire français du général Juin qui prend la décision en rompant les défenses allemandes, par une habile manœuvre en montagne, permettant ensuite la prise de Rome en juin 1944. Par la suite, sur ce même front italien, les troupes américaines sont souvent tenues en échec non seulement par des unités allemandes, mais également contre des forces italiennes restées fidèles à Mussolini en 1944-1945.

La France est libérée à plus de 60 % par les troupes britanniques, canadiennes, françaises (maquis, division Leclerc et armée De Lattre) et autres forces alliées non américaines. Le débarquement en Provence en août 1944 est assuré par 250 000 soldats français et 150 000 soldats américains. Mais l'apport des troupes américaines est important et indispensable pour vaincre l'Allemagne sur le front Ouest. Sur le front de l'Est, l'armée soviétique (385 divisions) fixe et parvient à vaincre 211 des 350 divisions allemandes. Elle joue un rôle déterminant dans la défaite allemande, s'empare de Berlin et contraint le IIIe Reich à capituler.

Dans le Pacifique et en Asie, l'apport militaire américain est décisif dans la défaite du Japon. Mais les autres Alliés, notamment chinois, britanniques, australiens néo-zélandais, indiens, français et autres, apportent également leur contribution dans la victoire finale.

Ainsi, la défaite de l'Axe (Allemagne, Italie, Japon) durant la Seconde Guerre mondiale, conflit global et stratégique, est le fait de nombreux facteurs, qui ne peuvent se limiter à la simple intervention américaine. Les erreurs tactiques et stratégiques allemandes et italiennes dès 1940-1941, la résistance acharnée des armées françaises, britanniques et soviétiques ont déjà largement entamé les chances d'une victoire allemande, avant l'intervention américaine en Tunisie en 1943 et en Europe entre 1943 et 1945.

13

Les crimes cachés des communistes titistes

Le Yougoslavie voit le jour au lendemain de la Première Guerre mondiale par la volonté des Alliés – et de la France particulièrement –, permettant à la Serbie d'accroître considérablement son territoire, suite au démembrement de l'empire austro-hongrois. Censée être le royaume des Slaves du Sud, la Yougoslavie est en fait composée d'une douzaine de peuples différents, n'ayant rien en commun si ce n'est la haine de l'autre. Le royaume est donc fragile, dominé politiquement par les Serbes au détriment du reste des populations composant l'ensemble, tels les Croates, les Slovènes, les Bosniaques…

Le 6 avril 1941, les forces de l'Axe envahissent la Yougoslavie, prétextant que ce pays n'applique pas une stricte neutralité dans le conflit, mais penche politiquement plutôt en faveur des Britanniques, voire de la Russie soviétique. En réalité, il s'agit pour Hitler d'un prétexte pour sécuriser et occuper les Balkans, avant d'attaquer l'Union soviétique. Il ne peut pas se permettre d'avoir dans le dos un adversaire futur, ou du moins un territoire sur lequel les Britanniques pourront tenter un éventuel débarquement.

L'effondrement de l'armée yougoslave

Pour l'invasion de la Yougoslavie, l'armée allemande engage 21 divisions, dont 4 divisions motorisées et 6 divisions blindées. Les Hongrois participent aux opérations avec 9 brigades, tandis que les Italiens alignent 12 divisions d'infanterie, 2 divisions motorisées, 1 division blindée et 3 divisions de cavalerie. Pour s'opposer aux forces de l'Axe, l'armée yougoslave se limite à 17 divisions d'infanterie et 2 divisions de cavalerie, s'étirant sur une frontière de 3000 kilomètres. Elle ne peut également opposer que 200 chars et 460 avions aux 1200 chars et 1656 avions allemands et italiens. La supériorité numérique et matérielle de l'Axe est donc écrasante, si bien que l'armée yougoslave, minée par les luttes internes des divers peuples la composant, s'effondre en quelques jours seulement. Toute résistance organisée cesse le 13 avril 1941 et le 17 avril, la Yougoslavie capitule. Pour la perte limitée de 528 soldats hors de combat (151 tués, 362 blessés et 15 disparus), l'armée allemande capture 343710 soldats yougoslaves, avec l'aide de ses alliés italiens (3324 tués et blessés) et hongrois (356 tués et blessés).

Une guerre civile meurtrière

Soucieuse avant tout de préparer le redéploiement de ses troupes contre l'Union soviétique, l'armée allemande néglige de désarmer 300000 soldats yougoslaves, qui rejoignent les montagnes pour y reprendre le combat. Une trentaine de divisions italiennes occupent alors la Yougoslavie et la Grèce. La Yougoslavie éclate en une véritable guerre civile, opposant des populations luttant aux côtés de l'Axe ou des Alliés, avec principalement les Oustachis et collaborateurs croates affrontant les partisans communistes de Tito et les Tchetniks (résistants royalistes yougoslaves). Un conflit durant lequel les premiers (favorables aux Allemands) déplorent 209000 tués et les seconds 237000 morts. Les pertes civiles sont également importantes : 26000 Romanichels, 170000 Croates, Bosniaques et autres, 320000 Serbes et 65000 juifs.

Soutenues par les Alliés, les forces communistes de Tito finissent par prendre le dessus sur leurs rivaux et leurs adversaires alors en pleine retraite, avec une force armée de 150000 partisans à la fin de la guerre, sans oublier 300000 militaires soviétiques. De 1941 à 1945, les divers groupes de résistants et de collaborateurs vont s'entretuer dans une lutte sans pitié, qui n'épargnera pas les civils.

Les massacres des partisans titistes

En mai 1945, abandonnées par les Allemands qui les ont conduits au chaos, les forces croates, coupables de nombreux massacres contre les Serbes et autres populations, fuient, avec de nombreux civils, la Yougoslavie et les partisans titistes. Ils sont nombreux : entre 600 000 et 1 millions de personnes. Ces Croates et autres non-communistes (Slovènes – civils et militaires –, Tchetniks, Bosniaques ayant combattu aux côtés des nazis, Cosaques intégrés dans la *Waffen-SS*, au nombre de 38 000, avec 12 000 membres de leurs familles, etc.) se dirigent vers l'Autriche, avec l'espoir d'être protégés par les troupes britanniques du maréchal Alexander. Le 13 mai 1945, soit plusieurs jours après la capitulation allemande, le commandement britannique, soucieux de préserver de bonnes relations avec leurs alliés du moment, à savoir les partisans titistes, décide finalement de livrer les réfugiés civils et militaires croates et autres à leurs futurs bourreaux, près de la ville autrichienne de Bleiburg. La plupart de ces réfugiés yougoslaves, contraints de retourner en Slovénie, sont massacrés par les titistes ou déportés dans divers camps de concentration : au total, près d'un million de victimes.

Les titistes massacrent également 45 000 Hongrois. Les 400 000 soldats allemands du groupe d'armées Löhr doivent se rendre aux partisans de Tito, qui exercent sur eux de terribles représailles : 70 000 d'entre eux sont abattus ou meurent du fait de mauvais traitements. Les minorités allemandes de Yougoslavie, soit 500 000 personnes, ne sont pas non plus épargnées : 100 000 meurent exécutées ou de privations.

Les minorités italiennes, bulgares, albanaises, bosniaques et autres subissent un sort aussi terrible. On ignore généralement que, de 1943 à 1946, Tito et ses partisans communistes ont pratiqué un « nettoyage » ethnique en Istrie et en Dalmatie, à l'encontre de la population italienne, présente dans ces régions depuis le Moyen Âge : environ 80 000 de ces Italiens sont massacrés à coups de crosse, ou jetés vivants dans des ravins, pour économiser les balles des mitraillettes ou des fusils. Les hommes sont castrés avant d'être tués, les femmes violées puis abattues. Environ 400 000 survivent, mais doivent abandonner tous leurs biens et s'exiler. Quelques milliers resteront, qui devront renier leur nom, leur langue et les tombes ravagées de leurs ancêtres. Ainsi que l'écrit Maurizio Serra :

> « L'Italie républicaine se désintéressera officiellement de leur sort pendant quatre décennies. Il ne s'agissait, dans l'esprit d'alors, que de victimes collatérales de la guerre fasciste. Il fallut attendre 2004, après la fin du mythe Tito longtemps entretenu par la gauche italienne, pour que l'éminent président de la République que fut Carlo Azeglio Campi institue la "journée du souvenir de l'exode", qui est célébrée depuis lors le 10 février[1]. »

La population yougoslave se limite en 1941 à 15 millions d'habitants. Proportionnellement, les crimes des partisans communistes titistes vont faire plus de victimes que ceux de Staline. On estime qu'environ un million de personnes ont été assassinées par les partisans et les militaires titistes entre 1941 et 1950.

Le régime titiste parvient ensuite à maintenir un semblant de paix en Yougoslavie durant plusieurs décennies. Mais, depuis la chute du mur de Berlin en novembre 1989, qui marque la réunification des deux Allemagne, plusieurs pays anciennement communistes se tournent vers l'Europe de l'Ouest, telles la Pologne, la République tchèque, la Slovaquie, la Hongrie, la Lituanie, la Lettonie, l'Estonie, la Roumanie et la Bulgarie. Cela signe la fin de l'empire soviétique et du Pacte de Varsovie, avec ses états satellites. La Yougoslavie éclate littéralement en divers pays revendiquant leur indépendance, entraînant une série de conflits violents entre 1991 et 1999, qui causent la mort de 300 000 personnes dont deux tiers de civils, et le déplacement de 4 millions d'individus. La Slovénie, la Croatie, la Bosnie-Herzégovine, la Macédoine, le Kosovo voient le jour, au détriment de la grande Serbie.

1. Maurizio Serra, *Le mystère Mussolini*, Perrin, 2021.

14

Le palmarès de la chasse allemande, mythe ou réalité ?

Si l'on fait le compte total des victoires aériennes remportées par les vingt premiers as de la Luftwaffe au cours de la Seconde Guerre mondiale, on obtient le nombre incroyable de... 4530 ! Incroyable est bien le mot qui convient. Mais ne serait-ce pas un chiffre de la propagande nazie, visant à maintenir le moral de la population et de l'armée du IIIe Reich ?

Pendant longtemps, après le conflit, les Alliés n'ont accordé aucun crédit au palmarès des as allemands. D'autant plus que la comparaison avec les as alliés est particulièrement défavorable à ces derniers, qui ont pourtant lutté héroïquement contre l'Axe : l'Américain Richard Bong totalise 40 victoires homologuées, le Britannique John Pattle 41, le Français Pierre Clostermann 33, le Soviétique Ivan Kojedoub 62. Dans le camp adverse, en dehors de l'Allemagne, l'as japonais Shoichi Sougita atteint 120 victoires homologuées, l'Italien Teresio Martinoli 22, et le Finlandais Ilmari Juutilainen 94. Comment, dans ces conditions, ne pas mettre en doute les 352 victoires d'un certain Erich Hartmann, ainsi que celles d'autres pilotes allemands, puisque l'on en trouve 15 ayant remporté plus de 200 victoires et 104 autres totalisant plus de 100 victoires ? Des questions viennent à l'esprit : les as allemands ont-ils volontairement gonflé leurs chiffres ? La propagande hitlérienne n'aurait-elle pas agi dans ce sens ? Comment expliquer une telle différence avec les as des autres pays engagés ?

Des chiffres véridiques et confirmés

L'historien Steve Stylvoël écrit à ce sujet :

> « Il faudra attendre vingt ans après la fin de la Seconde Guerre mondiale pour que les travaux d'historiens aéronautiques anglais, américains et allemands fassent admettre que les véritables chiffres n'étaient guère éloignés de ceux annoncés. Cette polémique fut suivie assez froidement par ceux qui étaient les plus concernés : les pilotes allemands eux-mêmes. Peu leur importait en définitive qu'on les crût ou non. Ils savaient, eux, ce que représentaient ces victoires qu'ils n'avaient pas usurpées.
> « S'il fallait un seul argument pour convaincre, ce serait celui-ci : en six ans de guerre, les Alliés de l'Ouest ont perdu à l'ennemi 42 000 avions et les Soviétiques entre 75 000 et 80 000. Qui, mieux que la Luftwaffe, peut prétendre en assumer la responsabilité ? Les Soviétiques, d'ailleurs, admirent tacitement ces chiffres fabuleux, puisque Erich Hartmann, fait prisonnier le 8 mai 1945, fut condamné à 25 ans de travaux forcés pour avoir abattu 352 avions et ainsi saboté l'économie nationale soviétique[1] ! »

Toutes ces pertes ne sont pas uniquement liées à la chasse et à la *Flak* allemandes, les autres aviations de l'Axe (Japon, Italie, Finlande...) ont également joué un rôle important dans cette hécatombe. L'aviation italienne a abattu 2 522 avions alliés du 10 juin 1940 au 8 septembre 1943. Ce total inclut tous les avions alliés descendus en combat aérien par les chasseurs, les bombardiers et les appareils italiens de reconnaissance, et ne comprend pas les avions détruits au sol, ni ceux abattus par la DCA italienne. La chasse italienne de la République fasciste de Mussolini abat également 300 avions alliés de janvier 1944 à avril 1945, portant le score total à 2 822 avions alliés descendus par l'aviation italienne de juin 1940 à avril 1945. De son côté, la chasse finlandaise revendique en cinq années de guerre la destruction en vol de 1 807 appareils ennemis.

1. « La Guerre aérienne, 1944-1945 », *Histoire pour tous,* spécial hors-série n° 19, août-septembre 1980.

Le système d'homologation des victoires allemandes repose sur une rigueur extrême. Le pilote doit établir un rapport écrit de cette victoire, appuyée par le compte rendu d'un témoin oculaire (généralement un autre pilote). Il doit également bénéficier de la recommandation d'un supérieur hiérarchique, et de l'attestation d'un témoin au sol ou toute autre preuve jugée irréfutable, dont l'épave retrouvée de l'avion descendu.

Faute de l'une de ces pièces, la victoire n'est pas prise en considération. Les victoires probables ne sont même pas transmises aux instances supérieures. Ainsi, le 14 janvier 1942, en Libye, le pilote de chasse Horst Reuter abat 6 Hurricane en quelques minutes. Or, faute de témoin pour ce combat, aucune des 6 victoires en question ne lui est créditée!

Si plusieurs pilotes allemands participent à la même victoire sur un avion allié, seul celui qui porte le coup décisif peut en revendiquer la paternité. Dans le cas où il est impossible de déterminer l'unique responsable d'une victoire aérienne, celle-ci est alors inscrite au compte communautaire de l'unité, mais n'est pas attribuée individuellement.

Quelques explications sur les succès aériens

Il reste alors à comprendre comment ces pilotes allemands, qui ne sont pas plus doués que leurs adversaires, ont pu remporter autant de victoires aériennes. La première raison est liée à leur excellent entraînement de 1933 à 1943. La qualité technique du matériel tient également une place importante dans ce succès. De 1939 à 1943, les Messerschmitt Bf 109 surclassent en vitesse la majorité des chasseurs alliés. Cet appareil reste le meilleur du monde par sa vitesse, son accélération dans les chandelles où il dépasse presque tous ses adversaires. Autre fait important à souligner: les pilotes allemands restent continuellement sur la brèche. Peu sont envoyés à l'arrière ou en état-major, alors que les pilotes britanniques, français et américains connaissent de longues périodes de repos, en réserve ou comme instructeurs. Devant la supériorité numérique croissante de l'aviation alliée à partir de 1943, les pilotes allemands luttent jusqu'à la mort, la capture ou la blessure grave. Certains combattent plus de cinq ans sans interruption, comme Kurt Bühligen (108 victoires) ou Josef Priller (101 victoires). Ils ont ainsi la possibilité de multiplier le nombre de leurs succès aériens.

De nombreux pilotes alliés limitent leurs missions aux escortes des bombardiers et engagent ainsi rarement des combats contre la chasse allemande, alors que ceux de la Luftwaffe affrontent tous les types d'appareils adverses (chasseurs, bombardiers, éclaireurs, transporteurs…). Étant davantage à court de pilotes expérimentés que d'avions, le commandement allemand n'hésite pas à confier le maximum de missions aux hommes les plus chevronnés. Ces derniers sortent cinq à six fois par jour, parfois davantage, se voyant ainsi offrir de nouvelles chances de victoires. Voici ce qu'écrit Steve Stylvoël :

> « À l'inverse, lorsqu'une unité disposait d'une trentaine de pilotes mais seulement de vingt avions, le choix pour les piloter s'orientait vers les plus chevronnés. Puis, la supériorité aérienne des Alliés se muant au fil des mois en suprématie totale, ceux-ci ne trouvèrent plus à combattre que des formations rares et diluées. À un contre dix, un pilote possède davantage de chances d'abattre un ennemi (ainsi que de se faire descendre lui-même, d'ailleurs !) qu'à dix contre un, car la concurrence joue à plein.
> « Cependant, il semble que par-dessus tout, ce fut l'immense expérience dont ils bénéficièrent tout au long de leurs campagnes qui joua en faveur des pilotes allemands. Contrairement à ce que l'on croit, peu parmi les membres de la fameuse légion Condor qui fit ses armes en Espagne, devinrent de grands as par la suite. Seuls sept anciens d'Espagne dépassèrent le chiffre magique de 100 victoires. Le haut commandement préférait voir ses unités commandées par de jeunes “loups” au palmarès naissant, et une grande partie de la “vieille garde” fut remplacée peu après la bataille d'Angleterre[2]. »

Il est indéniable que les batailles aériennes de Pologne, de France, d'Angleterre, des Balkans et de Libye offrent une expérience sans équivalent aux pilotes allemands en juin 1941 contre leurs adversaires soviétiques. Si bien que le front russe devient le « paradis » des chasseurs allemands, surtout au cours des deux premières années qui voient une véritable hécatombe d'avions soviétiques. On pourrait écrire un livre complet sur la liste des exploits des pilotes de chasse de la Luftwaffe entre 1941 et 1943 dans le ciel russe. En voici quelques exemples parmi les plus étonnants : Erich Rudorffer remporte 13

2. *Ibid.*

victoires lors d'une seule mission ; le 8 juin 1943, la 51e escadre descend 51 avions russes en 20 minutes sans subir la moindre perte dans ses rangs ; Werner Mölders passe d'un total de 68 victoires à un total de 101 en 24 jours et devient ainsi le premier pilote allemand à 100 victoires ; Walter Nowotny obtient 100 victoires aériennes entre le 15 juin et le 4 septembre 1943 pour arriver à plus de 200, soit une moyenne quotidienne de plus de deux avions soviétiques abattus ; le major Emil Lang remporte 72 victoires en seulement trois semaines !

Le pilote de chasse allemand Barkhorn apporte le témoignage suivant :

> « Peu parmi les Russes étaient expérimentés. Certains volaient sans jamais regarder à droite, à gauche ou derrière. Et nous en avons abattu des tas comme ça. Mais certains étaient réellement de bons pilotes. J'ai combattu un jour pendant 40 minutes contre un Russe sans pouvoir l'avoir. J'étais en nage et j'imagine que c'était son cas aussi. Il pilotait un LaGG-3 ou un avion semblable. C'était en 1943. Nous avons tous deux sorti le grand jeu d'acrobaties sans que l'on puisse toucher l'autre. Il appartenait au régiment de la garde et tout le nez de son avion était peint en rouge.
>
> « Leurs avions et leurs pilotes s'améliorèrent avec le temps. Je pense personnellement que le Yak 9 était l'un des meilleurs appareils de chasse au monde, largement supérieur au I-15 et I-16 avec lesquels ils commencèrent la guerre. Au début, ils n'avaient absolument aucune expérience et leurs avions étaient largement surclassés par le Messerschmitt Bf 109. Plus tard, ils nous rattrapèrent et en 1943-1944, nos pertes devinrent substantielles.
>
> « À partir de 1943 et la bataille de Koursk, la situation se dégrada pour la Luftwaffe. Le front entier, long de plus de 5 000 km, n'était pas tenu par plus de 500 avions de chasse. Seuls les pilotes les plus chevronnés parvenaient à survivre dans cet enfer. Le cap le plus difficile pour la jeune recrue était celui de ses trois premières missions. Nombre de “bleus” ne vécurent pas assez longtemps pour effectuer la seconde[3] ! »

Ainsi, par exemple, sur 84 pilotes perdus en 1944 par la 51e escadre de chasse allemande, 34 n'ont remporté aucune victoire (40 %), 10

3. Archives militaires allemandes, Fribourg-en-Brisgau.

en ont remporté une seule (12 %), 7 en ont remporté deux (8 %), 13 en ont remporté moins de dix (15 %).

En 1944, les trois quarts des pertes de la chasse allemande sont représentées par des pilotes qui ne sont pas au front depuis plus d'un mois ! Walter Nowotny, à l'époque commandant de la 51e escadre de chasse allemande, écrit à ce sujet :

> « Chaque jour nous apporte de nouveaux visages, de jeunes "bleus" qui ne pensent qu'à en découdre avec l'adversaire soviétique. Formés en un minimum d'heures, quelles chances peuvent-ils avoir de s'en sortir face à des pilotes russes de plus en plus nombreux, de plus en plus habiles ? Ils viennent nous voir pour nous demander des conseils quelques heures avant leur première mission. Certains ont 20 ans, parfois moins. La plupart ne reviennent jamais de cette première mission. N'ayant aucune habitude des vols en formation, ils traînent à l'arrière et se font abattre par des maraudeurs. Je connais des commandants qui interdisent de rompre la formation pour aller les défendre, car en faisant cela les pilotes rendent la formation trop vulnérable et plus d'un pilote chevronné est allé au tapis pour venir en aide à l'un de ces jeunes "bleus". Nous évitions nous-mêmes de nous lier d'amitié avec eux, car bien peu reviennent de leurs deux ou trois premières sorties. Nous avons déjà le cœur assez gros quand l'un de nos vieux camarades disparaît sans chercher à nous attacher à ces jeunes qui ont toutes les chances de mourir rapidement[4]. »

Malgré tout, certains de ces « bleus » deviennent des as accomplis. C'est notamment le cas de Helmut Lipfert qui remporte sa première victoire aérienne le 30 janvier 1943, à une époque où le front soviétique n'est plus considéré comme un « paradis » des chasseurs, bien au contraire ! Lipfert termine la guerre avec un palmarès de 203 victoires homologuées. Bien qu'abattu lui-même... 15 fois, il n'est jamais blessé !

Pendant que la 51e escadre allemande de chasse perd 84 pilotes en 1944 sur le front soviétique, durant la même période, la 26e escadre allemande de chasse, basée sur les côtes françaises et belges, déplore la perte de 293 pilotes. Seule une poignée d'as, comme Kurt Bühligen,

4. *Ibid.*

Walter Oesau, Egon Mayer et Josef Priller, peut atteindre les 100 victoires sur le front occidental. Les uns après les autres, les grands pilotes chevronnés sont tués dans cette lutte disproportionnée. Des quatre pilotes cités, seul Priller survécut à la guerre.

D'incroyables victoires

Les bombardements nocturnes croissants des Alliés sur l'Allemagne amènent la Luftwaffe à créer des unités de chasse de nuit, où se distinguent des pilotes comme Heinz-Wolfgang Schnaufer avec 121 victoires et Helmut Lent avec 102 de nuit et 8 de jour. De nombreux pilotes revendiquent 6 ou 7 victoires en une seule nuit, les triplés et les quadruplés sont importants. Le 20 décembre 1943, Wilhelm Herget descend 8 bombardiers quadrimoteurs en 48 minutes ! Schnaufer, déjà vainqueur de 2 bombardiers Lancaster au petit matin du 21 février 1945, en abat 7 autres en moins de 17 minutes lors d'une seconde sortie dans la soirée !

Durant toute la durée de la guerre, les pilotes de chasse allemands subissent dans leurs rangs des pertes importantes, avec 15 000 tués, portés disparus ou faits prisonniers, sans oublier 10 800 blessés. La 26e escadre de chasse déplore 805 pilotes tués, soit plus de 7 fois son effectif théorique !

On notera que 105 pilotes allemands dépassent 100 victoires aériennes, 360 en remportent entre 40 et 100 et 2 500 au moins 5. La chasse allemande revendique 70 000 victoires aériennes, dont 25 000 sur le front Ouest et 45 000 sur le front Est.

Au sujet des grands as de la chasse allemande, l'as des as français Pierre Clostermann écrit :

> « Les Allemands se lancent dans les batailles aériennes en kamikazes. Parmi eux, des as qui ont parfois plus de 2000 missions à leur actif. Ces as, on les appelle "des tigres". On a appris à les reconnaître au premier coup d'œil à leur façon de voler, de virer, à les sentir, car il faut de l'odorat pour survivre. Quand on croise l'un de ceux-là, il n'y a qu'une solution : la fuite. Lorsqu'elle est encore possible[5]. »

5. Archives militaires françaises, Vincennes.

Voici le palmarès des as de la Luftwaffe ayant remporté plus de 150 victoires en combat aérien :

Erich Hartmann : 352 victoires.
Gerhard Barkhorn : 301.
Günther Rall : 275.
Otto Kittel : 267.
Walter Nowotny : 258.
Wilhelm Bätz : 237.
Erich Rudorffer : 222.
Heinz Bär : 220.
Hermann Graf : 212.
Theodor Weissenberger : 208.
Hans Philipp : 206.
Walter Schuck : 206.
Heinrich Ehrler : 204.
Anton Hafner : 204.
Helmut Lipfert : 203.
Walter Krupinski : 197.
Anton Hackl : 192.
Joachim Brendel : 189.
Max Stotz : 189.
Joachim Kirschner : 188.
Kurt Brändle : 180.
Günther Josten : 178.
Johaness Steinhoff : 176.
Ernst-Wilhelm : 174.
Günther Schack : 174.
Emil Lang : 173.
Heinz Schmidt : 173.
Horst Ademeit : 166.
Wolf-Dietrich Wilcke : 162.
Hans-Joachim Marseille : 158.
Heinrich Sturm : 158.
Gerhard Thyben : 157.
Hans Beisswenger : 152.
Peter Duttmann : 152[6].

6. Archives militaires allemandes, Fribourg-en-Brisgau.

Erich Hartmann, l'as des as de tous les temps

Titulaire de 352 victoires homologuées en combat aérien sur une période s'étendant de novembre 1942 à mai 1945, Erich Hartmann, né le 19 avril 1922 à Weissach dans le Wurtemberg en Allemagne, a sans doute pulvérisé tous les records de chasse aérienne quelle que soit l'époque. Sa famille est passionnée d'aviation ; sa propre mère fonde en 1936 une école de vol à voile. Le jeune Erich obtient, à seulement 14 ans, deux brevets de pilote de planeur, puis devient l'année suivante instructeur dans un groupe de vol à voile des Jeunesses hitlériennes. Entré en octobre 1940 dans la Luftwaffe comme élève officier, après avoir obtenu son baccalauréat, ses camarades le surnomment « Bubi », ce qui signifie « petit garçon ». En effet, son visage d'enfant, ses yeux bleus et sa chevelure blonde lui donnent une allure particulièrement juvénile.

> « Son idole est alors Werner Mölders, as de la légion Condor pendant la guerre d'Espagne, qui mourra le 23 novembre 1941 en se rendant aux obsèques de Ernst Udet, aux commandes d'un Heinkel He 111 avec lequel il percutera une cheminée d'usine par un temps exécrable[7]. »

Entré à l'école de pilote en mars 1941, « Bubi » est lieutenant à 20 ans. Ses instructeurs remarquent immédiatement ses talents d'aviateur. En octobre 1942, l'état-major allemand l'affecte à la 52e escadre de chasse, commandée par le colonel Dietrich Hrabak et basée à Maikop dans le Caucase sur le front soviétique. Il pilote un Messerschmitt Bf 109G, volant à 620 km/h, armé d'un canon de 30 mm et de 2 mitrailleuses de 7,92 mm. Cette nouvelle version de l'appareil surclasse à l'époque une partie des chasseurs soviétiques.

Avant de rejoindre son unité, Erich Hartmann embrasse celle qu'il aime, la ravissante Ursula Paetch, née le 23 mars 1924, aussi brune qu'il est blond, et qu'il surnomme tendrement Usch.

Lorsqu'il écrit à sa bien-aimée, quelques jours après son arrivée à la 52e escadre, Hartmann n'est pas très fier de lui. En effet, lors de ses deux premières missions contre les Soviétiques, il casse à deux reprises son avion durant l'atterrissage. Il est vrai que le terrain d'aviation n'est pas des plus faciles avec sa piste endommagée par les

7. Hans Wing, « Les chasseurs du ciel 1914-1981 », *Historia*, n° 420 *bis*, Tallandier, 1981.

bombes ennemies. La seconde fois, il se retrouve à l'hôpital, avec une commotion cérébrale.

Découragé, Hartmann sombre dans une profonde déprime, persuadé qu'il ne deviendra jamais un bon pilote de chasse. Il adresse une lettre désabusée au colonel Hraback : « Il ne sert à rien que je m'obstine à voler. Il est préférable que j'abandonne[8]. »

Le colonel Dietrich Hraback n'est pas du tout de cet avis. Il fonce à l'hôpital pour remonter le moral de son pilote et, jour après jour, il l'aide à retrouver pleinement confiance.

Le 5 novembre 1942, Hartmann obtient sa première victoire, à l'issue d'un incroyable combat tournoyant à 8 000 mètres d'altitude, après avoir failli percuter son adversaire. Ensuite, les victoires s'accumulent. Fin avril 1943, il a déjà effectué 110 missions en qualité d'ailier et, avec 8 victoires à son actif, il devient leader.

Le 1er août 1943, Günther Rall, commandant le 3e groupe de la 52e escadre, lui donne le commandement de la 9e escadrille dont le chef, le lieutenant Korts, vient de tomber au combat. Erich totalise alors 46 victoires.

Le 5 août de la même année, son score monte à 60 victoires et le 17 août à 80, c'est-à-dire autant que le record établi par Manfred von Richthofen, l'as allemand de la Première Guerre mondiale !

Quelques jours après, Hartmann est à la recherche de sa 90e victime, au-dessus du Caucase. Il affronte principalement des chasseurs Yak 9, volant à 585 km/h, armés chacun d'un canon de 37 mm et d'une mitrailleuse de 12,7 mm, ainsi que des avions antichars Shturmovik volant à 404 km/h, armés chacun de 2 canons de 20 mm, d'une mitrailleuse de 12,7 mm, de 2 mitrailleuses de 7,62 mm et transportant 400 kg de bombes. Ce dernier appareil est une proie facile pour la chasse allemande, ainsi que les vieux chasseurs Polikarpov I16, dont la vitesse maximale ne dépasse pas 525 km/h. Il est important de signaler les caractéristiques de ces appareils, tous surclassés en vitesse par le Messerschmitt Bf 109G. Cela explique en partie le nombre incroyable de victoires de certains as allemands, dont Hartmann, sans minorer les indéniables qualités de pilotage de ces hommes. De plus, de nombreux pilotes soviétiques bénéficient d'un entraînement sommaire, faisant d'eux des proies faciles pour les pilotes allemands.

Contre une formation de Yak, Erich Hartmann choisit toujours son adversaire. Il s'en approche de plus en plus près ; à une distance

8. Archives militaires allemandes, Fribourg-en-Brisgau.

à laquelle les autres pilotes jugent bon de rompre, lui, au contraire, continue de s'approcher, s'estimant encore trop loin. Le Yak grossit dans le collimateur. Il tire une seule rafale, parfaitement ajustée. L'avion soviétique explose souvent en plein vol!

Un jour d'août 1943, Hartmann n'a pas le temps de savourer sa 90e victoire. Deux Yak foncent sur lui. Il vire sec vers le plus proche, tire et l'abat: 91e victoire! Mais le second est derrière lui et tire. Hans Wing témoigne:

> « Le Messerschmitt est touché. Des flammes jaillissent du moteur. Il faut sauter en parachute.
> « Pas de chance pour Hartmann: un vent violent l'entraîne vers les lignes soviétiques. Dès qu'il touche le sol, des soldats russes l'entourent, hurlant: "Haut les mains!" Un officier se précipite, le fouille puis lui ordonne de s'asseoir dans une voiture qui démarre aussitôt.
> « Un kilomètre plus loin, Hartmann bouscule son garde du corps, saute de la voiture et, après un roulé-boulé sur un sol caillouteux, fonce vers un bois proche. Des coups de feu claquent, mais, par miracle, il n'est pas touché. Le voici dans le bois courant à perdre haleine…
> « Où aller? Comment se diriger?
> « Soudain, l'idée. Le grondement de l'artillerie. Il le perçoit de mieux en mieux. Il lui servira de boussole.
> « Après s'être caché dans le bois jusqu'au coucher du soleil, Hartmann se met en marche la nuit tombée. Il traverse champs, vallées, rivières. Il entend la canonnade dans le lointain.
> « — Halte!
> « Un coup de fusil claque.
> « — Ne tirez pas, crie Erich, je suis Allemand, comme vous!
> « La sentinelle est à une vingtaine de mètres de lui. Il s'approche et se rend compte que le soldat est pratiquement paralysé par la peur. Il doit le rassurer! Quelques minutes après, il se présente à un officier allemand de l'artillerie. Et seulement trente-six heures après avoir été obligé d'abandonner son avion, "Bubi" est de retour à la 52e escadre où ses camarades vont le fêter royalement[9]. »

9. *Historia*, n° 420 bis, *op. cit.*

Le 14 juin 1943, Hartmann se fiance avec Ursula, lors d'une permission en Allemagne. En octobre 1943, il obtient sa 150e victoire et reçoit la Croix de chevalier. Il devient le pilote le plus redouté des Soviétiques qui le surnomment le « Démon noir ». Sa tactique de combat est totalement au point. Il évite désormais les combats tournoyants du début. Il écrit lui-même :

> « De la rigueur, de la technique, une parfaite connaissance des réactions des pilotes soviétiques et aussi des caractéristiques des avions ennemis, ainsi que les structures de ces appareils, dont les points faibles au niveau du blindage. Un chasseur qui tire de loin : rien à craindre, c'est un jeune ou un maladroit ; en revanche, il faut se méfier de celui qui s'approche de plus en plus sans tirer, il s'agit certainement d'un "vieux renard".
> « Quant aux avions russes, je connais parfaitement leurs points faibles. Ainsi, le redoutable bombardier antichar Shturmovik est le plus difficile à abattre du fait de son blindage. Certes, il est lent et n'est pas aussi maniable ni rapide que les Yak, mais il peut encaisser une quantité étonnante de projectiles, à un point tel que ceux-ci rebondissent contre le formidable blindage qui entoure le cockpit. Mais j'ai trouvé la faille du Shturmovik : son radiateur d'huile installé sous le fuselage. J'attaque cet avion en me présentant sous un angle de 15 à 20 degrés, par en dessous, afin d'éviter d'être dans la ligne de tir du mitrailleur arrière. Une fois son radiateur d'huile touché, le Shturmovik brûle. Autre point faible de cet appareil, les attaches des ailes au fuselage : Ce sont les endroits que je vise lorsque cet avion russe vole en rase-mottes[10]. »

Les ravages causés dans le ciel du Caucase par le « Démon noir » se poursuivent à un rythme époustouflant, ainsi que les décorations qui suivent : les feuilles de chêne pour sa 200e victoire et les épées pour la 263e ! Le 24 août 1944, c'est la 300e victoire, suivie le même jour par la 301e ! Ses camarades de combat le fêtent, inscrivant à la crème le chiffre 300 sur un énorme gâteau. Le lendemain, le colonel Hrabak le convoque et lui annonce :

10. Archives militaires allemandes, Fribourg-en-Brisgau.

> « Bravo "Bubi" ! Le Führer vient de vous conférer les diamants. Vous vous présenterez après-demain au QG d'Insterburg pour les recevoir de sa main. N'oubliez pas qu'avant vous, six pilotes seulement ont reçu cette haute distinction[11]. »

Deux jours plus tard, Erich Hartmann est décoré par Hitler qui l'invite à déjeuner avec lui.

> « "Il en faudrait beaucoup comme vous mon cher Hartmann, mais militairement la guerre est perdue, lui dit le *Führer*, visiblement épuisé. Vous devez déjà le savoir. Mais il existe tellement de divergences entre les Anglais et les Américains d'une part, les Russes de l'autre, qu'il nous suffit de tenir pour attendre. Les Russes se battront bientôt contre leurs alliés d'aujourd'hui comme contre nous. Au fait, Hartmann, que pensez-vous des bombardements anglo-américains sur l'Allemagne ?
> — Il me semble que nous n'abordons pas correctement ce problème.
> — Pourquoi ?
> — Le maréchal Göring a ordonné de décoller dès que les bombardiers se présentent, de jour et de nuit quel que soit le temps.
> — Est-ce une erreur ?
> — Oui, *mein Führer*. Nous perdons ainsi inutilement trop de pilotes en les forçant à décoller et atterrir dans des conditions où les accidents sont inévitables. Une année, au moins, serait nécessaire pour donner à tous les pilotes la compétence indispensable. Ce qu'il faudrait, c'est effectuer des attaques massives quand les conditions météorologiques sont favorables.
> — Selon vous, l'entraînement de nos pilotes de chasse est insuffisant ?
> — Absolument, *mein Führer*. À mon escadrille, en Russie, arrivent des jeunes qui ont tout juste une soixantaine d'heures de vol dont vingt seulement sur Messerschmitt 109. Ceci explique la plupart de nos pertes sur le front oriental. Ces jeunes pilotes se font abattre presque aussitôt. Ils ne sont pas prêts pour le combat. C'est un crime, *mein Führer*."
> Hitler semble de plus en plus las.

11. *Ibid.*

> “Hartmann, tout ce que vous me dites est sans doute vrai, murmure-t-il, mais désormais, il est trop tard[12].” »

L’entretien se termine ainsi. Malgré ses 301 victoires et les diamants, Hartmann est bien triste. Il ne peut dissiper la certitude qu’il a désormais, à savoir que la défaite est inévitable. Le lendemain, partant pour une permission chez ses parents à Stuttgart, il décide que sa « 302e victoire » sera Ursula. Il va l’épouser.

De retour sur le front oriental, les combats se poursuivent pour lui. La 52e escadre est engagée à fond contre des hordes d’avions soviétiques de plus en plus nombreux. L’unité de chasse opère désormais en Tchécoslovaquie. Galland lui propose de rejoindre son escadrille d’as, équipée des redoutables Messerschmitt Me 262, premiers avions militaires à réaction. Hartmann refuse cette proposition et, promu capitaine, reprend le commandement d’une escadrille au sein de son escadre.

La fin de la guerre approche. Les conditions de combat des pilotes allemands sont de plus en plus difficiles. En décembre 1944, Hartmann est un jour confronté à 9 chasseurs Mustang P51, appareils américains volant à 703 km/h et armés de 6 mitrailleuses de 12,7 mm. Après avoir descendu un de ces appareils, il ne doit qu’à son adresse d’échapper aux tirs des huit autres. Le 8 mai 1945, jour de la capitulation de l’Allemagne, il abat son 352e avion allié sur la version la plus moderne du Messerschmitt Bf 109, à savoir la K4, atteignant la vitesse de 727 km/h et armée de deux mitrailleuses de 13 mm et d’un canon de 30 mm.

Hartmann, apprenant ensuite la capitulation de son pays, décide de se rendre aux Américains, qui le livrent aux Soviétiques. Son fils, Peter Erich, voit le jour le 21 mai 1945, mais son père ne l’apprend qu’en mai 1946, grâce à une lettre de sa femme que les Russes acceptent enfin de lui donner. Mais l’enfant ne survit pas aux dures conditions de l’après-guerre et meurt à l’âge de deux ans et neuf mois. Erich Hartmann n’apprend la mort de son fils, qu’il ne verra jamais, qu’un an après le drame en question.

L’as des as de la Luftwaffe refuse de collaborer avec les Soviétiques, dans le cadre de la guerre froide. Il est donc condamné à vingt-cinq ans de travaux forcés. Il n’a que 23 ans en 1945. Durant six années, ses geôliers le menacent, tentent de le corrompre, mais il tient bon et

12. *Ibid.*

aide beaucoup de ses compatriotes, prisonniers de guerre comme lui, à résister. Les Russes le changent plusieurs fois de camp pour finalement, en 1953, l'emprisonner dans celui de Diaterka, dans l'Oural.

Sa femme lui écrit tous les jours, mais les Soviétiques ne donnent à Erich Hartmann qu'une lettre sur dix. De son côté, il n'a le droit d'écrire que 20 lignes par mois.

En 1955, alors qu'il vit sa dixième année de captivité, le chancelier fédéral de l'Allemagne de l'ouest, Konrad Adenauer, parvient à obtenir sa libération en octobre. Erich Hartmann est conduit à Rostov, où il monte dans un train : Voronej, Stalinogorsk, Moscou, Briansk, le train roule vers l'Europe de l'Ouest… la Pologne… l'Allemagne orientale… et, enfin, Herleshausen. Il est libre ! Le lendemain matin, à 6 heures, il prend sa femme dans ses bras.

Erich Hartmann intègre la nouvelle Luftwaffe, créée en 1956 avec le soutien des Américains. Il suit une formation militaire aux États-Unis sur le matériel de l'Otan, le F84, après s'être entraîné sur des T6 et autres T33. De retour en Allemagne, il prend le commandement de la première escadrille de chasse à réaction allemande de l'Ouest de la 71e escadre Richthofen.

Le 27 février 1957, à Tübingen, sa femme donne naissance à une petite fille blonde, appelée Ursula Isabel. Son père, Erich Hartmann, est mis à la retraite en 1970 avec le grade de colonel. Il décède le 20 septembre 1993 à Weil-im-Schönbuch. Son épouse meurt le 3 février 1996.

Erich Hartmann, outre ses 352 victoires aériennes confirmées, totalise 1 404 missions de combat de 1942 à 1945. Son tableau de chasse final comprend 280 chasseurs et 72 bombardiers.

Heinz-Wolfgang Schnaufer, l'as de la chasse de nuit ou la vie incroyable d'un rêveur casqué

Heinz-Wolfgang Schnaufer voit le jour le 16 février 1922 à Calw, dans le Bade-Wurtemberg, au nord de la Forêt-Noire, à une trentaine de kilomètres à l'ouest de Stuttgart, à l'époque de la République allemande de Weimar. Il est le premier des quatre enfants de la famille – viendront ensuite son frère Manfred, sa sœur Waltraut et son frère Eckart, tous issus de l'ingénieur mécanique et marchand de vin Alfred Schnaufer et de son épouse Martha, née Frey.

Heinz-Wolfgang Schnaufer a la chance de naître dans une famille aimante, attachée au bonheur de leurs enfants. La belle Forêt-Noire, toute proche de la pittoresque cité de Calw, offre à Heinz-Wolfgang la possibilité d'y accomplir de longues promenades, pour se ressourcer en pleine nature. Très sportif, il fait des balades à vélo, pratique divers sports, dont la course de fond. C'est un enfant surdoué, qui ne tient pas en place. Il est passionné par l'histoire militaire, l'aviation, Léonard De Vinci. Il dessine, écrit des poèmes, s'intéresse également à la mystique chrétienne, dont celle de Maître Eckhart. Il aime écouter la musique de Wagner, qui semble l'amener dans un autre monde, peuplé de chevaliers, de mythes et de légendes.

Pendant les vacances, il se sauve tous les matins pour jouir de la beauté sereine de la forêt la plus proche et des prairies environnantes. Un rayon de lumière perce la nuée, comme la flèche d'un dieu, puis il y a d'autres rayons et, enfin, toute une gerbe de lumière. L'azur du ciel se fond en une merveilleuse symphonie de couleurs. Les vapeurs matinales disparaissent, et le soleil brille, semblable à un disque d'or. Il cherche à habituer ses yeux à cette lumière ; une lumière libérée de toute blessure intérieure. Tout devient pour lui objet de découverte, de contemplation et d'évasion, loin du regard oppressant de la bourgeoisie locale. Il puise dans cet environnement sauvage cette première conscience vive du monde, cette sensualité de la nature, cet amour des grands espaces. Il découvre la marche sous un ciel sans nuage, caressé par le vent, dans l'herbe empreinte de rosée du matin.

Il y a chez lui une soif d'aventure, le refus d'une existence médiocre, la quête lancinante d'un idéal, riche de courage et de don de soi pour la patrie. Au service de cette exigence, une volonté implacable, une persévérance indestructible et une énergie entreprenante viennent enrichir sa soif d'absolu. À l'école, c'est un élève brillant, bienveillant, généreux, solitaire, observateur et silencieux. Il dévore les livres, pour voyager, imaginer et rêver plus encore. L'aviation le fascine. Il découvre au fil de ses lectures les récits incroyables et héroïques des as allemands de la Première Guerre mondiale. Il veut voler et devenir lui aussi un de ces héros militaires allemands. Les souvenirs de 14-18 sont omniprésents dans sa famille ; on en parle régulièrement.

Heinz-Wolfgang Schnaufer collectionne des reproductions en miniature d'avions allemands de la Grande Guerre. Doué pour la mécanique, sous l'influence de son père, il aime construire des maquettes et s'intéresse au fonctionnement des moteurs permettant l'envol des avions. Mais il rêve surtout de piloter, ivre de liberté dans un ciel immense, où les limites semblent abolies. Fasciné par la beauté martiale du casque allemand modèle 1916, il aspire à une carrière militaire. C'est un rêveur casqué !

Dans ses moments d'indépendance, il écrit déjà ses premiers textes, ses premiers vers, comme par jeu, pour les images, pour la musique. Il caricature gentiment les médiocres et autres prétentieux, parce qu'il se sent différent. Ses professeurs le jugent supérieurement intelligent, bienveillant, sensible et volontaire, tendu par l'anxiété, le désir et l'impatience. Face à un monde désenchanté, il dissimule une certaine mélancolie sous une feinte gaieté. C'est un romantique, avide d'aventures en plein ciel.

Religieux, il suit avec intérêt le catéchisme, découvre dans les Évangiles la valeur de l'amour au-delà du sentimentalisme et la mission de l'être humain : changer la vie. Il voit cependant un décalage énorme entre le message profondément mystique de Jésus Christ et l'attitude fermée, étroite et sectaire de la bourgeoisie bigote qui l'entoure souvent. Les grenouilles de bénitier finissent par le révulser.

Il passe parfois ses vacances dans les Alpes proches de l'Allemagne du Sud. Il aime admirer la beauté majestueuse des sommets enneigés, sous un ciel bleu sans nuage. Cette admiration des hommes pour ces paysages grandioses est si forte et si durable qu'on est tenté d'en attribuer l'influence à une sorte de charme surnaturel. Dans les vallées et les cols, les légendes païennes se mêlent aux croyances religieuses chrétiennes. Il est vrai que la montagne, par sa grandeur et sa beauté immuable, renvoie à la patrie intérieure des hommes libres. Les poètes et les peintres y ont trouvé certains des thèmes préférés de leurs inspirations : chaîne d'un blanc immaculé, cirques enveloppés de nuées, cascades et gorges fumantes, sapins échevelés, lacs majestueux, troupeaux au pâturage…

Dans la proximité du ciel et de l'abîme, parmi la grandeur silencieuse et immobile des cimes, la clarté éblouissante des glaciers, il retrouve la sensation des expériences mystiques de son enfance, qu'il va ensuite retrouver en pilotant. Grimper de rocher en rocher, de prise en prise, pour retrouver ensuite la joie d'une indicible libération lorsque le sommet est atteint et que se présentent des horizons vertigineux. Il y voit la possibilité effective d'une catharsis.

Pour lui, la spiritualité de la montagne, tout comme l'expérience altière du pilotage d'avion, concerne celui qui a vu disparaître derrière lui tout ce qui lui semblait, dans la vie ordinaire, le plus important. Ce qui lui parle et l'entraîne désormais, c'est le puissant message intérieur de la montagne et du ciel en tant que symboles spirituels. C'est à ce niveau que doit survenir la pleine et claire conscience de soi. La montagne et le ciel sont désormais dans l'esprit, le symbole est devenu réalité, les apparences se sont dissipées. La montagne et le ciel ne sont plus uniquement aventure insolite, évasion romantique, sensation contingente, lyrisme verbeux, héroïsme physique, sport plus ou moins technique ; ciel et montagne se rattachent à quelque chose qui n'a ni commencement ni fin : une paix et une force intérieures inébranlables.

Se sentant revivre à l'approche des montagnes touchant le ciel, il va de nouveau parcourir les sentiers caillouteux, respirer la fragrance des sapins et des fleurs, laper l'eau claire et glacée des torrents, retrouver la sensation grandiose de l'altitude : royaume où existent encore selon lui le sens de l'honneur, le panache, la droiture et le courage.

Le chalet, où Heinz-Wolfgang réside durant certaines vacances, semble inhabité au milieu d'un bosquet d'arbres verts. Les sapins mêlent leur parfum à celui des roses, qui envahissent le jardin de leur végétation indomptable. Le long de l'allée, les massifs de rosiers blancs ondulent au moindre souffle de la bise et jonchent le sol d'un tapis de neige embaumée. Au-dessus des sombres forêts de sapins, la chaîne rocheuse se dresse, majestueuse et figée dans sa beauté immuable. Des oiseaux, qu'on ne voit pas, chantent. À divers endroits, des grillages servent à faire sécher le foin. Les prairies environnantes sont déjà couvertes de fleurs aux noms poétiques : gentianes bleu foncé, edelweiss, campanules bleues, anémones aux six pétales, soldanelles mauves, saxifrages blanches étoilées, lis martagon…

Heinz-Wolfgang contemple cette nature en pleine lumière, comme un poète devant une œuvre d'art. Après les affres de la vie scolaire débute une exquise période de bonheur. Il vit, serein, dans l'oubli complet de toute chose. Chaque instant est d'une ineffable douceur. Il remarque que le massif alpin s'anime de teintes changeantes, rosées, violentes ou douces, suivant l'éclairage de la journée. La nuit tombée, cette forteresse rocheuse se transforme en silhouette énigmatique, menaçante et torturée. La nuit l'attire alors comme dans un rêve riche d'aventures incroyables.

Au bord de la route qui traverse le bourg du nord au sud, les voitures, les landaus et les bus stationnent devant les hôtels, les chalets et les auberges. Des touristes, sac au dos, chaussures de randonnée aux pieds, parfois le piolet à la main, couverts de l'épaisse poussière de la route, montent et descendent sans cesse les marches des hôtelleries.

Heinz-Wolfgang aime quitter le bourg, trop animé à ses yeux, et marcher sur un sentier qui s'engage entre les sapins. Le ciel semble si proche de la terre que l'on se perd dans l'ineffable. Il chemine d'un pas alerte et léger. Au milieu de cette immensité intemporelle, il voit s'éveiller en lui le feu des grandes passions créatrices. Il aime se rendre près du lac de Constance, proche d'impressionnantes montagnes et d'immenses forêts. Ses rives capricieuses enserrent une eau vert émeraude, d'une limpidité de cristal. Le souffle du vent dessine la courbe des collines, telles des lèvres silencieuses. La nature offre une myriade de couleurs chatoyantes. En fin de journée, les cimes se poursuivent, l'une l'autre, jusqu'à s'estomper en courbes mauves et or. À cet instant précis, il sait que la vie n'est pas une simple évasion romantique, mais un élargissement de la conscience, une bénédiction au-delà des certitudes de l'entendement. Il goûte cet instant de plénitude avec le sentiment de s'y perdre.

Dès l'âge de six ans, Heinz-Wolfgang commence sa scolarité à l'école primaire de Calw. À seulement onze ans, il exprime le souhait de rejoindre une organisation paramilitaire, la Jeunesse allemande. Très patriote, estimant que l'Allemagne a été injustement humiliée par le traité de Versailles de 1919, où les vainqueurs ont jugé arbitrairement les vaincus, il réussit l'examen d'entrée aux instituts politiques nationaux de l'éducation de Backnang, un pensionnat fondé par l'État national-socialiste. Il termine chaque année en tête de sa classe. À 17 ans, en novembre 1939, il obtient son diplôme supérieur avec distinction. Il obtient également plusieurs certificats sportifs. Il aime cette vie paramilitaire, fondée sur le sens de l'honneur, du courage, de la fidélité, tout en condamnant secrètement en lui le racisme et l'antisémitisme. Il obtient sa licence pour piloter des avions planeurs. En 1939, il est affecté au Napola (école paramilitaire) de Potsdam.

Heinz-Wolfgang réussit ses examens d'entrée chez les élèves-officiers de la Luftwaffe. Il la rejoint le 15 novembre 1939, suit sa formation militaire de base à Salzwedel, puis de vol à l'école de pilotage de Guben. Celle-ci terminée le 20 août 1940, il est formé pour piloter divers types d'avions. Il fréquente ensuite l'école de pilotage avancée à Alt Lönnewitz, près de Torgau. Il est promu sergent cadet le 1er septembre 1940, sergent major de compagnie le 1er février 1941, puis au grade de sous-lieutenant le 1er avril 1941. Près de Munich, il suit une formation spéciale de pilote de chasse de nuit sur Messerschmitt Bf 110. Cet appareil à long rayon d'action, construit de 1939 à 1944 à 6 100 exemplaires, atteint la vitesse maximale de 540 km/h et dispose comme armement de 2 canons de 20 mm et de 5 mitrailleuses de 7,92 mm, ainsi que d'une autonomie de 1 125 kilomètres. Deux à trois hommes en forment l'équipage.

En novembre 1941, Schnaufer est affecté au 2e groupe de la 1re escadre de chasseurs de nuit, basés à Hambourg. Le 15 janvier 1942, il est affecté avec son groupe de chasse à Saint-Trond en Belgique, puis le 8 février 1942 à la base aérienne de Koksijde. Il opère ensuite avec son groupe de plusieurs aérodromes, notamment en Allemagne à Bonn-Hangelar. Le 10 avril 1942, il se trouve de nouveau à Saint-Trond. Il remporte sa première victoire aérienne le 2 juin 1942, à 1 h 55 du matin, en descendant un bombardier britannique Handley-Page Halifax (piloté par le sergent Thomas West), au sud de Louvain en Belgique. Vers 3 heures du matin, volant dans les environs de Gand, Schnaufer repère une autre cible. Lors de ce combat, il est blessé par une balle de mitrailleuse au mollet gauche, mais parvient à rejoindre sa base. Hospitalisé pour y être soigné, il doit attendre deux mois pour remporter ses deuxième et troisième victoires, aux premières heures du 1er août 1942 : deux bombardiers britanniques.

Puis les victoires s'accumulent. Il est le pilote de chasse de nuit le plus titré de la Seconde Guerre mondiale, crédité de 121 victoires en seulement 164 missions de combat. Son score total comprend notamment 114 bombardiers quadrimoteurs de la Royal Air Force. Son carnet de vol indique 2 300 décollages et 1 133 heures de vol. Durant la seule nuit du 21 février 1945, il parvient à abattre 9 bombardiers Lancaster ! Sa dernière victoire, la 121e, est remportée le 7 mars 1945, également contre un bombardier Lancaster. Élevé au grade de commandant d'escadre le 20 novembre 1944, il est alors le plus jeune officier de la Luftwaffe à ce rang, à l'âge seulement de 22 ans. Le 16 octobre 1944, il reçoit la Croix de chevalier de la croix de fer avec feuilles de chêne, épées et diamants, la plus haute décoration militaire allemande de l'époque.

Les principaux bombardiers descendus par Schnaufer sont des Lancaster, le meilleur appareil britannique de cette catégorie, véritable forteresse volante armée de 10 mitrailleuses de 7,62 mm et transportant près de 10 000 kg de bombes, volant à 462 km/h, avec une autonomie de 2 671 kilomètres. Attaquer de nuit un avion aussi puissamment armé exige beaucoup de courage.

Durant cette guerre, Schnaufer n'a fait que défendre son pays des bombardements aériens, qui tuaient de nombreux civils allemands, dont beaucoup de femmes, d'enfants et de vieillards. Il n'a participé à aucune attaque en territoire ennemi. De plus, ses sentiments politiques n'ont rien de ceux d'un extrémiste. D'après certaines sources et plusieurs témoins, il serait intervenu pour faire libérer des civils arrêtés par le régime hitlérien. Bien que décoré des plus hautes distinctions militaires allemandes, il est resté humble, tout en faisant preuve d'une grande générosité envers son entourage.

Fait prisonnier de guerre par l'armée britannique dans le Schleiswig-Holstein en mai 1945, Schnaufer est libéré en août, puis admis dans un hôpital de Flensburg, victime d'une combinaison de diphtérie et de scarlatine. Les pilotes alliés les plus insignes admirent sa bravoure au combat et viennent lui rendre visite lors de son emprisonnement et son hospitalisation. Après sa sortie d'hôpital, il hérite de l'entreprise viticole familiale, bien qu'il n'ait jamais prévu de prendre la suite de cette activité commerciale. Il rétablit les liens commerciaux avec les fournisseurs et les clients. Il réfléchit également à trouver un poste de pilote dans l'aviation civile, notamment en Amérique latine. Ce projet ne pourra aboutir.

En juillet 1950, Heinz-Wolfgang Schnaufer se trouve en France, afin d'acheter du vin dans la région de Bordeaux. Dans l'après-midi du 13 juillet, alors à bord de sa Mercedes-Benz 170, il est victime d'un accident de la route, près de Cestas, au sud de Bordeaux en Gironde. Son véhicule est violemment heurté par un camion, transportant 30 bouteilles de gaz vides. Une des bouteilles de gaz quittant le camion le blesse gravement à l'arrière de la tête. La police arrive sur les lieux vers 19 h 30, suivie d'une ambulance peu de temps après. Schnaufer, souffrant d'une fracture du crâne, est immédiatement conduit à l'hôpital Saint-André de Bordeaux. Il ne reprend pas connaissance et succombe à sa blessure le 15 juillet 1950, à l'âge de 28 ans. Le chauffeur du camion, Jean-Antoine Gasc, sera reconnu coupable de ne pas avoir cédé le passage à l'intersection du lieu de l'accident. Heinz-Wolfgang Schnaufer repose au cimetière de Calw. Les descendants de sa famille exploitent avec succès l'entreprise commerciale, spécialisée dans les vins de haute qualité[13].

13. Gebhard ADERS, *Histoire de la force allemande de combat de nuit 1917-1945*, Janes Publishing, 1978. Franz KUROWSKI, *Major Heinz-Wolfgang Schnaufer*, éditions Fleschsig, 2010.

15

Ces héros français oubliés

On connaît les exploits militaires des quatre futurs maréchaux français de ce conflit, à savoir Jean de Lattre de Tassigny, Philippe Leclerc de Hauteclocque, Alphonse Juin et Pierre Koenig, ainsi que les sacrifices de grands résistants comme Jean Moulin, Pierre Brossolette, Charles Delestraint et Missak Manouchian. D'autres figures, souvent oubliées ou méconnues, méritent également l'admiration du pays. Voici donc ces Français admirables, sortis de l'oubli du temps passé.

Georges Bergé, parachutiste de la France libre

Dans le cadre de la lutte contre les Italiens et les Allemands, le général de Gaulle poursuit le combat avec les Forces françaises libres, présentes aux côtés des troupes britanniques. À cette occasion, Georges Bergé, officier parachutiste gaulliste de la première heure, se distingue particulièrement.

Georges Bergé voit le jour le 3 janvier 1909 à Belmont, dans le Gers. Il s'oriente vers une carrière militaire, s'illustre durant les combats de mai-juin 1940, dans le nord de la France. Blessé lors d'une contre-attaque près de Bousies, le capitaine Georges Bergé est évacué à Arras, ensuite à Caen et finalement à Mimizan dans le Sud-Ouest. Voulant poursuivre la guerre aux côtés du général de

Gaulle, il s'embarque pour la Grande-Bretagne à Saint-Jean-de-Luz, sur un navire polonais, le *Sobieski*, le 21 juin 1940.

> « Je rallie les Forces françaises libres à Londres. Je rencontre le général de Gaulle le 24 juin et lui propose de créer une unité de parachutistes. Après un stage à l'école britannique de Ringway, je suis breveté parachutiste le 25 décembre 1940, en même temps que les engagés français de la 1re compagnie d'infanterie de l'air (CIA), dont les effectifs reposent sur 2 officiers, 4 sous-officiers et 19 hommes de troupe.
> « Du 15 mars au 5 avril 1941, je me trouve en opération spéciale, dans le cadre d'une mission secrète en France occupée (mission Savannah), durant laquelle je fonde un noyau de résistance à Bayonne. Il s'agit de regrouper des patriotes spécialisés dans l'évasion par les Pyrénées et le renseignement sur les unités allemandes présentes dans la région.
> « Revenu en sous-marin en Angleterre, je fonde, sous le commandement du Bureau central de renseignements et d'action (BCRA), à savoir les services spéciaux de la France libre, une école de formation d'agents, où seront formés la plupart des radios et agents parachutés en France en 1941 et 1942.
> « Lors du premier trimestre 1941, l'instruction de la 1re section parachutiste se poursuit à Camberley, quartier général des Forces françaises libres, tandis qu'à Ringway, une seconde section est brevetée le 21 février et une troisième le 10 avril 1941. À cette date, la 1re CIA (compagnie d'infanterie de l'air) passe sous le contrôle des forces terrestres et devient la 1re compagnie parachutiste, avec 9 officiers, 19 sous-officiers et 70 hommes de troupe. L'ensemble est regroupé à Exbury le 15 mai 1941.
> « La 2e section, constituée de parachutistes destinés à l'action commando, est placée sous mes ordres (deux officiers, un médecin auxiliaire, trois sous-officiers et cinquante caporaux et hommes de troupe). On embarque le 21 juillet 1941 à Glasgow en direction du Levant. Après quarante-deux jours de mer, on débarque à Suez pour rejoindre Beyrouth. Le 25 septembre 1941, par décision du général de Larminat, commandant les Forces françaises libres (FFL) au Moyen-Orient, la 1re compagnie parachutiste devient le peloton parachutiste du Levant et repasse sous le commandement de l'armée de l'air. Le 15 octobre, l'unité prend le nom de 1re compagnie de chasseurs parachutistes (CCP). Durant toute cette période, l'instruction se poursuit sur la base

aérienne de Mezzé. Le 2 janvier 1942, on arrive en Égypte pour être insérés dans les forces militaires britanniques, luttant contre les troupes allemandes et italiennes en Libye. À Kabrit, sur les rives du canal de Suez, la 1re CCP intègre la brigade *Special Air Service* (*SAS*) britannique en tant que 3e *squadron*, plus connu sous le nom de *French Squadron*.

« J'accepte la proposition de David Stirling, commandant la brigade *SAS*, de participer à des raids avec de petits groupes d'hommes spécialement entraînés et équipés, parachutés, ou véhiculés, très en profondeur derrière les lignes, se déplaçant la nuit, pour pénétrer par surprise sur un aérodrome et détruire les avions à la bombe et à la mitrailleuse. En manque de personnel qualifié, le major Sitrling, qui ne dispose alors que de deux *squadrons* de cinquante hommes chacun, intervient auprès du général de Gaulle pour que nous luttions à ses côtés. Le général de Gaulle donne son accord avec enthousiasme.

« Le commandement britannique se rend compte que la Crète pose un sérieux problème au ravitaillement des troupes alliées en Égypte. De nombreux avions italo-allemands décollent de cette île et attaquent en Méditerranée les convois de navires alliés. Il en va de même des bases aériennes de l'Axe en Libye. Le major Stirling prévoit d'attaquer les principaux terrains d'aviation dans la région de Tobrouk, de Benghazi en Libye et celui d'Héraklion en Crète, dans la nuit du 12 au 13 juin 1942. Dans cette opération commando, le *French Squadron* se taille la part du lion, puisque six des huit objectifs lui sont attribués. Je suis promu au grade de commandant.

« Pour l'opération visant la Crète, le commando que je dois diriger est composé du lieutenant britannique lord Jellicoë, d'un officier grec d'origine crétoise (Petrakis) et de trois parachutistes français (Léostic, Mouhot et Sibard). On débarque du sous-marin *Triton* sur la côte nord de la Crète après quatre jours de navigation. Nous atteignons l'aérodrome d'Héraklion dans la nuit du 12 au 13 juin, mais nous sommes repérés par une sentinelle allemande au moment de passer à l'action. L'Allemand ne donne pas cependant l'alerte. Les sirènes de l'aérodrome annoncent les bombardiers britanniques. Il ne reste plus qu'à franchir le dernier réseau de barbelés et gagner un abri pour se protéger du bombardement qui commence. Le sol tremble à chacune des explosions. Je décide de reporter l'opération la nuit suivante. L'attaque est prévue à 22 h 30 le 14 juin 1942. Nous pénétrons cette fois sur le terrain sans être repérés. Méthodiquement, on passe d'un avion à l'autre, pour déposer sur chacun une charge explosive incendiaire à retardement de deux heures. Quatorze bombardiers Stukas sont piégés, puis, après avoir contourné une bâtisse, nous piégeons six autres avions alignés devant un hangar. On règle encore le sort à quatre camions et à un avion de liaison. Nous parvenons ainsi à détruire 21 avions, 4 camions et un dépôt d'essence. C'est un succès incontestable.

« Vers 2 heures du matin, alors qu'on s'apprête à quitter les lieux par la face ouest, qu'on traverse la zone des casernes, les premières charges explosives commencent à éclater. Alerte, affolement, cris chez les Allemands. Le commando, lui, discrètement, se dirige vers la sortie et, de là, vers une grotte de montagne. Si l'opération est réussie, on doit traverser la Crète du nord au sud, sur toute sa largeur, soit quarante à cinquante kilomètres en ligne droite, de nuit, en franchissant l'épine dorsale de l'île à plus de 1 000 mètres d'altitude, à la boussole et sans trop se soucier des sentiers.

« Après deux journées de marche, traqués par les troupes italiennes et allemandes, nous nous regroupons près du point de rembarquement prévu sur la côte sud. Pendant que les lieutenants Jellicoë et Petrakis reconnaissent l'itinéraire devant permettre de rejoindre la plage d'embarquement, mes trois compagnons français libres et moi-même sommes trahis par un villageois. Encerclés par une cinquantaine d'Allemands, on tente de résister. Léostic est abattu. Sibard, Mouhot et moi-même sommes capturés. Après une semaine d'interrogatoires, nous sommes dirigés sur l'Allemagne.

« Durant le même temps, les autres équipes *SAS*, en tout 25 hommes, sont transportées en avion d'Égypte jusqu'à l'oasis de Siwa, servant de base de départ. Les attaques surprises des divers aérodromes, en Libye, ne se concluent pas toutes par des succès, mais les *SAS* français libres et britanniques parviennent à détruire 38 appareils ennemis. Les raids commandos en véhicules se poursuivent. Le 8 juillet 1942, 8 avions allemands sont détruits à Fouka et 22 à Bagush. Dans la nuit du 26 au 27 juillet, 18 jeeps britanniques et françaises libres, puissamment armées (18 mitrailleuses lourdes et 18 fusils-mitrailleurs) débouchent sur l'aérodrome de Sidi Haneish : une quarantaine d'avions allemands et italiens sont détruits ou endommagés. Au total, les raids commandos des *SAS* français et britanniques mettent hors de combat 129 appareils ennemis en juin-juillet 1942.

« Interné à l'Oflag XC à Lübeck en Allemagne, j'organise un groupe d'évasion. Transféré sur la forteresse de Colditz (Oflag IVC) en janvier 1943, j'y retrouve le major Stirling et le capitaine Jordan, également capturés par les Allemands. Libéré le 16 avril 1945 par l'avant-garde de l'armée du général Patton, je suis promu au grade de lieutenant-colonel et successivement affecté à l'inspection parachutiste, au cabinet militaire du gouvernement provisoire de la République, à l'état-major général de la défense nationale et enfin à la représentation militaire de l'ambassade de France à Rome. J'y rencontre des anciens parachutistes italiens de la division Folgore, héros de Seconde Guerre mondiale en Égypte, en Libye, en Tunisie et en Italie.

« Je commande ensuite le 14e régiment d'infanterie parachutiste de choc (RIPC) à Toulouse d'août 1951 à juillet 1953. De 1953 à 1957, avec le grade de colonel, je deviens l'adjoint du général commandant les troupes aéroportées. De 1957 à 1959, je suis l'adjoint du général commandant l'aviation légère de l'armée de terre (ALAT), avant de recevoir le commandement du secteur de Corneille dans le Sud Constantinois l'année suivante, en Algérie[1]. »

Nommé général de brigade en juillet 1961, Bergé est, sur sa demande, placé en 2e section de l'état-major en janvier 1962. Président d'honneur de l'amicale des *SAS*, Georges Bergé est décédé le 15 septembre 1997 à Mimizan dans les Landes. Ses obsèques se sont déroulées à Bordeaux.

J'ai eu l'immense privilège de le rencontrer en juin 1991 au centre national Jean-Moulin de Bordeaux, afin de m'entretenir longuement avec lui. Il m'a raconté avec passion et modestie sa brillante carrière militaire.

André Jolit, capitaine FFI à 22 ans

Par son héroïsme, son abnégation, son autorité et sa grande maîtrise de soi, André Jolit s'est retrouvé à 22 ans à la tête de la plus importante unité FFI de la Gironde en 1944. Le surnom de « Foudre de guerre », donné par l'un de ses adjoints (Georges Fabas), est amplement mérité, comme nous allons pouvoir le constater.

1. Entretiens de l'auteur avec le général Georges Bergé en juin 1991.

Né le 17 juin 1922 au Bouscat, André Jolit a le malheur de perdre son père, expert-comptable, en 1937. Sa mère, d'origine basque, se remarie avec un certain Boudaut, monteur électricien en Gironde. Après un court passage au célèbre collège de Tivoli, le jeune André passe son brevet à l'école du Centre au Bouscat et obtient un diplôme d'ajusteur-outilleur pour ensuite travailler à la Bougie BG à Blaye.

Il vient juste d'avoir 18 ans lorsque l'armistice est signé entre la France et l'Allemagne le 22 juin 1940. La défaite de son pays est pour lui une humiliation qui le laisse en état de choc. Mais bien vite le traumatisme de la débâcle fait place à la révolte, puis à l'esprit de résistance devant la présence de l'occupant. Le département de la Gironde se trouve en zone occupée dès le mois de juillet 1940.

À l'automne 1940, André Jolit multiplie vainement les tentatives pour passer en Afrique du Nord, s'engager dans la Marine ou rejoindre un réseau de résistants. À cette époque, les contacts avec les mouvements clandestins sont difficiles pour un jeune de moins de 20 ans. La délation, la collaboration et la Gestapo rendent les premiers chefs de la Résistance extrêmement prudents. En novembre 1942, le débarquement américain en Afrique du Nord, suivi par l'occupation de la totalité du territoire français et le sabordage de la flotte à Toulon, ruinent ses projets. Lorsqu'il apprend l'existence des maquis, c'est là qu'il décide de se diriger.

> « Il ne faut pas croire que mon départ pour le maquis soit lié à l'institution du STO. J'avais réussi à me faire réformer par le docteur Dubroca, domicilié à Bordeaux, grâce à de fausses radios faisant croire à une bronchite chronique, empêchant mon envoi en Allemagne[2]. »

André Jolit demeure à l'époque dans la commune de Gauriac, à Marmisson, au bord de la Garonne. C'est par un séminariste de Berson qu'il réussit à trouver à La Réole une filière montée par des prêtres, dont l'abbé Leboindre qui s'occupe du réseau Amitié Chrétienne et grâce auquel Jolit part pour la Corrèze le 21 juillet 1943. De là, il se rend à Montignac-Saint-Hyppolite, entre Tulle et Egletons, à la recherche d'une entreprise dont le patron n'est autre que Salvaneix, le chef local de l'Armée secrète (AS). Ce dernier le dirige vers un petit groupe de réfractaires cachés dans les bois, sous

2. Toutes les citations qui suivent, sauf mention contraire, sont extraites d'entretiens de l'auteur avec le lieutenant-colonel André Jolit en mai 1994.

les ordres du chef Viala. Le groupe s'étoffe peu à peu, avec l'arrivée d'étudiants, d'ouvriers, de militaires et même d'un déserteur autrichien de l'armée allemande. Une cabane susceptible d'accueillir une vingtaine d'hommes, à moitié enterrée et parfaitement camouflée, est construite sur le flanc d'une colline boisée. André Jolit et ses compagnons organisent leur ravitaillement avec les paysans du coin, en contrepartie de l'aide qu'ils apportent aux travaux des champs. Ils doivent se protéger des patrouilles allemandes et des gardes mobiles de Vichy faisant la chasse aux réfractaires.

L'armement du maquis se limite à quatre mitraillettes Sten et un pistolet automatique. Afin d'éviter toute catastrophe, le maquis se limite à faire sauter quelques pylônes à haute tension. Les opérations spectaculaires, propres à renforcer le dispositif ennemi de surveillances, ont été exclues.

Cependant, en octobre 1943, les gardes mobiles de Vichy lancent une vaste opération dans la région. À la ferme de l'Esclause, cinq résistants du maquis dont le chef Viala sont capturés. André Jolit, qui s'est déjà distingué pour ses qualités, prend le commandement du groupe. Il raconte :

> « Au début de l'année 1944, 150 *feldgendarmes* tentent d'anéantir le maquis. Avertis par un jeune fermier du nom de Destremeau, nous pouvons nous replier vers Gimel. Le gourbi forestier qui était notre unique abri est détruit au lance-flammes par les Allemands. Puis, progressivement armés grâce à des parachutages obtenus par l'organisation de résistance à laquelle est rattaché notre maquis, nous utilisons de plus en plus de ces armes, soit pour nous défendre, soit pour harceler et paralyser les mouvements de l'ennemi. Tactique de combat qui va se généraliser en 1944 et s'intensifier après le débarquement. »

De cette vie communautaire difficile et dangereuse vont émerger des chefs exceptionnels auxquels sont confiées d'importantes missions. André Jolit fait partie de cette poignée de braves.

Après le démantèlement par la Gestapo des réseaux d'André Grandclément et l'arrestation de Claude Bonnier, délégué militaire régional envoyé par Londres, la Résistance en Aquitaine se trouve affaiblie et désorganisée en mars 1944. Pour mettre sur pied de nouveaux groupes FFI, il faut des cadres. Les responsables de la Résistance reçoivent des consignes précises : il s'agit de détecter des jeunes qui ont fait preuve d'initiative, d'audace et d'autorité dans les maquis. C'est ainsi qu'André Jolit retourne en Gironde le 1er avril 1944, avec la mission de constituer au plus vite des groupes devant être opérationnels lors du débarquement.

> « Ma première tâche, en retrouvant ma région, est de prendre contact avec le chef des corps francs de Libération nationale que l'on m'a indiqué, à savoir Lucien Nouaux, activement recherché par la Gestapo. »

Nouaux a reçu la mission du comité national des Mouvements unis de la Résistance (MUR) de réorganiser la lutte clandestine en Gironde. Pierre Dumas le conforte en lui envoyant son propre agent de liaison de Toulouse, Marc Guichard, ainsi qu'une équipe de choc composée d'André Bouillard, Jules Capdeville, Jean Mouchet, Georges Fabas et André Danglade. Secondé par cette équipe dynamique, Lucien Nouaux fonde le Corps franc Marc. Entre mars et août 1944, cette unité accomplit 90 % des sabotages en Gironde.

Lucien Nouaux charge André Jolit de former en divers endroits du Blayais de petites unités de 4 ou 5 personnes, qui doivent accomplir des sabotages et des embuscades le moment venu.

> « En peu de temps, épaulé par mon beau-père (Boudaut) et un ami (Pradel), je parviens à créer de nombreuses équipes comprenant les responsables suivants : Guy Baron à Marcillac, Daudin à Reignac, Emmanuel Blanchard à Etauliers, Camille Dorille à Anglade, René Julien à Eyrans, Jean Bouillon à Saint-André-de-Cubzac, William Tauzin avec Bernadet et Darthial à Blaye, Jean Labadie à Gauriac, Marcel Videau à Bayon, Lucien Millepied à Lansac, Dufaure à Pugnac, André Bernard avec Gaston Durivault, Pierre Soucaros et André Demeurant à Bourg.
> « Chaque semaine, je rencontre Lucien Nouaux en des lieux divers pour l'informer de la mise en place des équipes FFI dans le Blayais. Je fais également connaissance de son équipe de choc, dont Georges Fabas et Marc Guichard qui resteront des amis fidèles. »

Pour équiper en armes les résistants du Blayais, Jolit est chargé de rechercher, avec ses chefs de groupe, des terrains favorables à des parachutages. Sept terrains sont proposés puis homologués. Roger Landes, agent britannique du *SOE* (*Special Operations Executive*) se charge d'obtenir les parachutages des armes, avec notamment le soutien des résistants français Christian Campet, Alban Bordes et André Bouillard.

Les équipes du Corps franc Marc (CFM), recrutées petit à petit, armées au fur et à mesure des possibilités, instruites en armement et à l'emploi des explosifs, font preuve d'une redoutable efficacité. Parmi les sabotages à l'actif du CFM figurent l'usine électrique de Cenon, l'usine de la cellulose de Facture, le poste de la milice de Bordeaux, la bourse du Travail, la gare Saint-Jean de Bordeaux, les voies ferrées de Bordeaux, Saintes, Toulouse...

L'action la plus spectaculaire est sans aucun doute la destruction du bombardier allemand V4. Construit à l'usine Latécoère, ce prototype d'avion quadrimoteur représente une réelle menace pour les Alliés. Lorsque le commandement anglo-américain fait connaître son intention de bombarder l'usine, avec le risque de toucher la population civile, Lucien Nouaux et André Jolit interviennent pour demander l'annulation de cette opération aérienne. Au début de l'été 1944, un commando formé de Fabas, Bouillard, Hulin et Elissalde parvient à s'introduire dans l'usine Latécoère. Plusieurs charges sont placées sous le prototype qui explose la nuit. Le lendemain, avec une audace incroyable, le commando prend des photos des lieux en se faisant passer pour des employés. Peu après, la même équipe fait sauter 7 locomotives dans les dépôts de la gare Matabiau à Toulouse.

Dès le mois de mai 1944, André Jolit et ses hommes passent à l'action. Quatre pylônes à haute tension abattus à Saint-Germain-la-Rivière perturbent le trafic ferroviaire pendant 48 heures. Ce type de sabotage est renouvelé à trois reprises après le débarquement entre Saint-André-de-Cubzac et Saintes. Le pont de Magrigne, sur la Nationale 137, est plastiqué.

À partir du 6 juin 1944, Jolit et ses équipes effectuent plus de cent coupures du réseau téléphonique allemand au nord de la Gironde et en Charente-Maritime. Le câble souterrain reliant la base sous-marine de Bordeaux à celle de La Rochelle est coupé en une nuit dans la région de Saint-Savin-de-Blaye. Des arbres sont abattus sur la Nationale 137 et des voies ferrées sautent entre Saint-André-de-Cubzac et Saintes.

Le 21 juin 1944, le résistant Honoré Ducasse prépare un important sabotage dans la région de Langon. Il donne rendez-vous à Germaine Vergez, agent de liaison du Corps franc Marc (CFM). Celle-ci part de Bordeaux à bicyclette, se rend à Créon, dans l'Entre-deux-Mers, où elle doit rencontrer le résistant René Pezat. Elle se dirige ensuite en direction de Targon, avec Pezat, jusqu'à l'orée d'un bois. Une patrouille de gendarmes les surprend et commence à les questionner. À ce moment, Honoré Ducasse sort du bois avec son agent de liaison, Ginette Dubreuil.

Les quatre résistants sont arrêtés et transportés dans la soirée à Bordeaux, dans les locaux du commissaire Poinsot, chef vichyste de la Section des affaires politiques, travaillant étroitement avec la Gestapo. Après un interrogatoire musclé, les hommes sont emmenés au fort du Hâ, les deux femmes sont envoyées à l'Hôtel de police de la rue Boulan. Peu après, Germaine Vergez réussit à s'évader lors d'un transfert. Ginette Dubreuil, facilement retournée par la police, dévoile toute l'organisation du Corps franc Marc ! De son côté, Honoré Ducasse est transféré au siège de la Gestapo du Bouscat pour être interrogé par le lieutenant Kunesch. Ducasse est torturé et privé de nourriture pendant trois jours. Maîtrisant sa douleur face au tortionnaire gestapiste Enzelsberger, il ne donne aucun des noms de ses camarades. Le 1er août 1944, ce héros de la Résistance figure en tête des 48 victimes, avec René Pezat, de la dernière fusillade allemande du camp de Souge.

La trahison de Ginette Dubreuil met en danger le Corps franc Marc. Prévenu à temps par Lucien Nouaux, Jolit a déjà quitté son refuge à Gauriac, lorsque les Allemands s'y rendent pour l'arrêter. C'est à Reignac que, le 27 juin, Jolit décide de fixer son poste de commandement (PC) du groupe du Blayais, avec l'accord du maire, Joseph Lacampagne.

À la fin du mois de juin, Lucien Nouaux décide de détruire les câbles téléphoniques Bayonne-Bordeaux et Bordeaux-Nantes en plusieurs points éloignés les uns des autres, la même nuit, à la même heure. André Jolit raconte l'opération :

> « L'un des câbles passe aux Coureaux, en un lieu bien repéré, sur le bord de la route. Il s'agit de le dégager, puis de le couper : ce qui est très long car ce câble, composé de centaines de fils tressés ensemble et agglutinés dans une matière isolante, est très dur. À la même heure, une équipe de Léonce Dussarat fait de même au nord de Bayonne, et à La Bastide une explosion détruit l'abri souterrain où se trouve un relais de raccordement de ce câble. Transformés, pour les circonstances, en ouvriers des PTT, André Bouillard, Georges Fabas et Jean Capdeville pénètrent dans cet abri, en fin d'après-midi sous l'œil des badauds, pour les "réparations" : mais leur boîte à outils contient des pains de plastic et des détonateurs… »

Au début du mois de juillet 1944, la *Kriegsmarine* arrête à Pauillac, en Gironde, les résistants Montaguard et Laurent qui sont immédiatement transférés au siège de la Gestapo au Bouscat. Ils appartiennent indirectement au Corps franc Marc et ont formé un maquis dans le Médoc. Laurent trahit et offre ses services aux Allemands; pour preuve de sa sincérité, il dénonce l'agent de liaison de Lucien Nouaux, Laparra. Celui-ci est rapidement appréhendé dans un bar de Bordeaux, rue Judaïque. Il ne résiste pas plus que Laurent et informe la Gestapo qu'il aura, le 25 juillet 1944, un rendez-vous avec Nouaux à proximité du stade municipal.

Le lieutenant de la Gestapo Friedrich-Wilhelm Dohse nous raconte la suite:

> « Nous étions convenus d'accompagner Laparra par un de nos agents, un certain "Roger", si je ne m'abuse, qui serait présenté à Lucien Nouaux comme intéressé par la Résistance. Nous préparâmes la scène avec soin pour que le coup ne ratât pas. Alors que Lucien Nouaux attendait son homme de liaison au lieu et au jour fixés, Laparra et "Roger" s'approchèrent de lui, tandis que les membres de notre commando, déjà à l'affût, s'emparaient de Nouaux au moment propice. Placé dans l'une de nos voitures prêtes à démarrer, il fut conduit à notre service.
>
> « Il subit d'abord la fouille obligatoire qui nous révéla deux pistolets, mais, à peine introduit dans le bureau pour interrogatoire, il sortit une troisième arme, apparemment cachée dans un endroit où seul le médecin peut fourrer ses doigts.
>
> « Lucien Nouaux blessa deux de nos hommes avant que "Roger" ne réussisse à l'abattre d'une ou plusieurs balles, qui entraînèrent la mort immédiate: fin héroïque du chef du Corps franc Marc. Victime de la trahison, le destin lui a laissé, lui aussi, l'honneur de mourir en héros[3]. »

Lucien Nouaux sera fait Compagnon de la Libération par le général de Gaulle à titre posthume. Il repose dans le cimetière de Cestas, en Gironde.

À la fin du mois de juillet 1944, le Corps franc Marc se trouve en partie décimé. Cependant, les survivants se sont dispersés et ont rejoint les maquis de la région, afin de poursuivre la lutte. André

3. Archives du centre national Jean-Moulin, Bordeaux.

Bouillard, Marc Guichard et Georges Fabas rejoignent le groupe du Blayais, commandé par André Jolit. Cette unité FFI, particulièrement active, harcèle constamment l'ennemi.

La réception de huit parachutages en juillet-août 1944 permet à Jolit d'armer plus de 1 000 hommes, avec 72 fusils-mitrailleurs Bren, 450 fusils Lee-Enfield, 300 mitraillettes Sten, 40 pistolets automatiques 11/43, 75 Walther P38 ou Luger P08, 10 lance-roquettes antichars Piat, 6 bazookas, 350 kg de plastic, 1 500 grenades, 70 uniformes britanniques avec, en plus, les casques en acier. De nouveaux groupes sont formés, en particulier le 28 juillet 1944, avec la mise sur pied d'une équipe à Montendre en Charente, dépendante de Jolit et commandée par Gendron, électricien à Reignac.

Audacieux et téméraires, en tenues anglaises, à bord d'une voiture de commandement précédée d'une moto chevauchée par deux résistants, dont André Jolit en personne, les FFI du Blayais doublent, croisent et mitraillent, à toute allure, d'importants convois allemands. En août, à la sortie de Mirambeau, toute une colonne ennemie tombe ainsi sous les balles des résistants du Blayais. Jolit commente :

> « Lors de ces opérations, j'ai pu constater que les Allemands restaient un long moment sans réaction devant une attaque aussi imprévue. Affolés, les survivants répercutaient ensuite, avec exagération, l'importance de notre passage. Nos deux véhicules devenaient une compagnie, voire un bataillon. Les résultats psychologiques furent si considérables que le commandement allemand de Libourne interdit les déplacements militaires dans la région de Reignac. »

Une douzaine de soldats allemands sont neutralisés dans un café de Saint-Ysan par six résistants, qui s'emparent des armes et disparaissent comme ils sont venus. La même opération est effectuée à Gauriac, au restaurant *Les Palmiers*.

Jolit et Bouillard s'emparent à Ferchaud d'une voiture allemande, équipée d'un matériel radio sophistiqué. Deux camions-citernes sont ensuite plastiqués en Charente. Une vedette des douanes allemandes est détruite dans l'estuaire de la Gironde par Camille Dorille et une équipe du groupe d'Anglade. Un sous-marin de poche, mouillé au large d'Anglade, subit le même sort.

Le 19 août 1944, le chef FFI André Jolit décide d'attaquer les convois allemands quittant Bordeaux pour rejoindre l'est de la France, le front Normandie, Royan ou La Rochelle :

« Il s'agit de mitrailler de loin l'ennemi, puis de décrocher avant que la défense ait pu s'organiser : tactique de l'embuscade classique, préconisée et adaptée avec réalisme devant la disproportion des forces en présence. »

Le hameau de Cau, au sommet de deux côtes sur la Nationale 137, dans la commune de Berson, est choisi pour mener cette opération. Tous les groupes constitués en mai-juin 1944 dans le canton de Bourg sont présents. Au nord de la route, en bordure des maisons, Jolit se met en position avec Raoul Bouny et trois Nord-Africains évadés d'un camp de prisonniers de guerre (Amor, Taïbi et Abdallah). En face, près d'une petite cabane de vigneron, se trouvent André Bernard, Pierre Soucaros, Gaston Durivault et André Demeurant. À une centaine de mètres, à la corne d'un petit bois, Lucien Millepied, Pierre Bonis et Max Benaud ont une vue bien dégagée vers Saint-André-de-Cubzac. Dans les vignes, à proximité d'un transformateur, Jean Labadie, Paul Magdelaine, Sudre, Vacher et Raymond Couret attendent. Guy Bertaud, Mickey Courrèges et Michel Ravat sont également présents, à proximité. À 200 mètres de la route, derrière un bois, les véhicules ayant transporté les FFI sont gardés par Claude Benaud.

« Ce dispositif est conçu de manière à concentrer le feu de quatre fusils-mitrailleurs Bren sur un objectif venant de Saint-André-de-Cubzac par la longue ligne droite qui précède Cau.

« Le premier véhicule allemand qui passe prend tout le monde au dépourvu : il vient de Blaye. Mieux, les Allemands nous aperçoivent avec nos fusils-mitrailleurs et ouvrent le feu depuis leur camion, qui s'éloigne rapidement après avoir lui-même reçu quelques rafales. Par précaution, le nord-africain Amor est envoyé en éclaireur à 200 mètres, avec mission de donner l'alarme si d'autres véhicules arrivent de Blaye. C'est ce qui se produit après une demi-heure d'une attente anxieuse, éprouvante pour les nerfs. Au coup de feu tiré par Amor, les servants de deux fusils-mitrailleurs postés sur le bord de la route n'ont que le temps de retourner leurs armes. Deux camions chargés de soldats d'élite de la *Kriegsmarine* sont déjà au sommet de la côte. Le feu des armes automatiques les immobilise dans le fossé. Alors, au fusil-mitrailleur, à la mitraillette, s'engage un combat qui dure plusieurs heures.

« Les Allemands que nous affrontons forment une unité spéciale chargée de la sécurité. Ils sont donc puissamment armés : 2 mitrailleuses MG42, tirant 1 200 coups à la minute, des fusils d'assaut Sturmgewehr 44 et des pistolets-mitrailleurs MP40 à la cadence de tir de 500 coups à la minute.

« Heureusement pour nous, nos premières rafales ont tué ou blessé la totalité des soldats du premier camion. Ceux du deuxième camion sautent dans le fossé. Certains organisent la défense tandis que d'autres tentent d'escalader le talus : l'un d'eux réussit à fuir. Les autres tombent sous les balles du fusil-mitrailleur servi par Durivault et Bernard. De la cabane, Soucaros, qui lance des grenades, aggrave la situation des Allemands. Pour plus d'efficacité, il avance à découvert et tombe gravement blessé par une balle qui lui traverse la poitrine.

« Lors de cette première phase du combat, l'effet de surprise a joué contre les Allemands : c'est alors que des incidents divers nous mettent en difficulté, tandis que les Allemands restés valides contre-attaquent.

« Le fusil-mitrailleur de Durivault s'enraye. De mon côté, je descends à plusieurs reprises sur la route pour mieux voir. Mon fusil-mitrailleur, qui s'est également enrayé, ne me sert plus à rien, je prends alors une mitraillette Sten. Le Tunisien Amor, trop audacieux, gît blessé à l'abri d'un mur. Un soldat allemand escalade le talus et se trouve nez à nez avec moi. Je le tue d'une rafale de mitraillette. Un second apparaît, nous tirons en même temps. L'Allemand s'écroule, frappé à mort, mais a le temps de m'envoyer une rafale de pistolet-mitrailleur, dont une balle de 9 mm me transperce le bras droit. Je ne ressens aucune douleur sur le coup. J'ai l'étrange sensation de ne plus avoir de bras. Je saigne abondamment, puis une violente douleur apparaît.

« En direction de la cabane, de l'autre côté de la route, les Allemands lancent des grenades qui obligent Bernard et Durivault à s'abriter. Ce repli incite un soldat allemand à escalader le talus : il tombe sur Demeurant. Les deux hommes tirent en même temps. L'Allemand reçoit la rafale en plein corps et Demeurant dans le bras gauche.

« Gaston Durivault, qui a réussi à réparer son fusil-mitrailleur, couvre l'évacuation des blessés s'éloignant par les vignes. Lucien Millepied et son groupe tirent de longues rafales sur les Allemands. D'autres FFI arrivent en renfort, par une lente progression dans les fossés. Parmi eux, Max Benaud apporte des munitions et un sac de grenades quadrillées. Bien abrités, les résistants en lancent plusieurs en direction des Allemands. Ces armes terribles achèvent de mettre hors de combat les derniers ennemis valides. Paul Magdeleine, qui parle l'allemand, leur demande de se rendre. Un mouchoir blanc s'élève au-dessus du fossé.

« Lorsque les camions FFI font leur apparition, André Bernard a déjà fait un pansement à mon bras blessé. Les résistants s'empressent de récupérer les armes et de les charger sur l'un des véhicules. Michel Ravat et Claude Renaud, dans un autre véhicule, conduisent les Allemands blessés au château Rousset, à Samonac.

« Ce combat, l'un des plus meurtriers de la Libération en Gironde, a fait 42 tués et 8 blessés du côté allemand et 4 blessés parmi nous. Dans un rayon de cinq kilomètres autour de Cau, toute la population a entendu la fusillade durant plus de trois heures.

« Je suis soigné par le docteur Duviol, de Saint-Christoly, qui me fait ensuite transporter à Reignac. Le lendemain, malgré les barrages allemands, je suis soigné à l'hôpital de Blaye par le docteur Pilla, aux côtés des blessés du bombardement aérien allié du 5 août 1944.

« Les 8 blessés allemands, plus ou moins gravement atteints, sont transportés dans une grange du château Rousset le 19 août au soir. Pansés et réconfortés pendant la nuit par madame Pélegrin, ils sont ensuite transportés à Reignac le 20 au matin. Là, l'arrogance fanatique des plus valides fait craindre pour la sécurité de tous : la colère monte… Dans la mémoire de ceux qui les gardent passent les massacres rapportés par la radio, et les 48 fusillés de Souge, avec, parmi eux, le jeune Mouchet, leur camarade… et Lucien Nouaux, massacré au Bouscat. La torture, les pendaisons, le feu des pelotons ont tué la miséricorde : les mitraillettes Sten partent toutes seules… »

Le 28 août 1944, les FFI (AS, FTP, ORA) du Sud-Ouest font une entrée triomphale dans la ville de Bordeaux, libérée de la présence des Allemands. André Jolit se trouve à ce moment à la clinique du professeur Rocher, rue du Teich. Il subit trois opérations pour éviter l'amputation de son bras. Il fait la connaissance du colonel Druilhe, nouveau commandant de la 18e région militaire, dont le quartier général se trouve rue Vital-Carles. Les deux hommes sympathisent aussitôt. Le colonel Druilhe, lui-même résistant actif, est étonné d'apprendre que le chef du bataillon du Blayais, la plus importante unité FFI de la Gironde avec 756 hommes armés, a tout juste 22 ans ! André Jolit est alors nommé capitaine.

Le 17 septembre 1944, le général de Gaulle se rend à Bordeaux. Le colonel Druilhe, désirant présenter le jeune prodige au chef de la France libre, ordonne qu'on aille le chercher à la clinique.

> « C'est Christian Campet qui vient m'annoncer que le colonel Druilhe m'attend à la préfecture, cours du Chapeau Rouge. Je m'y rends aussitôt, vêtu de mon uniforme anglais, le bras emplâtré. C'est un moment inoubliable. Le général de Gaulle m'attend. Il me serre la main gauche en me disant tout simplement : "C'est bien !"
>
> « Quelques jours après, le colonel Druilhe me charge de remettre au ministre de la Guerre Diethelm un rapport sur la situation militaire et politique en Gironde. Je m'envole à bord d'un bombardier Léo 45 de Mérignac pour Paris, avec à mes côtés Mgr Feltin, futur archevêque de Paris.
>
> « En descendant de l'avion par une échelle métallique, Mgr Feltin, qui pèse à l'époque 120 kg, me tombe dessus et me casse le bras blessé. Je suis immédiatement hospitalisé au Val-de-Grâce, où l'on me pose un nouveau plâtre, mais d'une façon si maladroite qu'à mon retour de Bordeaux on doit l'ouvrir car ma plaie s'est infectée. Je subis alors de nouvelles opérations à la clinique.
>
> « En juin 1945, à peine remis de mes blessures, je m'engage dans l'armée. Je participe notamment à la guerre d'Indochine. En 1970, je quitte l'armée avec le grade de lieutenant-colonel. »

André Jolit vit désormais paisiblement à Gauriac au bord de la Garonne. Officier de la Légion d'honneur, il est également titulaire de l'Ordre national malgache, de trois Croix de guerre (1939-1945, Théâtre d'opérations extérieures [TOE] et Valeur militaire), de la Médaille de la Résistance et de la Croix du combattant volontaire de la Résistance. Il a été élevé au grade de colonel depuis peu. Il a fêté ses 100 ans le 17 juin 2022, en bonne santé pour son grand âge !

André Jolit fait partie de cette élite chevaleresque qui a su mettre en pratique la fière devise d'un autre héros de la France combattante, le capitaine Bernard Brézet, tué en Italie en 1943 : « Prendre des risques est une question d'honneur[4]. »

---

4. Archives militaires françaises, Vincennes.

Alain, Olivier et Francis Massart, une fratrie pour la France libre

La famille Massart est l'exemple d'une famille française ayant œuvré de son mieux pour libérer la France de l'occupant allemand. Les trois garçons se sont engagés dans les Forces françaises libres et ont participé à divers combats. Le père, Jules Massart, est né le 12 septembre 1874 à Bordeaux. Valeureux combattant de la guerre de 1914-1918, il exerce la profession de restaurateur d'objets anciens, rue Servandoni. La mère, Élisabeth Delor, poétesse, peintre et sculpteur, est née à Latresne, en Gironde, le 31 octobre 1896. De cette union vont naître trois garçons : Alain, le 2 janvier 1918 à Bayonne ; Olivier, le 30 octobre 1919 à Bordeaux ; Francis, le 7 décembre 1923 à Bordeaux.

Alain Massart effectue ses études secondaires au lycée Michel Montaigne de Bordeaux. Après avoir obtenu le bac philo en 1937, il commence des études de droit. Mais sa passion pour l'aviation le pousse à passer le brevet de pilote premier degré à Bordeaux-Mérignac en 1938. Le 17 mars 1939, il s'engage dans l'armée de l'air comme élève pilote à l'école Caudron à Ambérieu. Ayant obtenu le brevet pilote militaire, il est dirigé à l'école militaire d'Étampes qui le sélectionne comme pilote de chasse avec le grade de sergent.

Lors de la campagne de France de mai-juin 1940, Alain Massart poursuit son instruction à l'école de pilotes de chasse à Laleu, repliée près de La Rochelle, puis à Agen. De juin 1940 à décembre 1942, il est affecté à la base de Pau, au sein de l'armée d'armistice. Son désir de combattre l'Allemagne est si grand qu'il s'évade par l'Espagne pour rejoindre les Forces aériennes françaises libres (FAFL). Arrêté par les gardes franquistes dans les Pyrénées, il est incarcéré en Espagne jusqu'en mai 1943. À sa libération, il est dirigé sur le Maroc, à Casablanca. De là, il s'engage dans les FAFL et rejoint le Liban. Détaché à la 71e unité britannique d'entraînement à Ismaïla en Égypte, il s'entraîne sur des avions de chasse anglais. Au début de l'année 1944, Alain Massart intègre le groupe français de chasse Ardennes, qui participe à la protection des convois maritimes en Méditerranée. L'unité de chasse occupe successivement les bases d'Haïfa, Saint-Jean-d'Acre, Beyrouth, Oran et Alger. Alain Massart raconte :

> « Le groupe Ardennes avait été créé au Levant par le capitaine Vinçotte, avec les lieutenants Boudier et Gruyelle commandant

les deux escadrilles du groupe, tous combattants de 1940. La plupart des pilotes provenaient soient des groupes FAFL déjà engagés, soit des écoles anglo-américaines. Équipés d'abord de Hurricane II, nous avons été envoyés en Afrique du Nord en mai 1944, pour relever un groupe de chasse qui partait en Corse. Il nous légua ses vieux Curtiss P40. Heureusement on les a échangés contre les Thunderbolt P47, formant ainsi le 6e groupe équipé de ces avions extraordinaires.

« Le Thunderbolt P47 était le meilleur chasseur bombardier de l'époque. Équipé d'un moteur d'une puissance de 2 800 CV, sa vitesse atteignait 600 km/h. Son autonomie couvrait 700 à 1 600 km suivant les réservoirs fixés sous le ventre de l'appareil ou sous ses ailes. Son armement se composait de 8 mitrailleuses lourdes de 12,7 mm, de deux bombes de 225 ou 450 kg. Son poids maximum au décollage pouvait atteindre 8 tonnes. Il fut la terreur des troupes au sol sur le front d'Alsace et du Rhin.

« Le groupe de chasse Ardennes participe au débarquement de Provence, en bombardant et mitraillant les défenses allemandes. Servant d'appui-feu à la 1re armée française, nous occupons les bases de Salon, Lyon, Dôle, Luxueil et Colmar. La DCA allemande nous a causé des pertes sensibles : 7 tués, 2 blessés, 3 prisonniers. Mais nous avons fait des dégâts considérables au IIIe Reich : destructions de dépôts, coupures de voies de communication, destructions de matériel (wagons, véhicules, blindés, batteries, avions au sol...). Le groupe Ardennes a accompli, en 10 mois d'opération, 3 375 sorties et 5 220 heures de vol.

« Je n'ai pas oublié les “slaloms” entre les éclats multicolores de la DCA lourde, les sueurs froides, les plongées jamais assez rapides devant les balles traçantes qui montaient à ma rencontre en me donnant l'impression qu'elles m'étaient toutes destinées. Chaque position allemande était truffée de pièces de DCA de tous calibres. Le 8 mai 1945, le groupe Ardennes est basé à Andernach en occupation[5]. »

Les 15 groupes français de chasse, qui effectuèrent des missions de bombardement de 1943 à 1945, ont accompli un palmarès exceptionnel en détruisant 243 gares, 104 usines, 3 091 bâtiments divers, 103 dépôts d'essence, 120 dépôts de munitions, 12 rampes de missiles V1

5. Entretiens de l'auteur avec le lieutenant-colonel Alain Massart en juillet 1994.

et V2, 1 635 voies ferrées, 370 routes, 172 ponts, 829 locomotives, 11 615 wagons, 5 301 véhicules divers, 46 bateaux de fort tonnage, 420 péniches, 198 batteries d'artillerie, 426 avions au sol. Le prix à payer fut lourd : 125 pilotes tués, 91 blessés et 38 prisonniers.

La totalité de la chasse française a remporté 1 603 victoires en combats aériens de 1939 à 1945. Elle a perdu durant la même période 902 pilotes, dont 559 tués, 279 blessés et 64 prisonniers.

Alain Massart, élevé au grade de lieutenant-colonel, est officier de la Légion d'honneur, titulaire de la Médaille militaire, de la Croix de guerre 1939-1945 avec deux citations, de la Croix de guerre TOE avec deux citations et de la Médaille des évadés. Il est décédé le 1er février 1999.

Élève au lycée Michel Montaigne de Bordeaux jusqu'au baccalauréat, Olivier Massart est également passionné d'aviation. Il effectue en 1938 ses premiers vols à Mérignac et obtient les brevets de pilote 1er et 2e degrés. En août 1939, il s'engage dans l'armée de l'air et poursuit son entraînement aérien à Avord, puis sur l'aérodrome d'Agen-la-Garenne. Breveté pilote de chasse le 23 janvier 1940 avec le grade de sergent, il s'évade de France à la fin juin pour rejoindre l'Angleterre et poursuivre le combat. C'est à bord d'un navire, chargé de Polonais, qu'il quitte Bayonne et rejoint Gibraltar. De là, il est dirigé vers l'Angleterre.

À son arrivée sur le sol anglais, le 22 juillet 1940, Massart a tout d'abord de mauvaises surprises. Il est fouillé et longuement interrogé. À cette époque, l'Angleterre a la hantise des espions. Le tri se fait entre ceux qui veulent vraiment se battre, de l'autre les indésirables, que l'on renvoie en France occupée. Il est décidé que chaque pilote, après avoir été instruit et entraîné, sera versé dans une escadrille de la *RAF*, jusqu'au jour où les Français seront assez nombreux pour constituer des unités autonomes. Et de vieux pilotes de chasse confirmés doivent reprendre l'instruction à zéro sur Tiger-Moth.

L'instruction des pilotes se fait uniquement en anglais. Les Français ne parlant pas cette langue ont quatre heures de cours par jour. Heureusement les bonnes surprises ne manquent pas. Les nouveaux, comme Olivier Massart, notent le confort de la base de Saint-Antham, qui est remarquable avec son gymnase grandiose, sa piscine, ses tennis, son ring de boxe, son cinéma de 200 places et la propreté méticuleuse de ses bâtiments, de ses voies, de son personnel. Les familles anglaises considèrent souvent les Français comme leurs enfants. Les aviateurs chevronnés de la *RAF* les accueillent avec modestie, les chauffeurs de taxi ont toujours un mot gentil, les bars leur font crédit, les jeunes filles leur sourient et sont volontaires pour leur apprendre l'anglais…

Il y a aussi le thé. Et quand vous demandez un café, vous ne savez pas ce que vous apporte exactement la serveuse : ce doit être une variante du thé ! En Angleterre, on mange très souvent, très peu à la fois, si bien qu'à la fin de la journée le compte n'y est pas pour un Français, puisque la faim le tenaille. Il y a tout de même un restaurant français à Londres qui promet un repas gratuit pour chaque victoire aérienne.

Le 31 juillet 1940, les Français libres peuvent lire dans les journaux :

> « Tous les militaires déclarés rebelles, qui ont rejoint une armée étrangère pour continuer à combattre, seront condamnés à mort par l'État français (régime de Vichy), s'ils ne sont pas rentrés en France le 15 août[6]. »

Des FFL de Londres vont réagir avec un humour très britannique. À la date fixée, le 15 août, ils organisent un bal pour lequel ils lancent des centaines d'invitations. La soirée remporte un succès considérable, c'est le « bal des condamnés à mort ».

L'entraînement des FAFL, dont Olivier Massart, commence sur Tiger-Moth, puis sur T6 Havard. Un mois après leur arrivée, les pilotes français volent à Old Suram. Le camouflage de la base est si bien réalisé qu'on peut la survoler et se croire en train de suivre une rivière. Massart poursuit son instruction sur Hawker-Hector, avant de partir en unité opérationnelle d'entraînement, dernière étape avant l'affectation en escadrille, sur Hurricane ou Spitfire.

Après être passé par la base de Turnhill, Olivier Massart est nommé sous-lieutenant en mars 1941. Il intègre le groupe de chasse FAFL Île-de-France en novembre 1941, dont tous les chefs d'escadrille sont français. Des mécaniciens ont été prêtés par la marine française libre. Équipé de Spitfire, le groupe entre en action en avril 1942 et prend part à l'opération sur Dieppe, sous les ordres du commandant Dupérier, le 19 août 1942. Durant cette opération, trois pilotes français sont abattus : François Fayolle est touché par la DCA, alors qu'il vient de larguer ses bombes. Halna du Fretay est porté disparu. Van Vymerch, qui a pu sauter en parachute, est fait prisonnier.

6. Archives militaires françaises, Vincennes.

Au cours d'une mission de protection sur Rouen, le 5 septembre 1942, quatre pilotes sont tués, dont Dubourgel, le dernier survivant de cinq frères tués en 1940 pendant la campagne de France! Sur 54 pilotes, 38 ont été abattus entre mai et décembre 1942.

À chaque mission, Olivier Massart fait preuve d'un courage exemplaire. Le 13 février 1943, un dispositif emmené par le chef du groupe Île-de-France, le commandant Schloesing, est chargé de protéger, en altitude, des bombardiers qui doivent attaquer un navire marchand mouillé dans le port de Boulogne. Les pilotes franchissent la côte anglaise en rase-mottes, puis grimpent en altitude pour pénétrer en France à 18 000 pieds au Touquet. Ils continuent leur ascension pour survoler Doullens à 29 000 pieds. De là, la station d'Appledore les dirige vers le nord, en leur signalant des avions ennemis volant dans la même direction mais 8 000 pieds plus bas. Tous piquent aussitôt légèrement pour augmenter leur vitesse à 300 km/h afin d'être plus rapidement sur leurs adversaires, qu'ils ne voient pas. La liaison air-terre est brusquement interrompue et le groupe se trouve privé de contact avec la station qui aurait pu lui donner des indications précises sur les mouvements de la formation ennemie. Déconcertés par ce fâcheux contretemps, les pilotes français aperçoivent alors derrière eux et au-dessous trois patrouilles de Focke-Wulf FW 190, les meilleurs chasseurs de la Luftwaffe. Le commandant FAFL Schloesing exécute un large virage vers la droite pour gagner une position plus favorable. Là, il donne l'ordre d'attaquer la patrouille la plus rapprochée, mais à cet instant il est pris à partie par une douzaine de FW 190. Contraints de faire face à cette nouvelle menace, plusieurs pilotes français se retournent contre ces assaillants sortis des nuages, alors que les autres poursuivent la manœuvre initiale. Ainsi séparés les uns des autres, les pilotes français sont bien vite engagés dans une série de combats individuels qui tournent à leur avantage: le lieutenant Olivier Massart abat un FW 190, les capitaines Fournier et Reilhac, le sergent-chef Hubidos en endommagent un chacun. Le commandant Schloesing, isolé quelques minutes, est mis en flammes et saute en parachute. Dispersés à la suite de ce combat, les pilotes rentrent isolément ou par petits groupes.

D'août 1942 à novembre 1943, le groupe Île-de-France a abattu 26 avions ennemis et endommagé 30 autres. Titulaire de 8 victoires, Olivier Massart commande d'abord une escadrille, puis prend le commandement du groupe de chasse Île-de-France, qui prend une part active, en qualité de chasseurs bombardiers, aux batailles de Belgique, de Hollande et du Rhin en 1944-1945.

En février 1945, la mission principale du groupe Île-de-France consiste à interdire le trafic routier et ferroviaire, dans le quadrilatère compris entre la Meuse et le Rhin et jalonné par Clève, Gooch, Crefeld et Wesel, afin d'empêcher l'évacuation des armées allemandes en retraite au nord et à l'est du Rhin. À cette mission s'ajoutent, en collaboration avec le groupe Berry, les attaques de rampes de lancement, des dépôts et des convois de transport de missiles V2, dans la région de Zwolke et d'Appledoorn. Tous ces objectifs sont énergiquement défendus par la DCA, très dense sur les rives du Rhin.

Le 13 mars 1945, le groupe Île-de-France est chargé de protéger un dispositif de bombardiers dans la région de Wesel. Le plafond étant trop bas, le rendez-vous est pris avec ceux-ci au-dessus des nuages. Sur le chemin du retour, une section de six bombardiers un peu à la traîne derrière la formation décide le capitaine Massart d'assurer sa protection avec trois équipiers. Quelques minutes plus tard, une douzaine de Messerschmitt Me 109 surgissent entre deux couches de nuages et piquent sur les bombardiers. Massart donne l'ordre de larguer les réservoirs et au moment où les Me 109 amorcent leur attaque, il vire brusquement sur la droite, évitant leur première passe. Cette manœuvre le place alors dans la queue des avions ennemis. Le lieutenant Carré suit un Me 109, en bonne position de tir, mais il ne voit pas celui qui arrive sur ses arrières. Massart lui crie de dégager et Carré échappe de justesse à son agresseur. Massart entend trop tard l'avertissement lancé par un de ses équipiers. Il ressent un choc violent, son moteur s'arrête.

Dans la mêlée très dense, car les autres Spitfire accourent à la rescousse, Massart ne peut se dégager. Un Me 109 passe tout près, à bout portant. Massart cabre pour le prendre dans son collimateur, mais n'ayant plus assez de vitesse, il part en vrille. Trois Me 109 le prennent successivement pour cible et il n'a plus, à chaque fois, que la ressource de se mettre en vrille. Enfin seul et étonné de s'en tirer à si bon compte, n'entendant plus que le léger sifflement du vent sur son cockpit et sur ses plans, Massart maintient son appareil en vol plané à 160 miles au badin, espérant que son altitude (10 000 pieds) ne décroîtra pas trop rapidement. À 4 000 pieds, il sort des nuages au-dessus d'une zone industrielle. Il est aussitôt tiré par la DCA. Il s'efforce de sortir du rideau des balles traçantes en piquant brutalement pour faire croire aux artilleurs allemands qu'il est touché. À vingt mètres du sol, il effleure quelques toits, puis quelques arbres, profitant de la vitesse acquise au cours de son piqué pour chercher un terrain favorable à l'atterrissage. La DCA l'accompagne.

Il aperçoit un terrain labouré, réduit sa vitesse, orientant son avion perpendiculairement aux sillons et se pose assez bien. Il sort de son Spitfire, tente vainement d'y mettre le feu, mais la batterie de DCA n'est qu'à 150 mètres de lui, et de chaque côté du champ, des soldats allemands le mettent en joue avec leurs armes. Ils viennent à lui, persuadés de l'avoir abattu. Massart leur annonce que c'est la chasse qui l'a touché. Les soldats ne veulent pas admettre que c'est la chasse qui l'a descendu, ce qui ne change pas grand-chose à la situation du pilote qu'ils emmènent dans une ferme voisine. Il est transféré de camp en camp d'Enschede à Osnabruck. La fin des hostilités le trouve en Poméranie.

De novembre 1941 à mai 1945, le groupe de chasse Île-de-France a effectué 1 632 missions, représentant 7 845 sorties et 10 072 heures de vol. Il a remporté 69 victoires. Sur 98 pilotes ayant servi dans son unité, 37 ont été tués, 6 blessés et 6 faits prisonniers. Libéré du camp de prisonniers où il se trouvait, Massart participe aux opérations d'Extrême-Orient.

Le colonel Olivier Massart, qui totalise plus de 4 000 heures de vol, 8 victoires aériennes, 348 missions de guerre, se voit confier en 1965 le commandement de la base aérienne de Djibouti. Il se tue en service aérien le 9 mai 1968 dans la région de Djibouti. Compagnon de la Libération, le colonel Olivier Massart a reçu les décorations suivantes : croix de commandeur de la Légion d'honneur, croix de compagnon de la Libération, Croix de guerre 1939-1945 avec 12 citations à l'ordre de l'armée, Croix de guerre TOE avec citation, Médaille des évadés, Distinguished Flying (décoration anglaise) et Air Medal (décoration américaine).

> « Sa mort a été pour nous une perte irréparable, un vide énorme, car c'était vraiment un homme exceptionnel. Je ne me suis jamais remis de sa disparition. Il était un modèle pour nous tous[7]. »

Francis Massart, désirant suivre l'exemple de ses frères, s'engage dans l'armée d'armistice le 15 juin 1942, en attendant de rejoindre ensuite les Forces françaises libres. Après avoir effectué ses classes dans le Lot-et-Garonne à Sainte-Livrade, il est muté à la base aérienne de Toulouse-Francazal. Sa tentation de voler un avion pour rejoindre l'Angleterre ou Gibraltar est grande. Les événements militaires ne vont

7. Toutes les citations qui suivent, sauf mention contraire, sont extraites d'entretiens de l'auteur avec Francis Massart en juin 1994.

pas lui laisser le temps. Le 11 novembre 1942, les troupes germano-italiennes envahissent la zone libre. Démobilisé en décembre 1942, Francis Massart passe la frontière franco-espagnole le 1er juin 1943. Il est alors interné durant près de sept mois dans les sinistres prisons franquistes. Libéré le 23 octobre 1943, il rejoint le Maroc pour s'engager au 1er régiment de chasseurs parachutistes (RCP), issu des 601e et 602e compagnies d'infanterie de l'air.

> « L'état de misère matérielle du 1er RCP est incroyable. Mais le commandant Faure et le colonel Geille parviennent à nous donner une instruction intensive. Grâce au puissant soutien logistique des Américains, nous sommes rapidement en mesure d'affronter les Allemands. Nous savons que nous vivons la période capitale, où la sueur de chaque jour économise le sang de demain, où nous forgeons notre avenir et préparons nos éventuels succès. En vue d'une opération aéroportée en montagne – sans doute en direction de l'Autriche –, nous constituons des unités légères d'éclaireurs-skieurs. À ce titre, nous nous entraînons en Grande Kabylie, à proximité de la chaîne du Djurdjura. Malheureusement, cette intervention est annulée, comme le seront les projets de sauts sur l'île d'Elbe, dans le sud de la France, en Auvergne, dans le Vercors. Prêts à nous battre, nous restons l'arme au pied. Ce sont des heures désespérantes, profondément douloureuses. »

Convoqué par le général de Lattre de Tassigny, commandant de la Ire armée française, le commandant Faure lui décrit la stupeur et la colère du 1er RCP d'avoir été « laissé pour compte ». Il lui demande instamment d'envoyer le 1er RCP en France, de lui donner une mission digne de ce nom.

Le 1er RCP débarque à Valence le 4 septembre 1944. La Ire armée française, face à la trouée de Belfort, se prépare à déclencher une offensive pour libérer l'Alsace. Le 1er corps d'armée du général Béthouart agit dans le couloir entre le Doubs et la frontière suisse sur la direction Delle-Altkirch. Le 2e corps d'armée du général de Monsabert, à sa gauche, doit s'emparer de Giromagny, du col de Bussang pour atteindre le plateau de Rougemont.

> « Pour préparer le débouché du 2e corps, notre régiment (le 1er RCP) sera largué 48 heures avant l'heure H au-dessus de Thann et de Cernay. Nous sommes mis à la disposition du général de

> Monsabert. Hélas, au grand QG américain, le commandant Faure apprend qu'une autre mission dans les Balkans doit se dérouler aux mêmes dates. Elle est prioritaire. Notre mission aéroportée est encore annulée ! Comme la manœuvre d'ensemble de la 1re armée française du général de Lattre ne peut être exécutée sous la forme envisagée, le colonel Geille et le commandant Faure sollicitent une nouvelle fois l'honneur de combattre sans plus attendre. Affecté à la 1re division blindée du général Touzet du Vigier, le 1er RCP quitte Valence et rejoint la région de Luxeuil et Faucogney. »

La pression allemande oblige le commandement américain à renforcer son front nord en prélevant deux de ses bataillons, qui tenaient la forêt de Longegoute et le village de Ferdrupt. Ce repli inattendu, le 2 octobre 1944, contraint les Français à un engagement précipité pour que cette base de départ de l'action sur l'Alsace ne tombe pas aux mains des Allemands. Une section de reconnaissance du 1er RCP fait mouvement aussitôt. Elle trouve très vite le contact. L'aspirant Berger est tué : c'est le premier mort du 1er RCP. Simultanément, la 8e compagnie est transportée en hâte à Rupt. Le 3 à midi, elle occupe Ferdrupt. La 10e compagnie la suit et, dans la soirée, s'enfonce dans la forêt du Gehant où elle est stoppée très rapidement. La 9e compagnie la rejoint pendant la nuit. Toutes deux font sauter au petit jour la résistance allemande. La 4e compagnie, sévèrement accrochée, est dégagée par la compagnie d'appui. Elle se replie sur Ferdrupt. Francis Massart raconte leur progression :

> « La muraille de verdure qui nous domine est très solidement tenue par l'ennemi, des chasseurs de montagne. Notre mission est de déborder le village du Thillot par le nord, mais les unités allemandes masquées par la forêt rendent toute manœuvre inefficace. Nous risquons de nous faire grignoter dans des actions multiples et stériles. Il faut sortir de cette impasse.
>
> « Le commandant Faure se rappelle alors le dispositif adopté par les Allemands dans une situation semblable lors des combats précédant la prise de Narvik en 1940, en Norvège. Les unités allemandes sont vraisemblablement installées de part et d'autre de la crête proprement dite et doivent tenir la crête. Le commandant Faure fait part au colonel Geille de ses réflexions et lui soumet les instructions suivantes : les compagnies, les unes derrière les autres, doivent progresser, le colonel Geille et le commandant

> Faure dirigeant la marche. Les commandants de compagnie sont surpris par cette progression aussi peu académique, mais en comprennent les raisons.
> « La consigne est formelle : silence absolu ! En aucun cas ne se laisser tenter par une action de détail sur un ennemi surpris. Nous devons passer comme des ombres, pour attaquer le col du Morbieu et nous en emparer par surprise, sans avoir été freinés et sans pertes.
> « La nuit est si noire sous les sapins que chaque homme doit tenir le précédent par sa musette. Gigantesque "mille-pattes", le régiment chemine silencieusement à travers le dispositif ennemi, s'arrête, repart. Le commandant Jacques Faure cherche à donner au déplacement la lente et uniforme cadence de la marche en montagne.
> « La crête est vide. Nous la suivons scrupuleusement. À plusieurs reprises, Faure entend des bruits d'armes, à droite, en contrebas. Il craint que, dans la monotonie de cette progression certainement saccadée pour les dernières unités de la colonne, l'une ou l'autre ne se laisse tenter de faire un coup. Mais non, chacun a compris. La discipline est parfaite et nous parvenons à proximité du col du Morbieu, un peu avant l'aube. »

La 10e compagnie envoie une patrouille vers le col. Il est occupé par une unité d'artillerie allemande qui aménage la position. Geille et Faure donnent à la 10e compagnie l'ordre de prendre le col. Aux premières heures du jour, elle se déploie à distance d'assaut, favorisée par le bruit que font les Allemands, occupés à aménager leur point d'appui.

L'attaque bénéficie d'une surprise totale. La 10e compagnie enlève la position, sur laquelle de nombreuses armes, dont deux pièces d'artillerie de 150, sont récupérées. Le 1er bataillon occupe le col du Morbieu dont il doit assurer la défense. Le 2e bataillon continue la progression vers la hauteur qui domine le village du Mesnil.

Le sergent Francis Massart fait preuve d'un magnifique courage qui lui vaudra l'attribution de la Croix de guerre avec l'étoile d'argent et la citation suivante :

> « Le 6 octobre 1944, au cours de l'attaque du Mesnil, le sergent Francis Massart a fait preuve d'un exemplaire esprit de sacrifice, accomplissant avec détermination la mission de protection

qui lui avait été confiée dans des circonstances difficiles. A été grièvement blessé à sa pièce[8]. »

Francis Massart raconte :

> « Une balle allemande m'a blessé à la base des reins, mais sans toucher des organes vitaux. Je me servais à ce moment d'une mitrailleuse de 7,62 mm avec le lieutenant Guy Davout d'Auerstaedt. Dirigé au poste de secours, je me suis rapidement remis de ma blessure. »

Ce jour-là, les Allemands contre-attaquent. Le 1er bataillon, au col du Morbieu, repousse tous les assauts. Le col reste aux mains des Français. Mais l'ennemi parvient à s'enfoncer entre le col du Morbieu et le col de Rhamme, isolant le 1er RCP qui ne peut plus recevoir de ravitaillement. Les chevaux de la batterie allemande sont abattus et leur viande consommée crue, car le commandant Faure interdit d'allumer des feux.

Coupé de l'arrière, le 1er RCP effectue une série de coups de main. Le 7 octobre, la 1re et la 10e compagnie renforcent l'élément qui a pénétré dans le village du Mesnil. Les unités allemandes qui décrochent sont prises à partie par la 4e compagnie qui leur inflige des pertes sévères. L'absence de tout réapprovisionnement en munitions interdit aux Français de pousser plus avant. Ils sont toujours isolés dans la forêt du Gehant. Les blessés s'entassent au PC du régiment sous la pluie et sans médicaments.

Le 9 octobre, le 3e régiment de tirailleurs algériens réussit à faire passer un convoi d'ambulances et de camions de ravitaillement. Les opérations de harcèlement peuvent reprendre. Le 15, le 1er RCP est entièrement maître de la partie est de la forêt du Gehant. Il reçoit pour mission de s'emparer du col d'Oderen. L'attaque débute le 16, sous une pluie battante. Le col est pris après trois heures de combat acharné allant jusqu'au corps à corps. La progression reprend en direction de la cote 1008. Au soir, le régiment s'en empare. Le 1er bataillon demeure au col du Mesnil et en assure la défense. La pluie tombe toujours. Le 17 au soir, les Allemands déclenchent une attaque sur la cote 1008. Ils sont stoppés par le tir de toutes les armes et par une pluie de grenades. La nuit descend. La 5e compagnie se retire de son

8. Archives de Francis Massart en juin 1994.

secteur de défense, afin de se porter sur les arrières de l'ennemi et de l'attaquer au petit jour. Renforcée d'une section de la 10e compagnie, la 5e compagnie déclenche une contre-attaque qui surprend le bataillon allemand, lui inflige de lourdes pertes et permet de faire de nombreux prisonniers, dont le chef de bataillon blessé. Le général Jacques Faure témoigne :

> « Nous pouvons reprendre notre progression vers la cote 1111. Je dois rejoindre le 1er bataillon qui laisse une compagnie au col du Mesnil. Nous nous installons défensivement sur la cote 1111. La pluie ne cesse de tomber. Nous repoussons dans la brume plusieurs attaques et, tour à tour, les 5e et 6e compagnies dégagent la position[9]. »

L'état sanitaire du 1er RCP devient inquiétant. Les évacués pour pieds gelés se multiplient. Les effectifs ne cessent de fondre. Ils descendent à 50 % de ce qu'ils étaient au départ. Le régiment compte 129 tués, 339 blessés, 280 évacués pour pieds gelés. Le 21 octobre, le 1er RCP reçoit l'ordre de se replier sur Travexin.

> « C'était nécessaire. Mais quel crève-cœur d'abandonner la partie, quand le col d'Oderen semble si proche et l'Alsace à notre portée. Ne pouvant transporter toutes les armes, nous enterrons mortiers et munitions, puis nous nous replions à travers le terrain des derniers combats. »

Le 1er RCP est cité à l'ordre de l'armée :

> « Magnifique régiment à l'âme jeune et ardente, capable de toutes les audaces, de tous les efforts, sous le commandement du colonel Geille, remarquablement secondé par le commandant Faure, vient de prouver, pendant 15 jours ininterrompus de combats pour la conquête des cols des Vosges, à la fois son habileté manœuvrière et sa volonté de vaincre. Unité forçant l'admiration[10]. »

Quelques semaines de repos dans le Jura et le 1er RCP, renforcé par des jeunes FFI, est de nouveau prêt à se battre. Le 28 novembre 1944, Faure, promu colonel, prend le commandement de l'ensemble

9. Archives militaires françaises, Vincennes.
10. Archives militaires françaises, Vincennes.

du régiment. Le 7 décembre, Massart et son unité partent pour l'Alsace. Les premiers engagements au sein de la 2e division blindée du général Leclerc sont sévères. Les Français prennent Witternheim, Neunkirch, Blindernheim, localités solidement défendues, mais les pertes sont importantes.

Le général de Lattre de Tassigny écrira :

> « Les parachutistes de Faure se trouvent bientôt engagés dans des combats d'une violence inouïe et d'autant plus meurtriers qu'ils ne peuvent disposer d'un soutien de chars. Ils finissent, pourtant, par rester maîtres du village de Witternheim, mais il leur en a coûté des pertes terribles, 33 tués et 147 blessés sur un effectif engagé de 511 officiers et soldats[11]. »

Pour la seconde fois, le 1er RCP est arrivé à la limite de l'usure. Un court séjour entre le col du Bonhomme et le col de la Schlucht replonge Massart et ses compagnons dans les Vosges maintenant enneigées. L'entraînement d'autrefois, dans le Djurdjura, permet aux patrouilles et au ravitaillement de s'effectuer à ski. Puis, mis aux ordres de la 1re Division de Français libres (DFL), le 1er RCP redescend dans la plaine de Strasbourg qui n'est plus qu'à 15 kilomètres. Engagé à Benfeld, le régiment conduit, les 8 et 9 janvier 1945, de vigoureuses contre-attaques pour dégager ou renforcer des unités encerclées dans les villages d'Herbsheim et de Rosfeld. Puis, il est mis à la disposition de la 5e division blindée du général de Vernejoul en vue de la conquête de Jebsheim.

Placé sur la bissectrice de l'angle droit formé par le canal de Colmar et le canal du Rhône au Rhin, Jebsheim est une place forte prête à s'opposer à qui voudrait franchir l'une de ces deux voies d'eau. C'est dire le prix que lui attache la Wehrmacht.

Le 25 janvier 1945, le 2e bataillon reçoit pour mission de s'emparer des bois du moulin de Jebsheim, base de départ indispensable pour la conquête ultérieure du village. La neige tombe à gros flocons. Les paras du 1er RCP ont revêtu les grands anoraks blancs de leur tenue d'hiver qui leur descendent jusqu'au mollet. Le régiment s'infiltre dans le bois de Jebsheim. La température est descendue à -20 °C. Les seuls abris sont les trous individuels dans la neige épaisse.

11. *Ibid.*

> « Tout le monde est en tenue blanche : Américains, Allemands et nous. Les méprises dues à cette uniformité sont nombreuses, notamment celles de l'artillerie et de l'appui aérien. L'artillerie allemande se déchaîne sur le moulin et le bois de Jebsheim. Nous avons plus de 80 tués ou blessés. Dans la matinée du 26, la 10e compagnie perd à elle seule 20 hommes en quelques minutes. Deux obus de 88 mm sont tombés sur mon groupe, tuant sur le coup les soldats Ledoux, Girona, Chapelier, Bruin, Imbourg et Bousquet : j'ai été le seul survivant de cette hécatombe ! »

Toute la journée du 26 est nécessaire au 254e régiment américain d'infanterie pour atteindre le village de Jebsheim et y prendre pied, appuyé par le 1er RCP et par les chars de la 5e DB. Le 27 au matin, il tient la partie nord-ouest du village, mais il est écrasé par l'artillerie allemande. Successivement, les 1er et 2e bataillons du 1er RCP, les légionnaires du 3e RMLE viennent alimenter la bataille. Mais Jebsheim est la clé de la défense de Colmar et l'adversaire apporte la même âpreté à le défendre que les Alliés à le prendre.

> « La lutte est impitoyable, acharnée. Chaque maison est une redoute, chaque soupirail cache un Panzerfaust. À peine avons-nous pris un îlot, qu'un reflux de la vague nous le fait perdre. Pourtant, à la grenade, au pistolet-mitrailleur, au poignard, l'avance se poursuit, lente et meurtrière. Mais cette journée du 27 n'amène rien de plus que le nettoyage de quelques pâtés de maisons.
> « Les Allemands s'accrochent. La bataille se poursuit pendant la nuit du 27 au 28. Au lever du jour, les rues sont jonchées de cadavres écrasés par les chars. Les artilleries allemandes et alliées pilonnent sans arrêt les parties du village tenues par l'ennemi. On se fusille d'une maison à l'autre, tandis que les mitrailleuses interdisent les rues et les carrefours par de longues rafales qui balaient la chaussée. Les chars nous apportent une aide efficace, en pratiquant dans les maisons des brèches par où nous pouvons nous engouffrer. Les chars allemands Tigre II sont des monstres de 68 tonnes, très supérieurs à nos Sherman de 32 tonnes. Il faut sacrifier plusieurs Sherman pour parvenir à détruire un Tigre II. Les *Panzerfaust* abandonnés par les Allemands sont immédiatement utilisés par les parachutistes.
> « Je me souviens de l'homme que je n'ai pas tué. J'avais récupéré une mitrailleuse allemande MG42 et je me trouvais au premier

> étage d'une maison donnant sur une rue occupée par l'ennemi. C'était la nuit de pleine lune. La neige recouvrait le sol de son manteau blanc. Derrière une fenêtre je surveillais les mouvements éventuels de l'ennemi. Soudain, j'ai vu arriver un Allemand qui ne m'avait pas vu. J'ai pris ma carabine USM1 mais le coup n'est pas parti. Le temps de réarmer, l'Allemand avait eu le temps de se cacher. Par la suite j'ai remercié le Ciel de ne pas avoir tué cet homme. »

Des attaques en forme de crochet sont menées par des sections sur les lisières est et ouest du village. Elles permettent de prendre pied dans les maisons où les Allemands sont fixés par les attaques frontales des chars. Petit à petit, l'ennemi lâche pied. Le 1er RCP le refoule dans la partie sud du village et fait de nombreux prisonniers. À 18 heures, le commandement peut enfin passer par radio : « Nous tenons Jebsheim. » Il semble en effet que le moral de l'adversaire soit en train de flancher et qu'il mettra à profit l'obscurité pour décrocher. Or, après une nuit relativement calme, la bataille reprend de plus belle le 29. Jebsheim est à ce point capital pour l'adversaire qu'il va mettre tout en œuvre pour le récupérer. Deux régiments allemands d'élite, le 136e de chasseurs de montagne (*Gerbirgsjäger*) et le 525e de chasseurs de chars (*Panzerjäger*), vont tenter l'aventure. À 9 heures et 15 heures, deux attaques allemandes se brisent devant l'héroïque résistance des Français et des Américains. Les Allemands parviennent la seconde fois à s'emparer de quelques maisons, mais au prix de pertes hors de proportions, et pas pour longtemps. Car, portés par leur succès défensif, les rangers américains et les paras français, dans un dernier effort, puissamment épaulés par les chars, l'aviation et l'artillerie, s'élancent vers les derniers retranchements allemands et conquièrent définitivement la partie sud du village. Au soir du 29 janvier 1945, Jebsheim est français, ou plutôt ce qu'il en reste : des ruines !

Racontant cette bataille, le général de Lattre de Tassigny écrira :

> « Rien ne donne une idée de ce qu'est alors ce malheureux village. Cinq cents cadavres allemands transforment les rues en un véritable charnier. Nous-mêmes y avons eu 300 hommes hors de combat et les Américains au moins autant. Mais nous y avons fait 750 prisonniers, et le 254e régiment américain d'infanterie plus de 300. Jebsheim est bien le symbole de la fraternité franco-américaine qui règne au sein de la Ire armée française.

> Il est aussi le symbole de l'héroïsme dépensé pour enfoncer le front allemand et atteindre la ligne d'où va, maintenant, partir l'exploitation décisive[12]. »

Le 2 février 1945, le 1er RCP se dirige vers Colmar.

> « La traversée de Jebsheim est impressionnante. Le soleil a fait fondre la neige et dégeler le sol. De nombreux cadavres traînent encore dans les ruines, tandis que des centaines de mines antichars sont alignées en bordures des rues. Grâce au sol gelé, elles n'avaient pas fonctionné pendant la bataille. Pour la première fois, nous avons rendu grâce au Ciel de la rigueur de cet hiver. »

Le 3 février, à 11 heures, le 1er RCP entre à Colmar. Son 3e bataillon, créé en janvier, participe à la fin du nettoyage de la ville. Pour le régiment, la bataille de Colmar est terminée. Un dernier coup de boutoir, le 18 février 1945, lui permet d'enlever Windensolen d'un seul bond et de terminer en beauté la campagne d'Alsace. Cité une nouvelle fois à l'ordre de l'armée, le 1er régiment de chasseurs parachutistes entre dans l'Histoire comme une « unité d'élite au moral élevé, qui sait imposer sa volonté à l'ennemi en toutes circonstances[13] ».

La guerre terminée, le sergent Francis Massart instruit au saut en parachute de jeunes appelés sur le terrain de Pont-Long, près de Pau. Il quitte l'armée en 1947 pour aller travailler successivement à la Transatlantique et à la Tuilerie des Écus. Devenu représentant de matériel de bâtiment, il prend sa retraite au début des années 1980. Il est l'auteur de plusieurs ouvrages, publiés aux éditions Sud-Ouest, consacrés aux champignons.

Francis Massart est titulaire de nombreuses décorations militaires : Croix de guerre 1939-1945 avec citation, Croix du combattant volontaire de la Résistance, Médaille des internés résistants, Médaille des évadés, Croix du combattant. Cet homme discret et généreux a su mettre en pratique la maxime des preux : « Parler peu ; faire beaucoup ; être plus que paraître. » Il nous a quittés le 19 novembre 2008.

---

12. Archives militaires françaises, Vincennes.
13. Archives militaires françaises, Vincennes.

François de Carrère, héros de mai-juin 1940 et de la Résistance

François de Carrère voit le jour le 1er décembre 1896 à Marmande, lieu d'affectation de son père, Gustave, officier de carrière. Élevé dans la religion catholique, il a le malheur de perdre son père à l'âge de trois ans, victime d'un accident de cheval. Il trouve dans le catholicisme un immense réconfort, va régulièrement à la messe, se rend à Lourdes, se passionne pour la mystique chrétienne. L'histoire militaire de la France est également son autre centre d'intérêt. En décembre 1914, bien que seulement âgé de 18 ans, François de Carrère s'engage dans l'armée, afin de défendre la patrie, menacée par l'Allemagne. Il est promu aspirant de cavalerie le 1er août 1916 et sous-lieutenant en 1917, obtient une citation et la Croix de guerre en 1918 :

> « Officier de la plus haute valeur morale. Le 1er juin 1918, chargé de couvrir le régiment avec son peloton, est allé seul reconnaître à pied la ligne des avant-postes pendant une attaque ennemie et a fourni des renseignements du plus grand intérêt au commandement, à un moment où la liaison était des plus difficiles[14]. »

Il est grièvement blessé par un tir ennemi lors de cette opération à cheval.

Après la guerre, lieutenant au 20e régiment de dragons de Saumur, il est ensuite affecté à Limoges, puis à Tarbes au 2e régiment de hussards. Il poursuit sa carrière dans le prestigieux régiment des hussards de Chamborant, tout en pratiquant les sports équestres de haut niveau, avec plusieurs titres internationaux à son actif.

En 1920, près de Libourne, François de Carrère épouse Louise de Seguin, avec qui il aura sept enfants. Sa femme décède à l'âge de 32 ans, le laissant seul avec ses jeunes enfants. À son décès, manifestant une foi chrétienne profonde, il fait le choix de ne pas se remarier et de rester seul, conservant au-delà de la mort son engagement et son amour pour son épouse :

14. *Ibid.*

> « Une mère ne se dévoue pas comme elle jusqu'à la mort, pour cesser de le faire le jour où elle devient puissante par la récompense dont elle jouit[15]. »

Capitaine le 25 décembre 1931, il est affecté à l'état-major du groupe de cavalerie de Tarbes en octobre 1939, puis prend le commandement de l'escadron à cheval du 29e groupement de reconnaissance divisionnaire d'infanterie (GRDI) le 6 janvier 1940. Le 29e GRDI est rattaché à la 35e division d'infanterie (DI), unité composée de régiments du Sud-Ouest. Le capitaine François de Carrère passe l'hiver rigoureux de 1939-1940 dans le massif des Vosges, avec des températures tombant à -25 °C. Il a notamment sous ses ordres le comédien Jacques Dufilho. Ce dernier voit en François de Carrère « l'incarnation la plus parfaite du courage chez un militaire ». Les premiers combats s'engagent près de Wissenbourg et de Stenay.

Début juin 1940, sur le front de l'Aisne, trois divisions françaises d'infanterie (35e et 6e DI, 1re division d'infanterie coloniale) repoussent durant trois jours cinq divisions allemandes d'infanterie (24e, 299e, 36e, 76e et 58e DI) : 51 000 soldats français contre 90 000 soldats allemands !

De chaque côté, on s'installe dans une guerre de position : tranchées, fils barbelés, mines antichars, dont 800 sont posées le 1er juin devant Oches. L'historique de la 24e DI allemande, adversaire de la 35e DI française, note que la remise en marche d'une scierie de Sedan lui permet d'obtenir le bois de coffrage nécessaire à la réalisation de ses tranchées.

Des sections de chars français du groupement blindé 503 sont mises à la disposition des 74e et 119e RI (6e DI). La 3e compagnie du 10e BCC (bataillon de chars de combat) appuie le 123e RI (35e DI) au sud-ouest d'Oches, où combat François de Carrère.

L'activité se compose de patrouilles, coups de main, tirs d'artillerie ; mais le jour, tout mouvement et travaux de défense sont contrariés par l'avion qui règle les tirs de l'artillerie allemande. Des journalistes américains sont accueillis au PC du commandant du 74e RI de la 35e DI.

Le 9 juin 1940, la 24e DI allemande passe à l'offensive sur le bois de Sy et la côte du Chaudron (cote 253) vers Oches. Les 32e et 31e RI allemands tentent de percer les lignes françaises, mais sans succès. Ce

15. Toutes les citations qui suivent, sauf mention contraire, sont extraites des archives de François Peltier, un de ses petits-fils, et de la famille de Carrère.

même jour, par une violente attaque, la Wehrmacht parvient à s'emparer de la ferme d'Isly malgré la résistance acharnée de la 7e compagnie du 74e RI. En dépit d'assauts répétés, les Allemands échouent devant la ferme de La Polka.

> « Le même jour c'est l'assaut de Oches, sentinelle avancée, véritable verrou de la ligne de résistance dont il ne restera bientôt qu'un amas de ruines calcinées dans un cadre d'arbres mutilés ou déchiquetés, de matériel éventré et de cadavres d'animaux. Après une forte préparation d'artillerie, l'infanterie allemande monte à l'assaut du village. Mais 170 pièces d'artillerie (75, 105 et 155 mm) des 43e et 243e RA causent de lourdes pertes à l'assaillant ; la résistance du 1er bataillon du 36e RI français est si vive que l'adversaire doit se replier au nord-ouest de Oches. En fin de matinée, essayant de déborder le village par l'ouest, les troupes allemandes se heurtent à la farouche résistance des 36e et 123e RI appuyés par des tirs précis et meurtriers de l'artillerie qui les contraignent au repli. Plus au nord et à l'est, les Allemands s'infiltrent par les haies et les vergers et tentent d'investir le village. Mais une contre-attaque française permet l'après-midi de rétablir la situation, de reprendre la totalité du village et de faire 44 prisonniers.
>
> « Le lendemain 10 juin, le 2e bataillon du 119e RI relève le 1er bataillon du 36e RI fort éprouvé. Une nouvelle attaque allemande, appuyée cette fois par l'aviation, se déclenche. Le 119e RI tient bon : ses feux et les tirs ajustés de l'artillerie clouent les assaillants au sol, leur causant des pertes importantes.
>
> « En soirée, l'attaque des fantassins allemands est appuyée par des blindés légers ; les canons antichars en détruisent deux et les autres se replient. L'attaque est définitivement stoppée.
>
> « Le soir, des brancardiers allemands brandissent un grand drapeau blanc à croix rouge, demandent une trêve pour relever leurs blessés et leurs morts. Elle leur est accordée pour deux heures.
>
> « Ce soir-là, les Français ont fait 202 prisonniers dans le secteur de Oches. Pas un pouce de terrain n'a été cédé, mais les pertes sont sévères[16]. »

16. Michel Baudier et José Bouchez, *Les combats de Stonne-Tannay-Oches-Sommauthe du 14 mai au 11 juin 1940*, imprimerie Félix, 1997.

De Sommauthe à Stenay, à l'est des 35e et 6e DI, la 1re division armée d'infanterie coloniale (DIC) livre également de glorieux combats en juin 1940. Le 9, à l'aube, après une courte mais violente préparation d'artillerie, le seul secteur du 3e RIC se trouve attaqué par toute une division allemande : 3 000 soldats français contre 18 000 soldats allemands ! Des obus fumigènes dissimulent la progression de l'infanterie allemande vers Wame et la Fontaine-aux-Frênes. Les coloniaux et les tirailleurs résistent, occasionnant de lourdes pertes à l'ennemi. Cependant, en fin de journée, le 3e RIC est enfoncé par endroits. Une contre-attaque des 12e et 14e RTS (régiments de tirailleurs sénégalais), amorcée le 9 juin au soir, se termine le 10 à midi par un succès complet.

> « Notre front est rétabli. L'ennemi, engagé devant le PC du 3e RIC, est encerclé, détruit ou fait prisonnier. Nous restons maîtres du champ de bataille dont le désordre est indescriptible. Les actes d'héroïsme ont été nombreux. Les pertes ont été lourdes des deux côtés, mais celles de l'ennemi beaucoup plus que les nôtres. La 2e compagnie sanitaire allemande, qui fonctionnait derrière les troupes d'attaque, évacuait en deux jours 755 blessés. Le nombre des morts devait être à peu près égal. Nous avions fait en outre 300 prisonniers, le lieutenant Fornari, du 12e RTS, et quelques-uns de ses tirailleurs ayant pour leur seule part reçu la reddition en bloc de près de 200 soldats allemands. Nous étions une fois de plus vainqueurs sur un champ de bataille que, malgré tous les efforts de l'ennemi nous tenions depuis quatre semaines, et, comme dans la troupe nul n'avait le temps de lire les journaux ou prendre les informations radiodiffusées, nous ne nous doutions pas que deux semaines plus tard les Allemands occuperaient Bordeaux. Si notre succès a été complet, il sera, hélas, éphémère : le nettoyage n'est pas terminé qu'arrive dans l'après-midi l'ordre du corps d'armée de battre en retraite. C'est l'amorce d'un repli général, car l'ennemi a établi au sud de l'Aisne une forte tête de pont que l'on ne peut réduire et menace déjà Châlons qu'il occupera le 12[17]. »

Le 29e GRDI est contraint de retraiter dans la forêt de l'Argonne à partir du 11 juin 1940. Les troupes du capitaine François de Carrère

17. Raymond Belly, *La 1re division d'infanterie coloniale dans la campagne de France de 1940*, imprimerie Taffard, 1957.

couvrent le mouvement de repli. Fait prisonnier le 23 juin, il parvient à s'évader le 29 juillet de Nancy. Le chanoine Kir lui fait passer la ligne de démarcation pour rejoindre la zone libre. Il revient à Tarbes et prend le commandement d'un peloton spécial, constitué de jeunes candidats à l'école militaire de Saint-Cyr. L'un d'eux écrit au sujet de François de Carrère :

> « On ne pouvait qu'être subjugué par ce grand chef de guerre et de famille en même temps. J'étais resté très attaché par le cœur et l'esprit à celui qui avait tant marqué nos premiers pas d'hommes. »

Au sein du 2e régiment de hussards de Tarbes, il participe au camouflage de matériel de l'armée, au sein du réseau de résistance CDM du colonel Mollard, du 1er novembre 1940 au 27 novembre 1942. Suite à l'invasion de la zone libre par les Allemands, l'armée française d'armistice est dissoute. Le commandant François de Carrère rejoint alors le célèbre Corps franc Pommiès, unité prestigieuse de la Résistance dans le Sud-Ouest. Il participe à des sabotages et des embuscades contre l'occupant. Le colonel André Pommiès lui confie le commandement de tout un bataillon, luttant dans les Basses-Pyrénées. Sa dévotion en la Vierge Marie lui permet de lutter avec courage en toutes circonstances.

Effectuant, en 1943, un déplacement à vélo sur un trajet habituel, il prend la précaution, avant de s'engager dans le village de Soumoulou, d'observer à la jumelle des Allemands mal camouflés. Il modifie ainsi son itinéraire et apprend quelques jours après par un prisonnier allemand que l'occupant était au courant de son déplacement et que c'était lui qu'il attendait. À ses proches qui lui demandent pourquoi ce jour-là il avait eu cette vigilance inhabituelle, il répond : « Dieu me l'avait dit. »

Son fils Gonzague, lui-même officier, raconte :

> « François de Carrère organise ses unités, recrute activement, instruit ses hommes, les prépare à leurs périlleuses et audacieuses missions, causant des dommages majeurs contre l'occupant. »

Un jour, alors qu'il doit faire fusiller un espion à la solde de la Gestapo, il lui demande : « Tu veux voir un prêtre ? — Non ! répond le traître. — Alors tu veux mourir comme un chien ? — Non ! répond à nouveau le traître. — Alors tu veux voir un prêtre ? — Oui, répond le condamné. » Ce prêtre est le chanoine Jean Pambrun, aumônier du Corps franc Pommiès, très proche de François de Carrère, dont une rue de Pau porte le nom.

Les nombreuses unités de la Résistance passent à l'action dès l'annonce du débarquement en Normandie en juin 1944. Plus de 200 sabotages sont accomplis dans le département des Basses-Pyrénées de juin à août 1944. Les embuscades frappent durement les troupes allemandes. Le 8 juin, à Soumoulou, un convoi allemand de 14 véhicules, venant de Pau et allant vers Tarbes, est attaqué par une section du bataillon de Carrère du Corps franc Pommiès (CFP), alors en embuscade : 4 officiers allemands sont tués, 1 blessé et 2 véhicules détruits. Le 10, à Sainte-Colombe, la section Bercut, du CFP, attaque à la grenade une colonne motorisée allemande qui laisse 5 véhicules sur le terrain. Le 12, un groupe du bataillon de Carrère, en embuscade sur la D37, à Narcastet, mitraille un convoi de 5 camions puis se replie sur Louvie-Juzon. À hauteur du pont d'Assat, des maquisards du bataillon de Carrère attaquent, le même jour, une colonne ennemie qui abandonne 3 tués et 3 blessés.

Le 14 juin 1944, les Allemands montent une opération contre le maquis de Rébénacq et fusillent les résistants Michel Bousteau, Pierre Cotonat et Louis Mourlon. Toujours à Rébénacq, le 15, un détachement allemand, harcelé par des FFI du CFP, compte 3 tués et 2 blessés. Le 19 juin à Capbis, la compagnie Vernet (CFP) attaque une colonne motorisée. Les maquisards poursuivent leur action jusqu'au repli des Allemands. Les pertes ennemies s'élèvent à 3 tués (dont 1 officier). Les résistants récupèrent un important stock de munitions. Pour se venger, les Allemands incendient plusieurs fermes.

La région nord-est de Pau est le théâtre d'une véritable bataille rangée entre une unité du CFP et une importante troupe ennemie. Au matin du 13 juillet 1944, un détachement de reconnaissance et deux sections de combat transportées en camionnettes, aux ordres du chef Sarrazin, traversent Monassut et arrivent au carrefour formé par la D211 et la D943. Le chef Sarrazin se trouve en serre-file du convoi. Chaque section est armée d'une mitrailleuse Browning modèle 1919, provenant des parachutages ; les hommes sont dotés de mitraillettes Sten ou de mousquetons. Les véhicules, tous équipés pour fonctionner au gazogène, éprouvent quelques difficultés de mise en route. Il est 9 h 45 lorsque le chef Sarrazin aperçoit à gauche, sur la D943, des camions allemands roulant dans sa direction. En quelques secondes, il se rend compte qu'il lui est impossible de faire demi-tour, car il n'en a pas le temps sur cette route étroite. En accord avec ses hommes, Sarrazin prend la décision de livrer bataille : les deux mitrailleuses sont mises en batterie sur un talus, battant convenablement le carrefour entre la D221 et la D943. La section Boutin prend position un peu en arrière, à la hauteur d'un cimetière, tandis que la section Viltard s'abrite derrière des sapins.

Sarrazin et ses hommes ignorent que l'adversaire représente une colonne de 59 camions appuyés par deux automitrailleuses. L'ensemble totalise plus d'un millier d'hommes ! La colonne Sarrazin compte moins d'une centaine de combattants. Dès que le véhicule ennemi de tête arrive à la hauteur du carrefour, Sarrazin, avec sa mitraillette, tire le premier. Les deux mitrailleuses crépitent peu après. Les passagers allemands, qui se trouvent seulement à une vingtaine de mètres, sont tous tués. Puis, le feu meurtrier des maquisards est dirigé sur les autres véhicules, d'où jaillissent les soldats allemands et les miliciens. Un groupe ennemi tente, à l'abri d'un talus, de neutraliser les mitrailleuses, mais il est cloué au sol. Plusieurs assauts sont repoussés par les FFI qui rivalisent de bravoure.

Les Allemands, se rendant compte de l'absence d'armes antichars chez les Français, engagent les deux automitrailleuses. Les balles, impuissantes, s'écrasent sur leur blindage. La position des maquisards devient rapidement intenable : les mitrailleurs Cristol et Dechau sont mortellement blessés à leur poste de combat. Sarrazin donne l'ordre de repli. Guy Lagavre, seul à sa mitrailleuse, refuse de décrocher. Il tient toujours l'ennemi en respect. Sarrazin doit intervenir personnellement pour qu'il accepte de se replier. L'affrontement a été très meurtrier, onze résistants et une cinquantaine d'ennemis sont morts.

Le 22 juillet 1944, un train allemand de munitions est endommagé par des maquisards en gare de Pau. Le 29, à Gan, un groupe du CFP attaque un convoi allemand par surprise : 12 soldats allemands sont tués et 4 autres blessés. Le 29, des FFI du bataillon de Carrère tendent une embuscade à un convoi ennemi qui laisse 2 tués sur le terrain.

Dans le Pays basque, la compagnie Lavalou, du bataillon de Carrère, surveille depuis plusieurs semaines la garnison allemande de Mauléon. Le 9 août 1944, le chef Lavalou apprend par ses agents de renseignement que l'ennemi quittera la ville le lendemain. Aussitôt, la section Bercut reçoit l'ordre de se mettre en embuscade sur la D11 entre Mauléon et Vidos, après le pont routier enjambant la voie ferrée non loin de la gare. Le reste des éléments se tiendra à proximité de la ville, prêt à intervenir. Le 10 au matin, tout le monde est en place. Lavalou se rend à Pau où le colonel de Rougemont s'y trouve depuis quelques jours, afin de lui envoyer des renforts. À 13 heures, les Allemands quittent Mauléon à bord de trois camions. À peine ont-ils dépassé le pont routier que le résistant Bercut ouvre le feu sur eux avec une mitrailleuse. L'ennemi riposte en poursuivant sa route, mais il est bientôt obligé de s'arrêter, ses véhicules se trouvant hors d'usage. À pied, il va alors essayer de retourner à Mauléon en se défilant. Attaqué à la grenade, l'ennemi n'a d'autre ressource que de se jeter dans la seule habitation existant dans les parages, le château Etchebart, occupé par des réfugiés de l'est de la France. Au cours de cette première action, le CFP a fait deux prisonniers, dont un blessé qui est dirigé sur l'hôpital de la ville. Vers 15 heures, Lavalou est de retour à Mauléon sans avoir pu obtenir les renforts souhaités. Informé des événements, il prend en main la conduite des opérations. Pendant que la section Bercut fixe les Allemands réfugiés dans le château, Lavalou regroupe le reste de ses hommes et, à la nuit tombée, fait encercler la demeure. La nuit s'écoule sans incident, seulement ponctuée par quelques coups de feu.

Le lendemain, le chef Lavalou décide d'en finir. À 9 h 30, il envoie le prisonnier porter un ultimatum aux Allemands leur ordonnant de mettre bas les armes. Ils répondent qu'ils ne se soumettront qu'à des militaires de l'armée régulière. C'est donc à l'un des chefs de section de la compagnie, l'adjudant-chef de gendarmerie Duplan, entouré de cinq gendarmes en tenue, que l'ennemi, 46 hommes au total, se rend à 11 heures. Les FFI ne comptent qu'un tué et trois blessés.

Les Allemands en garnison à Pau gagnent Orthez le 20 août 1944. D'autres éléments, dépassant rarement l'effectif d'une section, évitent les grands axes et retraitent vers le nord par les routes secondaires. Ils sèment parfois la terreur dans la population. La compagnie FFI du capitaine Peillon, rattachée au bataillon de Carrère, compte 4 sections disséminées dans un rayon de 15 km. Elle a son PC (poste de commandement) à 6 km d'Arthez-de-Béarn, non loin de Saint-Médard. Le 22 août dans la matinée, le capitaine Peillon décide de reconnaître le nœud routier d'Arthez. Il part à bord d'une voiture Peugeot 202, accompagné de son chauffeur Hermann de Connic et de deux combattants. Il explique :

> « J'étais armé de mon fidèle pistolet de 9 mm et d'un mousqueton auquel m'avaient familiarisé des années de cavalier à cheval. Chacun de mes compagnons avait une mitraillette et des grenades[18]. »

18. Archives du Corps franc Pommiès, Pau et Tarbes.

Sur la route, la section Begue signale à Peillon que des Allemands ont été vus en petits groupes à l'ouest du village d'Arthez. Il fait mettre en alerte un groupe de combat, puis repart en reconnaissance. Arrivée à 400 mètres d'Arthez, dans le fond d'un vallon, la Peugeot 202 est arrêtée par des résistants de l'Armée secrète (AS). Le capitaine Peillon rencontre leur chef, un officier de marine, avec qui le dialogue est facile :

> « Peu entraîné à la manœuvre à terre, mon interlocuteur me demande mon avis sur son dispositif. Je lui fais remarquer d'abord le danger éventuel que fait courir à la population l'embuscade qu'il a tendue ; si celle-ci ne réussit pas pleinement, les Allemands se replieront sur le village et pourront y exercer des représailles. Puis je lui montre qu'il s'est mis dans la plus mauvaise position tactique en laissant à l'ennemi les hauteurs et en se plaçant dans un bas-fond. À sa grande satisfaction, je lui propose de l'aider à se tirer d'affaire en plaçant l'un de mes groupes de combat au nord-ouest du cimetière ; mais je lui demande de ne faire ouvrir le feu que lorsque l'adversaire sera dans la boucle de la route, à 100 mètres de lui. Mon groupe le prendra alors à revers et l'empêchera de se replier sur le village[19]. »

Malheureusement, au moment où le capitaine Peillon retourne à sa voiture, des cyclistes allemands débouchant de l'agglomération sont pris à partie par les maquisards de l'AS (Armée secrète). L'un des Allemands semble tomber de bicyclette, les autres se jettent dans une ferme et ouvrent le feu avec des armes automatiques. Le chef de l'AS, totalement dépassé par la situation, reste inactif et ne donne aucun ordre. Le capitaine Peillon prend alors la direction des opérations. Le groupe de combat de la section Begue accourt au bruit de la fusillade. À sa tête se trouve le jeune officier Lafont, le fils du général qui avait commandé l'école de cavalerie de Saumur en 1940. Peillon engage une manœuvre de débordement. Il donne au groupe de l'AS la mission de fixer les Allemands, tandis que le groupe Lafont doit attaquer les arrières de l'ennemi. N'accordant qu'une confiance relative au groupe de l'AS, Peillon le fait renforcer par quelques-uns de ses combattants. De maison en maison, le groupe Lafont progresse vers la ferme tenue par les Allemands. D'une fenêtre, le capitaine Peillon

19. *Ibid.*

abat une sentinelle ennemie avec son mousqueton. Après une courte fusillade, le groupe Lafont obtient la capitulation des Allemands (un lieutenant de la Wehrmacht et dix soldats).

Le 22 août 1944, la garnison allemande d'Oloron-Sainte-Marie (150 hommes) prend la direction de la frontière espagnole. Empruntant la N134, elle droit franchir 55 km de montagne, dont le col du Somport à 1632 mètres, avant d'atteindre l'Espagne. Le commandant François de Carrère donne l'ordre à la compagnie Henry de se lancer à la poursuite des fuyards et de les attaquer. Cette unité, forte de 4 sections, arrive le 23 août dans la soirée à Sarrance, à 6 km de Bedous. La garnison d'Oloron, bloquée dans sa marche par un groupe de guérilleros espagnols, s'est retranchée dans Bedous. Dominé par les montagnes, le village de Bedous se trouve dans une sorte de cuvette, au confluent du Gave et l'un de ses affluents. Le matin du 24, la compagnie Henry reprend sa progression. La section Vanhouette, en tête, se heurte à l'entrée de Bedous à des soldats allemands. Le chef Henry déploie ses sections. Celle de Charpiat déborde le village par les hauteurs, tandis que celles de Touron et de Clavier progressent par les pentes ouest du Gave. La section Vanhouette reste sur la N134 pour fixer l'ennemi. Elle va maintenir sa pression par des tirs précis au fusil-mitrailleur et au mortier de 50 mm.

Craignant l'encerclement, les Allemands se regroupent et attaquent le point faible du dispositif adverse : les Espagnols au pont d'Esquit. Ces derniers, mal armés, sont rapidement bousculés, si bien que les Allemands peuvent poursuivre leur route vers l'Espagne franquiste. Ils traversent successivement les localités d'Eygun, d'Estaut et arrivent au pont de Sebers. Mais à l'entrée du pont, ils sont pris sous le feu d'une section de l'AS aux ordres du lieutenant Paillas. Au moment où la compagnie Henry atteint le pont d'Esquit et s'apprête à talonner la colonne ennemie, d'importantes troupes du CFP arrivent en renfort. La voiture du colonel de Clerck, le commandant Bénony et sa 202, puis toute la colonne Miler entrent dans Bedous. Informés de la situation par le chef Henry, les officiers de Clerck, Bénony et de Broissia décident de poursuivre la garnison allemande.

Le lieutenant Coural, témoin des combats, nous raconte la suite :

> « On traversa Eygun et Estaut. Le sous-lieutenant Sehet, chef de compagnie, accompagné du lieutenant Lefèvre et de l'adjudant van Kelst allaient en tête, un fusil-mitrailleur (FM) en batterie sur la voiture. Brusquement, à un tournant, il s'arrêta. C'était à un kilomètre du fort du Portalet, à l'endroit où la route franchit

> le Gave, au pont de Sebers. Le pont était barré par des grosses pierres et la colonne allemande arrêtée à 500 mètres de là. De l'auto de tête, les occupants descendirent et franchirent le pont à pied. Une rafale de mitrailleuse tua le lieutenant Lefèvre et blessa l'adjudant van Kelst à la jambe. La voiture du colonel de Clerck, qui suivait immédiatement, se mit à l'abri. Le lieutenant de Broissia, puis le sous-lieutenant Coural appuyés sur le pont de Sebers, ouvrirent le feu sur les Allemands. Sur le talus, le commandant Miler et le lieutenant Sehel mirent en batterie un FM. Quelques voltigeurs du camion de tête vinrent les rejoindre. Quelques minutes après, les deux compagnies arrivèrent. Le capitaine Maratier progressa de l'autre côté du Gave, prenant la colonne ennemie sous les feux de ses mitrailleuses et de ses mortiers. Les tireurs au fusil, derrière les rochers, ajustèrent les véhicules allemands et les transpercèrent. Au bout d'une heure de combat, on vit l'adversaire agiter un drapeau blanc[20]. »

Le chef Sarramon et la section de protection désarment 90 soldats allemands. Le chef de la Gestapo d'Oloron se suicide en se jetant du pont du Gave. On compte également une trentaine de soldats allemands tués ou blessés.

D'autres colonnes allemandes qui tentent de se réfugier en Espagne sont capturées par les FFI, après de violents combats. C'est le cas à Borce, où 104 soldats allemands, encerclés par les maquisards de l'AS et de l'ORA, se rendent le 24 août. La libération de Bayonne, Biarritz, Saint-Jean-de-Luz, Socoa et Hendaye, le 21 août, permet au bataillon FFI Passicot de capturer 168 soldats allemands.

Le bataillon de Carrère participe ensuite au combat d'Autun en septembre 1944, marqué par la capture de 3 500 soldats allemands. Au sein du CFP, le bataillon de Carrère intègre la Ire armée française du général de Lattre de Tassigny, où il lutte avec héroïsme dans les Vosges, sous la neige et un froid terrible durant l'hiver 1944-1945. Le 28 novembre 1944, dans le secteur du Drumont, le commandant François de Carrère est très grièvement blessé par un éclat d'obus qui lui arrache un tibia. Contraint de rester plusieurs mois dans un hôpital pour y être soigné, il quitte l'armée en 1946, avec le grade de colonel, et s'astreint à une rééducation en solitaire qui lui permet de retrouver l'usage de ses jambes.

20. *Ibid.*

Son petit-fils, François Peltier, écrit au sujet de son grand-père maternel :

> « D'un caractère très entier, réputé pour la richesse exceptionnelle de ses jurons, il était aussi d'une bonté et d'une humilité extrêmes. Informé qu'il remplissait les conditions pour être promu commandeur de la Légion d'honneur, il refusa par écrit de constituer un dossier de demande, affirmant que s'il en était jugé digne, il n'avait pas à le demander. Très impliqué dans la défense de l'enseignement libre, il est également durant plus de dix ans conseiller municipal de la ville de Tarbes. Membre très actif et très engagé de la Conférence Saint-Vincent-de-Paul, il recevait régulièrement les plus démunis dans sa maison de Tarbes. Il s'y éteint en 1981 et repose dans le petit village de Salles-Adour, où il avait eu l'honneur de recevoir chez lui le général de Gaulle en 1950. »

Un ancien du CFP écrivait à son sujet :

> « Le corps franc, c'était un groupe d'amis et François de Carrère nous considérait comme tels. Nous lui témoignons tous une immense confiance, faite d'admiration et de respect, et en plus pour mon compte personnel une très grande affection pour ce meneur d'hommes aux qualités exceptionnelles[21]. »

Un autre lui écrivit :

> « Vous étiez pour nous tous, mon colonel, l'emblème de la Résistance telle que nous l'avions voulue et vécue. Le reste n'est que du vent[22]. »

Georges Cabanier et le sous-marin *Rubis*

Georges Cabanier est né le 21 novembre 1906 à Grenade (Haute-Garonne), de parents propriétaires terriens. Il entre à l'école navale en 1925 et, en octobre 1927, embarque sur le croiseur-école *Jeanne d'Arc* avec le grade d'enseigne de vaisseau de seconde classe. En 1928,

21. *Ibid.*
22. *Ibid.*

il sert successivement sur les avisos *Du Couëdic* et *Duperré* puis sur le transport militaire *Seine*. En 1930, il fait campagne aux Antilles, aux Bermudes, aux Açores et à Terre-Neuve à bord de l'aviso *Aldebaran*. Après une année à l'école des officiers torpilleurs et électriciens, Georges Cabanier se dirige vers une carrière de sous-marinier. En 1932, il embarque à bord du sous-marin l'*Achéron*, puis du *Saphir*.

Lieutenant de vaisseau en 1934, il sert sur le sous-marin *Orion*, puis en 1936 sur le *Surcouf*, avec lequel il prend part à une croisière d'endurance en Atlantique sud. En 1938, il est nommé au commandement du sous-marin mouilleur de mines *Rubis*, basé à Cherbourg, puis à Bizerte lors de la déclaration de guerre. Dès le début de l'année 1940, le *Rubis* est basé en Grande-Bretagne, à Harwich puis à Dundee, où il est intégré à une flottille de sous-marins britanniques.

Le *Rubis*, sous-marin mouilleur de mines, est construit à l'arsenal de Toulon à la fin des années 1920. Il entre en service en 1932. D'un poids de 925 tonnes, il se déplace à 12 nœuds et dispose d'un rayon d'action de 7700 milles. L'effectif comprend trois officiers et trente-sept marins. L'armement est le suivant: un canon de 75 mm, torpilles de 400 à 550 mm, 32 mines. Ce submersible a la particularité, unique au monde, de pouvoir larguer ses mines par des puits verticaux, sans utiliser des rails de guidage, ce qui facilite ses missions. Le *Rubis* se trouve aux ordres de l'Amirauté britannique depuis le 1er mai 1940. Il s'est particulièrement distingué dans les opérations de mouillage de mines le long des côtes norvégiennes. Sous le commandement du lieutenant de vaisseau Cabanier, le *Rubis*, rallié à la France libre du général de Gaulle poursuit sans interruption sa lutte aux côtés des Britanniques, malgré l'armistice du 22 juin 1940. Le 26 juin, il largue un chapelet de 32 mines dans les chenaux qui conduisent à Trondjheim, entraînant la perte d'un chasseur allemand de sous-marin. Les Anglais, très satisfaits du résultat de ces missions, décorent le commandant du submersible de la Distinguised Service Order. Ils honorent également deux officiers de l'état-major et des marins de l'équipage.

> « Les Britanniques étaient d'autant plus heureux de disposer du *Rubis* qu'ils n'avaient plus aucun mouilleur de mines disponible dans le Nord depuis le malencontreux échouage du *Seal* sur les côtes norvégiennes[23]. »

23. Michel Bertrand, *Les FNFL*, éditions La Gazette des Armes, 1980.

Le *Rubis* effectue de nombreuses missions en mer du Nord. Du 14 au 25 août 1941, il mine les passages d'Egersund. Lors de cette délicate opération, il torpille le *Hogland*, bâtiment finlandais de 4300 tonnes, chargé de munitions. Bien qu'endommagé par la terrible explosion qui a suivi à moins de 250 mètres, le *Rubis* parvient par ses propres moyens à rejoindre sa base. Ses avaries réparées, il opère dans le golfe de Gascogne en janvier 1942. En minant la route maritime de Saint-Jean-de-Luz à Bayonne, le submersible perturbe sérieusement le cabotage du minerai de fer entre Bayonne et Bilbao. En avril, le *Rubis* est engagé sur la côte norvégienne puis en mai de nouveau dans le golfe de Gascogne, où il mine la côte entre le Cap-Ferret et Hourtin. Le patrouilleur allemand VP 406 de 500 tonnes saute le 18 août sur une des mines déposées par le *Rubis*. D'autres navires allemands coulent également pour les mêmes raisons. Le sous-marin continue ses missions jusqu'à la fin de guerre sous le commandement de l'Amirauté britannique. Accomplissant vingt-huit missions de guerre, dont vingt-deux consacrées à des mouillages de mines, le *Rubis* a coulé 18 bâtiments ennemis : un exploit unique dans toute l'histoire de la Marine française durant ce conflit.

Promu capitaine de corvette en janvier 1941, Georges Cabanier quitte son commandement en mai 1941 pour rejoindre le Pacifique où il arrive peu avant l'attaque japonaise sur Pearl Harbor. Il exerce les fonctions de commandant de la défense du Pacifique, puis de chef d'état-major de l'amiral Thierry d'Argenlieu, haut-commissaire des possessions françaises du Pacifique.

Capitaine de frégate en mars 1943, il commande, après un bref séjour en Europe, à partir de mars 1944, le croiseur auxiliaire *Cap des Palmes* qui opère au sein de la IIIe flotte des États-Unis dans les parages de la Nouvelle-Calédonie et des Nouvelles-Hébrides. Il participe alors à de nombreuses escortes de convois dans le Pacifique.

En avril 1945, Georges Cabanier représente la France à la conférence de San Francisco avant de prendre, en juin 1945, le commandement de l'école navale qu'il réorganise. Capitaine de vaisseau en octobre 1945, il prend, deux ans plus tard, le commandement de la *Jeanne d'Arc*. Attaché naval à Washington en juillet 1949, il reçoit les étoiles de contre-amiral en janvier 1951. En janvier 1953, le contre-amiral Cabanier est nommé secrétaire général adjoint de la Défense nationale. En mars 1954, il est nommé à la tête de la marine en Indochine. À son retour en France en février 1956, il devient chef d'état-major particulier du secrétaire d'État à la Marine. Vice-amiral en novembre 1956, il prend quelques jours plus tard le commandement

du groupe d'action de lutte anti-sous-marine. En juin 1958, il est affecté comme chef d'état-major de la Défense nationale au cabinet du général de Gaulle. Vice-amiral d'escadre en novembre 1958, puis amiral le 1er juillet 1960, il est nommé à la même date chef d'état-major de la Marine et reste à ce poste jusqu'au 1er janvier 1968. Membre de l'Académie de marine, l'amiral Cabanier exerce les fonctions de grand chancelier de la Légion d'honneur de 1969 à 1975.

Georges Cabanier est décédé le 26 octobre 1976 à Paris. Ses cendres ont été dispersées au-dessus de l'épave du *Rubis* au cap Camarat[24].

Édouard Corniglion-Molinier, aviateur et résistant

Édouard Corniglion-Molinier est né le 23 janvier 1898 à Nice. Il accomplit de brillantes études au lycée de Nice, où son père est notaire. Au début de la Première Guerre mondiale, il est étudiant en droit, mais envisage de s'engager malgré ses 17 ans. Après avoir rejoint les chasseurs alpins, il passe ensuite au 5e régiment de dragons à Saumur le 6 octobre 1915 et, un mois plus tard, obtient sa mutation dans l'aéronautique. L'aviation le tente, car il est un fidèle de l'aérodrome où il a souvent volé avec certains pionniers, dont Latham, Chavez, Legagneux, Garros.

Il est envoyé à l'école de pilotage d'Ambérieu, où il obtient son brevet de pilote le 27 avril 1916. Après des stages de perfectionnement à Avord et à Pau, le brigadier Corniglion-Molinier est envoyé à l'escadrille 392 en Italie, où il arrive le 17 octobre 1916. Une semaine plus tard, il patrouille sur l'Adriatique, attaque trois avions, en met deux en fuite et, prenant le troisième en chasse, force ce dernier à piquer, après avoir mis l'observateur hors de combat.

De Venise, où l'escadrille 392 se transforme en escadrille 561 en juin 1917, il continue à accomplir avec son ardeur coutumière des missions de reconnaissance et d'observation sur les lignes ennemies, dans les régions de Trieste et de Fiume, des attaques d'avions, de dirigeables, et de bateaux autrichiens. Il est promu au grade de maréchal des logis. Il est évacué avec une grave crise de paludisme, de décembre 1917 à février 1918. À sa sortie d'hôpital, il repart pour l'Italie rejoindre l'escadrille 561, avant d'être affecté à la SPA 162

24. Archives du musée de l'Ordre de la Libération, Paris.

en France, fin 1918. Sur le front italien, il a rencontré l'aviateur et écrivain Gabriele d'Annunzio, l'un des combattants italiens les plus décorés de la Première Guerre mondiale.

La guerre terminée, il est démobilisé avec le grade de sous-lieutenant. Il reprend le cours de ses études, passe le doctorat en droit et obtient également une licence de lettres. Mais tout ce qui touche à l'aviation continue de le passionner. Il s'entraîne aux aérodromes de Châteauroux et de Dijon. Il accomplit de grands voyages en avion avec André Malraux, à la recherche des cités disparues dans les déserts du Moyen-Orient. Il entre également comme reporter dans un grand journal parisien du soir. En 1936, il participe à la guerre d'Espagne, où il vole à nouveau en compagnie de Malraux.

Il devient également producteur de cinéma dans des réalisations importantes, comme *Drôle de drame* de Marcel Carné ou *L'Espoir*, d'après l'œuvre d'André Malraux, présenté au public en 1939. En septembre 1939, il est volontaire pour servir dans l'aviation de chasse. Il est affecté successivement aux groupes de chasse III/6, III/3 puis au III/2 en janvier 1940. Le 13 mai 1940, il contribue, à la tête de sa patrouille, à abattre un Henschel 126. Le 16 mai, lors d'une patrouille, il abat un Heinkel 111. Il compte 2 victoires homologuées et se trouve ainsi être l'un des trois seuls pilotes de 1914-1918 ayant ajouté en 1939-1940 des victoires à leur palmarès de la guerre précédente.

Démobilisé le 16 août 1940, il se retire dans le Midi et fonde bientôt avec Emmanuel d'Astier de la Vigerie le mouvement de résistance La Dernière Colonne, qui se destine au sabotage. Arrêté à Marseille en décembre, il est incarcéré au fort Saint-Nicolas, puis relâché le 7 janvier 1941. Le 10, il parvient à passer au Maroc. De là, il rejoint la Martinique d'où il réussit à gagner New York. Le 1er mars, il signe son engagement dans les Forces françaises libres à Londres. Affecté à la *RAF*, Édouard Corniglion-Molinier est nommé chef d'état-major, puis commandant de l'aviation française au Moyen-Orient. Il assiste le général Martial Valin dans la création du groupement de bombardement Lorraine et du groupe de chasse Alsace en septembre 1941. Il participe avec ces deux groupes aux campagnes de Libye. Le 23 novembre 1941, lors d'une mission au sud de Tobrouk, le groupement de bombardement Lorraine, placé sous les ordres de Corniglion-Molinier, attaque une colonne de cent chars allemands et réussit à en détruire une cinquantaine. Il est promu lieutenant-colonel le mois suivant.

Nommé commandant des forces aériennes françaises libres (FAFL) du Moyen-Orient en juin 1942, en remplacement du colonel Jean Astier de Villatte, il est rappelé en Grande-Bretange à la suite du débarquement allié en Afrique du Nord. Arrivé à Londres le 23 novembre 1942, le général Valin en fait son adjoint en lui donnant le titre de commandant des FAFL en Grande-Bretagne. Promu au grade de colonel le 15 décembre 1942, Édouard Corniglion-Molinier prend part à de nombreuses missions sur l'Allemagne et sur les pays occupés.

De retour en France après le débarquement en Normandie, il reçoit en novembre 1944 ses étoiles de général de brigade aérienne et prend le commandement des forces aériennes du front de l'Atlantique. Il participe efficacement à la réduction des poches du Médoc, de Royan et de La Rochelle, avec des escadrilles souvent constituées d'avions français de la campagne de 1940, comme des chasseurs Dewoitine D 520.

À la fin des hostilités, il aide le général Valin à reconstituer l'armée de l'air française, en assurant, avec le général de Vitrolles, le commandement des écoles de l'air, jusqu'au 1er août 1946, date à laquelle il est démobilisé, après avoir été nommé général de division aérienne. Revenu à la vie civile, il occupe des postes importants comme président, vice-président et administrateur de nombreuses sociétés aéronautiques, cinématographiques et de presse. Élu conseiller de la République pour le département de la Seine, le 7 novembre 1948, il va se consacrer désormais à ses nouvelles responsabilités. Membre de la commission de la Défense nationale et de la commission de la presse, de la radio et du cinéma, il est élu, en 1951, président de la commission de la presse du Sénat. Conseiller général de Roquebillière le 20 mars 1949, il devient, dix ans plus tard, maire de ce chef-lieu de canton des Alpes-Maritimes. Il occupe plusieurs postes ministériels dans plusieurs cabinets : ministre d'État chargé du Plan dans le cabinet Laniel (1953-1954), ministre des Travaux publics dans le cabinet Edgar Faure (1955-1956), ministre de la Justice dans le cabinet Bourgès-Maunoury (1957), ministre d'État chargé du Sahara dans le cabinet Pflimlin (1958). Il est membre de l'Assemblée parlementaire européenne, délégué général permanent de la République de Côte-d'Ivoire en France. Il est décédé le 9 mai 1963 à Paris. Il est inhumé à Nice au cimetière du Château[25].

25. *Ibid.*

Prosper-Albert Dorison, mon grand-oncle, aviateur héros de la France libre

Parmi les nombreux héros de la France libre et combattante se trouve mon grand-oncle maternel, le commandant Prosper-Albert Dorison, né le 7 septembre 1904 à Lombron dans la Sarthe. Son père a combattu avec bravoure dans l'infanterie durant la Première Guerre mondiale et reçu la Croix de guerre.

Engagé volontaire au 37e régiment d'aviation de Rabat, au Maroc, le 3 novembre 1922, le 2e classe Prosper-Albert Dorison, breveté mécanicien dans l'aviation le 28 août 1925, est promu au grade de caporal en novembre 1925. Il participe à la guerre du Rif au Maroc jusqu'en 1926, accomplit des missions aériennes en tant que mécanicien en vol, obtient une citation à l'Ordre de la brigade aérienne le 23 janvier 1931, du général commandant supérieur des troupes françaises au Maroc, suivie de la décoration de la Croix de guerre en Théâtre d'opérations extérieures (TOE) le 7 mars 1931. Il reçoit une nouvelle citation à l'ordre de la brigade aérienne le 14 avril 1932, ainsi qu'une autre le 12 juin 1934 à l'ordre de la division aérienne. Le 14 juillet 1933, il est décoré de la médaille militaire. Le 3 octobre 1933, il est blessé lors d'un travail en piste, au sud du Maroc, par la pâle d'une hélice d'avion au côté droit de la poitrine en diagonale, à la hauteur du sein, en service commandé.

Promu sergent le 1er mars 1927, sergent-chef le 1er janvier 1930, adjudant le 1er janvier 1934, adjudant-chef le 1er octobre 1936, il débute la Seconde Guerre mondiale au 1er groupe de la 35e escadre de bombardiers en France, participe à plusieurs missions durant la campagne de mai-juin 1940. Replié ensuite à Rabat au Maroc, le 20 juin 1940, Prosper-Albert Dorison rejoint la Grande-Bretagne le 16 septembre 1943, pour être placé sous le commandement de la base aérienne de Liverpool au groupement de bombardiers n° 1 (GB1) le 6 novembre 1943. Il est promu au grade de sous-lieutenant au groupe des officiers mécaniciens de l'air. Il se trouve à la base militaire de Camberley le 5 juin 1944, afin de participer aux opérations du débarquement de Normandie, au sein des forces aériennes françaises combattantes de Grande-Bretagne. En tant qu'officier mécanicien en vol, il accomplit de nombreuses missions de bombardement des positions allemandes en France, fréquente les aviateurs Pierre Mendès France et Romain Gary. Il manque de trouver la mort à plusieurs reprises. Promu au grade de lieutenant le 5 juin 1945, il est ensuite nommé au grade de capitaine le 1er octobre, puis termine sa carrière militaire avec le grade de commandant, en tant que pilote des premiers avions français à réaction. Il a été décoré de la Croix de guerre le 9 janvier 1943 et reçoit la Légion d'honneur (chevalier) le 15 juillet 1949. Il est décédé au début des années 1970.

Enfant, j'ai eu la chance de le rencontrer à plusieurs reprises à Bourg-en-Bresse où il se trouvait à la retraite. Calme et posé, peu bavard, j'ai pu admirer ses nombreuses décorations militaires, coiffer son casque anglais modèle 1938 qu'il avait reçu durant sa période de guerre en Grande-Bretagne. Cet homme discret et bienveillant reste pour moi un exemple d'une certaine idée de la France : celle de la grandeur !

En pensant souvent à lui, j'ai toujours en mémoire cette citation du général de Gaulle :

> « Que leur gloire soit compagne de notre espérance[26]. »

Il me vient également en mémoire ce que m'avait dit un jour le grand résistant, compagnon de la Libération, Jacques Chaban-Delmas, au sujet des combattants de la Résistance et de la France libre :

> « Nous étions les chevaliers du Graal du général de Gaulle. Nous sommes restés attachés à une règle morale et des valeurs : l'élégance, la fidélité à l'amitié, la confiance dans la loyauté des autres, le mépris de la médiocrité et la grandeur de la France[27]. »

Yves La Prairie, résistant, évadé et marin de la France libre

Né le 19 mars 1923, Yves La Prairie a connu un parcours exceptionnel, riche en événements, fort en témoignages, marqué à jamais par la rencontre d'un grand homme, véritable « rebelle prophétique » : Charles de Gaulle.

> « Ma vie d'adolescent, ma carrière d'officier de marine, mon parcours d'ingénieur atomiste suivi de celui, plus long, plus accompli, d'océanologue, mon cheminement d'écrivain à l'orée de l'essai et du roman, du poème et de la chronique, mon voyage

---

26. Archives de la fondation Charles de Gaulle.
27. Entretiens de l'auteur avec Jacques Chaban-Delmas en juillet 1998.

> sur cette terre avec son versant public et son jardin privé, ont été traversés par un souffle puissant, véritable tornade, qui s'appelait Charles de Gaulle.
> « C'est à ce personnage historique que je dois une large part de mes émotions les plus violentes et de mes enthousiasmes les plus purs. Il a d'ailleurs bien fallu que cette rencontre fût d'une nature singulière pour qu'elle ait entraîné une partie de ma génération vers un engagement aussi total, puis au fil des années vers une fidélité capable de défier les épreuves du temps[28]. »

Après ses études à Saint-Martin de Pontoise et ses deux baccalauréats obtenus à 14 et 15 ans, ce qui en fait le plus jeune bachelier de France en 1937, Yves La Prairie entre en préparation à l'École navale au lycée naval de Brest.

> « En janvier 1939, note Yves La Prairie, le cuirassé de 35 000 tonnes *Richelieu* était lancé à Brest. Cette cérémonie galvanisa la classe de flotte qui se voyait déjà sous l'uniforme, franchissant un jour la coupée du prestigieux mastodonte.
> « Au regard cette grande fête de la Marine, les disputes entre Daladier et Blum, les déclarations de Flandin et Herriot (président de la Chambre des députés), la nomination du général Gamelin à la tête de nos armées, me parurent d'un moindre intérêt. »

Au moment où, en mars 1939, Franco s'empare de Madrid, Yves tombe malade. Le médecin diagnostique une jaunisse, qui l'oblige à s'aliter durant plusieurs semaines. L'été 1939 arrive. Guéri, il passe de merveilleuses vacances à Portsall. Il pêche du poisson à bord des bateaux des voisins, qui veulent bien l'avoir pour mousse, les Scouarnec ou les Arzel ; il fait de la voile à Argenton-Porspoder avec le téméraire Charles Pavot, joue au tennis avec ses amis Carof ou de Roquefeuil.

Les études lui semblent bien loin lorsque éclate, le 23 août 1939, l'annonce du pacte de non-agression germano-soviétique, entre Hitler et Staline. Les communistes français, bien embarrassés pour expliquer l'alliance des *soviets* avec les nazis, estiment que Staline vient de sauver la paix ! Bien entendu, c'est le contraire qui se produit.

28. Toutes les citations qui suivent, sauf mention contraire, sont extraites d'entretiens de l'auteur avec Yves La Prairie en avril et juillet 1994. Lire également Yves La Prairie, *Ce siècle avait de Gaulle*, éditions Ouest-France, 1990.

Soutenu par Staline, Hitler peut préparer l'invasion de la Pologne. Tandis que les Français et les Britanniques commencent à rappeler leurs réservistes, Hitler lance ses troupes motorisées et son aviation, sans préavis, sans déclaration de guerre, à l'assaut de la Pologne le 1er septembre 1939.

> « C'est la guerre. Mon père, le commandant Raymond La Prairie, part aussitôt. Il a cinquante-cinq ans, sa retraite n'a duré que treize mois. C'est sa deuxième guerre, exactement vingt-cinq ans après la première.
> « Je suis alors partagé entre le désir “d'y aller” comme mon père, mais je n'ai que seize ans et demi, et celui de conquérir d'abord l'École navale et un galon d'aspirant pour pouvoir servir en mer.
> « Les journaux de l'époque expliquent que le moral des Allemands est au plus bas car leur nourriture est mauvaise, que le chasseur Messerschmitt 109 est largement inférieur au Morane-Saulnier 406, que l'armée allemande manque de pétrole, que notre artillerie est très supérieure à celle de la Wehrmacht… »

Confiant dans l'issue de cette guerre, Yves prépare consciencieusement le concours de Navale. Certains professeurs, comme Charles Chassé, qui a une plume alerte, et André Guilcher, un géographe de grand talent, lui sont particulièrement sympathiques. Il a également d'excellents camarades, comme Jacques Lambert et Guy Le Borgne. Au printemps 1940, le travail de préparation du concours s'intensifie. Son carnet journal est assez laconique. Il relate un succès du torpilleur *Simoun* qui coule un sous-marin allemand, la condamnation à mort de Ferdonnet, le « traître de Stuttgart », la victoire des Russes sur les Finlandais et le remplacement du gouvernement de Daladier par Paul Reynaud. Ces nouvelles du monde n'affectent guère la vie quotidienne de sa mère, toujours à l'affût des lettres de Raymond, mobilisé dans l'est de la France.

> « Mais voici le 10 mai 1940. Presque un soulagement, en un sens ! Enfin notre armée va en découdre avec la Wehrmacht ! Celle-ci vient en effet d'envahir la Belgique, la Hollande et le Luxembourg. Au travail donc, pensons-nous tous dans notre lycée, afin de vite nous former à la guerre sur mer, et peut-être participer aux estocades finales contre le dictateur nazi abhorré !
> « Cinq ou six jours plus tard, cartes du nord-est de la France en main, nous sommes légèrement décontenancés : après les

premières nouvelles triomphantes… voici que l'on nous dit que Sedan a été évacué…

« Bien qu'il nous soit affirmé que nos canons de 75 font merveille contre les blindés du *Führer*, nous devenons inquiets. Oh ! Certes, nous sommes le pays des grands sursauts, rappelons-nous la Marne en 1914, mais tout de même cette empoignade ne commence pas bien. »

Les 7 et 8 juin 1940, Yves et ses camarades de Navale passent les quatre premières épreuves écrites du concours. Ils apprennent le lendemain que la suite de l'examen est reportée en raison des événements militaires. Libérés de leurs préoccupations d'examens, ils se laissent aller à des discussions passionnées, où percent des angoisses et triomphent quand même et toujours des espoirs ardents. En ces journées des 9 et 10 juin, Yves continue de croire que la défaite est impossible… Le sursaut tarde, mais il viendra.

Quel choc, le 14 juin, lorsque la nouvelle impensable et redoutée tombe : « Paris, déclarée ville ouverte, est occupée par l'ennemi. »

D'heure en heure, les nouvelles se précipitent, colportées avec un certain affolement. La Seine serait franchie, la Normandie envahie, la Loire atteinte. Yves n'a plus de nouvelles de son père. Partagé entre l'atroce fierté de l'imaginer mort en héros et la joie ambiguë de l'espérer prisonnier sain et sauf, il s'en remet entièrement à Dieu. Dès l'aube du 18 juin, il voit quantité de navires de guerre appareiller du port de Brest ou se préparer à le faire. Avec d'autres, il se rend au port de commerce et constate que tous les navires marchands se préparent à quitter leurs postes d'amarrage.

Convaincu de la possibilité d'embarquer sur un navire de commerce pour rejoindre l'Angleterre, Yves quitte sa famille et, les larmes aux yeux, sous ce soleil de juin sans pitié, dévale les escaliers du cours Dajot, galope sur les quais du port de commerce, retrouve ses camarades. Deux fois, il se fait refouler. Vers 16 heures, la troisième est la bonne. La valise à la main, le voici à bord d'un cargo, sale et rouillé, dont il ignore d'abord le nom. Trois heures plus tard, le cargo quitte le port.

« Mercredi 19 juin : mauvaise nuit. Pas pu dormir, ni sur le pont où j'ai crevé de froid ni dans la cale. Le bateau est dégoûtant. C'est, paraît-il, un cargo danois, prise de guerre. Il y a à bord environ 400 personnes, dont quelques femmes embarquées au dernier moment. Rien mangé de la journée, rien ne passe.

> Pourtant je résiste au mal de mer qui fait de très nombreuses victimes… Le temps est beau. La houle est longue mais pas très forte. Je ne comprends pas pourquoi nous naviguons cap au sud, d'après le soleil, et pourquoi nous sommes seuls sur la mer, sans escorte. »

Après un arrêt dans l'estuaire de la Gironde, suivi d'un second devant les passes du bassin d'Arcachon, le cargo danois, l'*Arnold Maersk*, arrive le 21 juin, à 18 heures, devant Bayonne. Mais après avoir franchi la barre de l'Adour, il ne va pas jusqu'à Bayonne. L'*Arnold Maersk* s'amarre à quai au Boucau, à 4 kilomètres de la ville.

À la nuit tombée, Yves et ses compagnons arrivent à pied à Bayonne. La ville compte 500 000 réfugiés. Il réussit à obtenir de passer la nuit dans un coin de lingerie d'hôtel, où sont entassés draps, traversins, serviettes.

Le 22 juin 1940, Yves La Prairie et 18 de ses camarades apprennent que l'*Arnosk Maersk* va appareiller dans la soirée pour Casablanca. À bord, on leur annonce que le départ est remis au lendemain matin. Couchant à la belle étoile, sur le quai, à proximité du navire afin de ne pas se laisser surprendre par un éventuel départ, ils sont surpris vers minuit par une pluie torrentielle. Ils terminent alors la nuit sous des wagons plus ou moins étanches.

La journée du 23 est semée d'ordres et de contrordres, d'espoirs et de déceptions.

> « Nous décidons, à quatre ou cinq, d'aller aux nouvelles à Bayonne. On nous certifie que l'armistice est signé ; il y aura en France une zone occupée, tout le nord jusqu'à la Loire, plus toute la côte Atlantique, et une zone libre au sud. La flotte française ne sera pas livrée. C'est encore heureux, pensons-nous : d'ailleurs, comment les Allemands ou les Italiens pourraient-ils s'emparer d'elle ? Nous avons vu partir une bonne partie de nos bateaux vers l'Angleterre, les autres doivent être à Toulon, Bizerte ou en mer. Au lever du jour, le 24, c'est la tempête. La barre de l'Adour est, paraît-il, impraticable. Il faut attendre… Dans la soirée, tout le monde est agité et anxieux, car la tempête ne se calme pas. Pendant ce temps les Boches avancent certainement… et nos vivres diminuent. »

Comme l'*Arnold Maersk* reste désespérément à quai, Yves tente de rejoindre le *Kilicie*, un bananier qui doit partir pour Casablanca.

Après quatre kilomètres de course à pied, il assiste, épuisé et découragé, au départ du navire. En rentrant prosaïquement, à petits pas, au Boucau, il fait une courte halte dans un café pour boire un verre d'eau. Il entend alors ces bribes de conversation entre deux consommateurs :

> « T'as entendu dire, toi aussi, qu'il y a un général à Londres, un Français, qui a dit qu'il fallait pas signer l'armistice, que lui allait se battre aux côtés des Anglais, que rien n'était perdu, et tout et tout ?
> — Ouais, répond l'autre, il s'appelle de Gaulle, il a été un peu ministre et maintenant il veut plus obéir aux ordres ; il va être fusillé, tu crois pas ? »

La Prairie sait peu de choses de ce général de brigade à titre temporaire. Il a lu dans les journaux que le général de Gaulle s'est distingué à Montcornet et Abbeville à la tête de la 4e division cuirassée, en faisant plusieurs centaines de prisonniers allemands.

Après avoir de nouveau essayé d'embarquer sur un navire, Yves La Prairie assiste, impuissant, à l'entrée des blindés allemands dans Bayonne.

> « Sur les trottoirs, trop de gens regardent passer les vainqueurs. Je m'en indigne, me détourne. Pourquoi ne font-ils pas comme moi, qui m'éloigne le plus possible de ceux pour lesquels je ne ressens que fureur et haine ? Je ne crois pas que ces badauds, comme on l'a écrit parfois, aient répondu par des signes de mains à ceux que leur faisaient les soldats allemands. Ils me semblent qu'ils manifestaient plutôt curiosité, surprise et fatalisme. »

Après ce spectacle honteux, Yves monte dans un train pour Bordeaux, afin de rejoindre la propriété familiale se trouvant à Cestas. Son arrière-grand-mère l'accueille à bras ouverts. Puis, le 26, muni de papiers en règle, il quitte Bordeaux pour Brest où sa mère l'attend. Celle-ci lui apprend que son père est vivant, en bonne santé, prisonnier près de Nancy.

Malgré les bombardements aériens et la présence de l'occupant, le lycée de Brest, préparant le concours d'entrée à l'École navale, a pu rouvrir ses portes en octobre 1940. Ses tentatives de quitter la France ayant toutes échoué, Yves doit replonger dans les programmes déjà étudiés, renouer avec la routine des compositions, des examens. Le concours en poche, il espère ainsi rejoindre la zone libre, puis l'Angleterre pour s'engager dans les Forces navales françaises libres (FNFL).

Au début de l'année 1941, la vie quotidienne à Brest devient de plus en plus difficile, du fait de la pénurie des denrées alimentaires et la multiplication des bombardements de la RAF.

Un jour de février 1941, une joie folle, parce qu'inattendue, secoue toute la famille : le commandant Raymond La Prairie revient de captivité !

> « Les Allemands avaient voulu se débarrasser des prisonniers noirs (pour ne pas risquer de "contaminer" l'Allemagne), ainsi que des vieux et des malades, surtout s'ils étaient bretons. Or mon père avait cinquante-sept ans, il était éprouvé par l'emphysème (pas trop), et il était breton. Au lieu de l'expédier en *Oflag*, les Boches l'avaient libéré avec quelques autres.
>
> « Pourquoi un régime de faveur pour les Bretons ? Parce que, dans leur malice pour le moins bornée, les Allemands escomptaient que la "gratitude" des libérés les jetterait dans les bras des autonomistes bretons pro-allemands et en feraient de bons collaborateurs.
>
> « Le moins qu'on puisse dire, et que mon père nous en administra des preuves verbales sans tarder, c'est qu'avec ce chef d'escadron "vieux, un peu malade et breton", ce n'est pas à la collaboration qu'ils firent un cadeau ! Ses réactions continuellement hostiles à l'occupant, les imprudents "ça pue les Boches ici", qu'il proférait à chaque instant dans la rue, à la poste ou ailleurs, la frénésie qu'il mettait à ne pas manquer une seule émission de la radio anglaise, nous renseignèrent vite sur le camp qui était le sien. Il n'y aurait donc pas chez nous le moindre affrontement sur un sujet numéro un, qui allait si souvent, ailleurs, déchirer des familles. »

Le 19 août 1941, Yves apprend sans surprise qu'il est collé à Navale. Il n'y a que six admissibles en flotte de Brest. Des bruits circulent que des fiches ont été établies à l'encontre des éléments les plus gaullistes de la classe. Installé à Portsall, la famille La Prairie assiste dans la nuit du 14 au 15 septembre à un terrible bombardement britannique qui s'abat sur Brest, à 30 kilomètres.

Déclaré apte pour préparer Naval-Air au lycée Michel-Montaigne de Bordeaux, Yves La Prairie quitte la Bretagne en octobre 1941. Un saut rapide à Cestas lui fait découvrir les somptuosités oubliées des couleurs de l'automne, puis les hordes d'Allemands qui occupent la maison familiale de Lestaules. À la Toussaint, les La Prairie s'installent dans un petit appartement meublé de la rue des Ayres à Bordeaux.

Peu après, le commandant Raymond La Prairie, soucieux d'aider sa famille à vivre, réussit à se faire embaucher à la fabrique de biscuits Curat-Dop à Pessac. Il s'y occupe du personnel avec dignité. Puis il rejoint un organisme chargé d'assurer tant bien que mal l'alimentation des chevaux des haras du Sud-Ouest.

> « Notre bouffée d'oxygène, notre petite flamme Espérance c'était, le soir, la radio anglaise. L'heure fatidique nous réunissait auteur du poste, et l'on faisait silence pour tenter de saisir, à travers le brouillage, la grande voix qui nous faisait vivre. La voix du général de Gaulle. Nous savions désormais la distinguer de celles de ses porte-parole. Nous aimions aussi celle, ardente, enflammée, communicative, qui, après le rituel "aujourd'hui, enième jour de la lutte du peuple français pour sa libération. Les Français parlent aux Français", révélait un orateur passionné dont nous ne savions pas encore qu'il s'appelait Maurice Schumann…
> « Le 1er mai 1942, parce que le général de Gaulle, parlant à la radio anglaise, l'avait demandé à tous les Français, je suis allé avec mon ami Le Borgne, quelques camarades, et ma famille, défiler silencieusement devant l'hôtel de ville de Bordeaux. Dans toutes les communes de France, il semble que cette manifestation ait mobilisé beaucoup de monde. Bien entendu, les journaux n'en ont pas soufflé un mot, pas plus en zone occupée qu'en zone soi-disant libre. »

Le 12 septembre 1942, Yves La Prairie est reçu à Navale, après de nombreuses épreuves, à la 36e place, sur 89 admis et 550 candidats. Il rejoint l'École navale de Toulon le 8 octobre 1942. Une cérémonie inoubliable a lieu le dimanche matin du 8 novembre : la remise des sabres par les anciens, en présence de l'amiral Jarry. La promotion doit ensuite avoir sa première permission de quelques heures en ville, en grand uniforme sabre au côté. Au moment d'effectuer cette sortie tant attendue, un contrordre brutal arrive à l'École navale : « Tous consignés jusqu'à nouvel ordre. Les Anglais et les Américains viennent de débarquer en Afrique du Nord ! »

Le 11 novembre 1942, à 11 heures, une sobre cérémonie en souvenir des morts de 1914-1918 réunit les deux promotions dans la cour d'honneur, face au pavillon. À l'issue de la minute du silence, le commandant Lacaille-Desse se tourne vers les élèves de la flotte et, d'une voix brisée, déclare que les troupes allemandes et italiennes ont franchi la ligne de démarcation pour venir occuper les côtes de Provence et de Corse.

Yves assiste impuissant au sabordage de la flotte française à Toulon le 27 novembre :

> « Je ne dormais pas quand, vers 4 heures du matin, j'entendis des bruits de moteur dans la cour d'honneur, puis des voix parler en allemand. Les jours précédents, nous avions vu des généraux allemands et italiens venir parlementer, mais cette fois l'heure était insolite. Le bruit s'amplifia. Maintenant des ordres étaient criés en allemand par des voix fortes et gutturales. Plus de doute possible : les Allemands étaient maîtres de la place. Une formidable explosion ébranla le fort et cassa les vitres. Nous fûmes vite debout. Le lieutenant de vaisseau de Kerviler nous conseilla de rester tranquilles et d'attendre les ordres. Détonations, bruits d'avions. Moralement ce fut effroyable : ainsi les Allemands étaient à Toulon, nous étions encore dans une souricière, sans pouvoir nous défendre ! C'était atroce, indicible. Il faut l'avoir vécu pour s'en faire une idée.
> « Vers 5 heures, de Kerviler nous dit de nous habiller, et nous sommes surveillés par un gros SS armé d'une mitraillette et d'un pistolet… On s'habille donc en grande tenue : cape, sabre, gants blancs ; on entasse ce qu'on peut dans nos sacs. Nous nous dirigeons en ordre, par escouades, vers les bâtiments des anciens. Nous y restons de 7 heures à 11 heures : sales heures ! Nous allons aux fenêtres : spectacle affreux, indicible aussi : la Flotte brûle, le cuirassé *Strasbourg* est en feu, énorme fumée, des flammes même. Cette flotte qui aurait pu partir quelques jours plus tôt est en voie de destruction ! »

Amer et sombre, Yves La Prairie rejoint Bordeaux au début du mois de décembre 1942.

> « Parfois me submergeaient des vagues de fureur contre les responsables du drame de Toulon. Les politiciens et les généraux de 1940 nous avaient trompés. Vichy avait endormi les capacités de révolte de trop de nos concitoyens. Et voilà que des chefs, peut-être courageux, mais au jugement borné, avaient laissé passer une chance historique de rentrer dans la guerre contre

> Hitler et, partant, de participer à la victoire finale en la précipitant peut-être. »

À la mi-décembre 1942, son père l'emmène faire la connaissance, dans un bel immeuble du cours de Verdun, du fils de son si cher défunt cousin l'amiral Raoul Grandclément. Ce fils, André Grandclément, Yves ne l'a jamais rencontré. Il a eu une vie privée agitée, puis il a épousé en second mariage une divorcée ; or, à cette époque, dans la bourgeoisie catholique, on ne reçoit pas les divorcées et on ne leur rend pas visite. Mais le commandant Raymond La Prairie, dès qu'il apprend que le fils de son cousin s'est installé à Bordeaux, passe outre les interdits.

Yves a gardé de cette visite un souvenir assez précis :

> « L'appartement, 34 cours de Verdun, était cossu, richement meublé, comme le sont ceux de ce quartier, si proche des Chartrons. L'homme, la trentaine, le cheveu bien en ordre, le visage énergique et carré, le regard incisif, nous accueillit avec une affectueuse gratitude : il semblait mesurer ce que pouvait présenter la démarche de mon père, dans un contexte familial dont il avait dû souffrir. Nous ne vîmes pas sa femme.
>
> « André Grandclément nous dit qu'il s'occupait d'un portefeuille d'assurances, ce qui lui avait déjà permis de connaître beaucoup de monde. Habillé avec élégance, il nous parut vivre avec une certaine aisance.
>
> « Une fois les banalités et quelques nouvelles familiales échangées, mon père se mit – il ne pouvait pas s'en empêcher, *a fortiori* avec un sien cousin – à lui exposer sans ambages ses sentiments sur la situation. Sa conversation, émaillée d'expressions telles que "salauds de Boches" ou "fumiers de collabos", permettait d'être très vite fixé quant au bord qu'il avait choisi. Son air de franchise, l'accent de conviction qu'il y mettait montraient qu'il n'était pas homme à finasser ni à chercher à abuser son interlocuteur.
>
> « Notre hôte écoutait, amusé, n'apportant ni approbation ni contradiction. Il me regardait de temps en temps comme pour guetter mes réactions. Je parlais peu, sinon pour évoquer le sabordage encore si brûlant d'actualité et déplorer qu'on ne l'eût pas évité tant qu'il était encore temps, c'est-à-dire le 11 novembre.
>
> « En nous raccompagnant avec beaucoup de courtoisie, André Grandclément se pencha vers moi et me dit à l'oreille : "Passe me voir demain vers 11 heures, c'est important."

« Ayant compris que cette invite, presque une injonction, devait rester entre nous, je n'en soufflai mot, me contentant d'écouter mon père relater à ma mère cette visite inhabituelle.

« Le lendemain, c'est donc en tête à tête que je fis plus ample connaissance avec cet énigmatique cousin issu de germain. Il alla droit au but en me demandant si j'étais prêt à entrer dans la Résistance et à rendre des services à un immense réseau dont il s'occupait, qui avait ses ramifications dans la France entière, notamment en Aquitaine. Voyant brusquement s'ouvrir cette porte que j'avais tant cherchée, je lui dis un oui enthousiaste. »

En 1943, l'Aquitaine est l'une des régions de France où la Résistance s'est le mieux développée, par la présence de nombreux réseaux et divers groupes clandestins. L'Organisation civile et militaire, solidement épaulée par le *SOE* britannique, semble tout diriger. L'OCM est un mouvement né de la fusion, en décembre 1940, d'un groupe d'origine militaire, recrutant dans les amicales régimentaires, avec un groupe émanant de la Confédération des travailleurs intellectuels. L'OCM rassemble toute une élite de hauts fonctionnaires, de cadres supérieurs, d'industriels, de militaires, d'étudiants... Grâce au soutien massif du *SOE*, de nombreux parachutages ont fourni des milliers d'armes à cette importante force clandestine.

Le mérite d'une telle organisation revient en partie à André Grandclément, grand patron de l'OCM en région B, secteur qui couvre la Charente-Maritime, la Charente, la Gironde, les Landes et les Basses-Pyrénées.

Très rapidement, l'organisation de Grandclément prend un essor considérable, disposant bientôt d'un état-major avec le colonel Rollot, le commandant Grandier-Vazeilles et le capitaine de corvette Goyau. Grandclément a pour principaux lieutenants André Maleyran, Roland Chazeau, Jean Renaud-Dandicolle, Jacques Castor, André Latour, Pierre Duzon, Christian Fossard, René Mollié, Lucien Banizette, Michel Lejoly, Daniel Vinsonneau, Marcel Tête, puis Yves La Prairie... En tant que neveu du général Jouffrault et ami du capitaine Rauzée (chef de l'Amicale de Saumur), André Grandclément, qui a combattu vaillamment comme lieutenant en 1940, bénéficie d'un préjugé favorable aux yeux des chefs de l'OCM. Il gravit facilement les échelons et se trouve en 1942 chef de l'OCM en région B. Activement secondé par le colonel Rollot, Grandclément organise de son mieux la Résistance : il recrute dans les milieux étudiants, reçoit de fortes mensualités du *SOE*, dispose d'un état-major, de cinq groupes de combat, d'une équipe de parachutage, d'écoles d'entraînement au maniement des armes, camouflées à Bordeaux, Arcachon et Facture, de maquis en Corrèze et dans les Landes, d'une filière d'évasion, d'une liaison radio avec Londres. Enfin, l'armement est important, avec plus de 2 000 mitraillettes Sten, des explosifs, des fusils, des pistolets... Du fait de l'activité conjuguée de Léo Paillère, de Claude de Baissac, de Roger Landes, de Jean Duboué, de Grandclément, de Rollot, de Grandier-Vazeilles... la région B pourra compter sur des dizaines de milliers d'hommes le jour du débarquement !

> « Personnellement, mon appartenance récente à un mouvement de résistance, dont j'appris par André Grandclément qu'il s'appelait OCM, m'avait redonné du moral. Tournée la triste page du sabordage, l'avenir m'apparaissait à nouveau ouvert. Dangereux sans doute, mais excitant. En quelques jours, j'appris à connaître Jean Renaud-Dandicolle dont les connaissances en lettres, en politique, en langues étrangères, m'ébahissaient, et dont l'autorité calme et ferme m'en imposait. Il fit une telle impression à André Grandclément que ce dernier le chargea rapidement d'importantes responsabilités en Gironde.
> « Mon rôle à moi consisterait surtout, au début, à établir des liaisons avec des autorités clandestines de l'OCM à Paris. Ma nomination à Sciences Po, la célèbre école de la rue Saint-Guillaume, m'ayant été signifiée, je partis le 8 janvier 1943 pour Paris. J'étais chargé de communiquer un bon nombre de renseignements (tout dans ma tête, rien d'écrit) à un certain Maurice Rolland, magistrat. Ce personnage, d'aspect austère mais bienveillant, porteur de grosses lunettes loups, était affligé d'un pied bot qui le faisait boiter bas. Il me reçut dans une salle de la 13e chambre correctionnelle du palais de Justice. C'est toujours là, m'expliqua-t-il, qu'auraient lieu nos rendez-vous. Le public, les continuelles allées et venues des avocats dans le palais, constituaient en effet, me dit posément Maurice Rolland, un excellent paravent pour ses activités OCM. Ses contacts clandestins pouvaient se mêler impunément à tous les clients habituels de la correctionnelle. »

Un jour, dans le métro parisien, Yves La Prairie transporte une cinquantaine de numéros du journal clandestin *Résistance*. Il en a pris livraison rue de Rennes et doit les remettre à son ami Le Borgne, également membre de l'OCM, pour distribution à des destinataires choisis. Yves a enroulé « la marchandise » dans un journal collabo pour donner le change, et, debout, il tient son paquet sous les bras d'un air décontracté. Dans le wagon se trouvent des civils anonymes et quelques soldats allemands. Un homme, ouvrier en apparence, se penche soudain vers lui et lui chuchote à l'oreille : « Fais gaffe, mon petit gars, parce que si les Fridolins voient ce que tu transportes, tu passeras un mauvais quart d'heure ».

Yves s'aperçoit alors que son emballage de fortune s'est en partie défait, laissant apparaître le titre Résistance. Il refait rapidement son paquet sans un coup d'œil à l'entourage, sans même remercier son sauveur, et descend à la station suivante, le cœur battant, pour retrouver ses esprits avant de reprendre sa route, qu'il termine d'ailleurs à pied, réfléchissant aux conséquences de sa négligence pour lui (arrestation, interrogatoire, torture) et pour le réseau.

Les 7 et 8 avril 1943, d'importantes réunions de l'OCM ont lieu au palais de Justice dans la chambre correctionnelle de Maurice Rolland, avec plusieurs chefs locaux, dont André Grandclément. Yves La Prairie est présent, afin d'aller renseigner ensuite ceux qui n'ont pu venir. Il est impressionné d'apprendre que certains des présents sont en contact avec Londres, que l'un d'eux a même rencontré le général de Gaulle et a été plusieurs fois parachuté de nuit en France.

Ces deux jours, Yves déjeune avec André Grandclément, qui lui fait un éloge appuyé de Jean Renaud-Dandicolle auquel il trouve toutes les qualités d'un futur grand chef. Yves doit accomplir plusieurs missions, notamment auprès d'un M. Coué, à Rennes, qui est professeur et occupe des fonctions importantes à l'OCM.

Lors d'un voyage à Lourdes, Yves La Prairie ressent le besoin, de plus en plus impérieux, de chercher à rejoindre les Forces françaises libres (FFL). Il n'a pu y parvenir en juin 1940. Il s'est résigné à la solution de l'École navale de Toulon, convaincu que la flotte française reprendrait le combat aux côtés des Alliés. Il lui faut absolument, cette fois, réussir à rallier l'Angleterre par l'Afrique du Nord, avant qu'il ne soit trop tard. À partir de la Bretagne c'est devenu pratiquement impossible.

> « Certes, mon rôle dans l'OCM m'a redonné courage et ardeur. Certes, en refusant les réquisitions prochaines du STO, je deviendrais un "réfractaire" et rejoindrais un maquis où je pourrais utilement nuire aux Allemands. Mais ma vocation, ma préparation psychologique de ces dernières années, orientaient

> constamment ma volonté vers les forces navales en guerre et non vers les escarmouches terrestres en Métropole.
> « Pendant quelque temps, André Grandclément combattit mon projet. Il usa de puissants arguments pour tenter de me dissuader, en m'affirmant qu'au fil des mois les actions concrètes menées par la Résistance seraient tout à la fois efficaces et plus méritoires que celles conduites par les forces régulières de l'extérieur. Il tenta même, amicalement, de me faire honte devant Bertrand Delorme et Jean Renaud-Dandicolle en leur disant : "Voyez, il veut nous lâcher pour aller sur la mer jolie !"
> « Je lui rétorquai que je voulais surtout participer au débarquement à la Libération. Il me promit de me confier des missions "musclées" qui me souderaient plus étroitement à la vie du réseau. »

Peu de jours après, André Grandclément confie à Yves La Prairie une mission infiniment plus risquée que les précédentes. Grandclément lui remet à Bordeaux un important dossier comprenant les plans de la base sous-marine de La Pallice, la carte détaillée des emplacements de défense de l'ennemi sur la côte Sud-Ouest, ainsi que le relevé de l'implantation des unités allemandes dans la région. Il doit les remettre au plus vite à un certain Alain Boyau, place Pereire à Paris, qui les fera parvenir à Londres.

Conscient du danger que cette « bombe » tout en listes, croquis et cartes, fait courir à sa famille, La Prairie dort peu. Le voyage, une petite valise à la main, dans un compartiment où montent, à Poitiers, deux soldats allemands, lui semble long. Tout se passe bien. D'Austerlitz, il prend le métro pour Pereire. Sur la place circulaire, il découvre l'immeuble cherché. Par précaution, avant d'entrer, il déambule pour vérifier qu'il n'y a rien d'insolite. Sur la place, des femmes avec des voitures d'enfants, très peu de circulation, un bonhomme en imperméable beige faisant les cent pas, regarde sa montre et semble attendre quelqu'un. La Prairie se décide, sonne à l'étage indiqué. Un homme jeune, visage assez rond, vient lui ouvrir. Après le mot de passe échangé de part et d'autre, il lui remet les documents. Après de brèves paroles, La Prairie quitte l'immeuble, heureux et soulagé. Il remarque les mêmes voitures d'enfant sur la place, et le même individu en imperméable beige un peu plus loin. C'est tout joyeux, avec sa valise désormais vide, qu'il attend son métro, sur le quai de la station Pereire, direction République, pour regagner sa chambre rue de Vaugirard. Brusquement, à ses côtés, l'inconnu à l'imperméable, qu'il regarde, le regarde, s'éloigne, fait les cent pas. Le visage en lame de coteau, brun, teint mat, il garde les mains dans les poches. Immédiatement en alerte, La Prairie se demande : Gestapo, Police ?

> « Mon esprit galopait : certes ma valise ne contient plus rien de compromettant, et sur moi je n'avais rien que des papiers d'identité en règle. Mais avait-il repéré mon manège, mon entrée chez Boyau ? Comptait-il me suivre jusqu'à mon domicile pour savoir où j'habitais et, dorénavant, me surveiller ? Boyau était-il en danger, avec tous les documents "explosifs" ? Voici le métro. L'imperméable beige monte dans le même wagon que moi, et se tient debout à quelques mètres. J'ai dix-neuf stations à parcourir, avec un changement à Réaumur-Sébastopol. Je verrai bien s'il descend avec moi. Non, me dis-je, il faut que je le sème avant l'arrivée dans mon quartier. Une fois dehors, il me suivra et me fera arrêter. Les stations défilent. Entre les stations, dans de longs tunnels, au lieu de lire les réclames "Dubo... Dubon... Dubonnet..." mon esprit scande "il faut... il faut... le semer". Mais comment ? À la station Bourse, je descends sur le quai, l'homme me suit. Je remonte aussitôt dans un autre wagon avant que les portes se referment, il se faufile juste derrière moi. Désormais les choses sont claires. Garder la tête froide : il n'y a pas d'Allemands (du moins en uniforme) dans ce wagon ; ce gringalet ne peut pas m'arrêter maintenant, sinon je suis de taille à le démolir. Tirerait-il ? C'est peu probable. Un risque à courir. Voici le changement à Réaumur-Sébastopol. Je descends et cours à pleine vitesse dans les couloirs et escaliers, avec l'espoir que le portillon automatique sera ouvert pour moi puis fermé pour lui. Mon coup a raté... Mon poursuivant arrive essoufflé, et se poste, attendant la prochaine rame, à quelques mètres de moi. L'apostropher ? À quoi bon ? Une rame arrive. Je monte. Et les stations défilent...
>
> « À Odéon, il est toujours là. Il ne me reste que les stations Saint-Germain-des-Prés et Saint-Sulpice ; ensuite, c'est Saint-Placide, là où je dois normalement descendre pour rentrer chez moi. Si je prolonge jusqu'au terminus, porte d'Orléans, il me suivra et me "cramponnera", jusqu'à ce que la rencontre d'une patrouille, ou le passage devant un poste de police allemande, mette fin à cette poursuite. Plusieurs passagers sont montés à l'Odéon. Près de moi, une femme entre deux âges, corpulente, vêtue de vert. Je me place entre elle et la porte du wagon.

> Mon freluquet à l'imperméable beige est légèrement en retrait, derrière cette dame. Notre wagon se remplit encore un peu. Et voici que, dans un éclair, m'apparaît une solution à la risque-tout ; j'y réfléchis un instant, tandis que, passé à la station Saint-Sulpice, notre rame ralentit et s'arrête à Saint-Placide. Les portes s'ouvrent, je ne bronche pas. Mais juste au moment où elles vont se refermer, je donne un formidable coup de reins dans la grosse dame en vert et jaillis, de justesse, hors du wagon. Je cours sur le quai comme un fou et j'entrevois, l'espace d'un éclair, dans le wagon qui déjà me dépasse à grande vitesse, ma “victime” les quatre fers en l'air, écroulée sans doute sur l'ignoble petit imperméable vert, puisque lui je ne l'aperçois même pas. Sorti à l'air libre, tandis que le métro emporte vers Montparnasse-Bienvenue le “tas emmêlé” vert et beige, j'entre immédiatement dans un café qui touche la station de métro, au coin de la rue de Rennes et dans la rue Notre-Dame-des-Champs et j'appelle Alain Boyau. L'entretien est bref. Le temps de lui dire : “J'ai été repéré devant chez vous. J'ai semé le type. Filez vite vous cacher quelque part avec tout le matériel. De mon côté, je me planque. Salut.”
>
> « Bien entendu, je ne suis pas retourné chez moi avant plusieurs jours, par crainte de croiser le bonhomme à l'imperméable beige dans ce quartier… Dans cette affaire, l'exploit ce sont évidemment les résistants de La Pallice, de Bordeaux, du Pays-Basque, qui l'avaient réalisé patiemment en réussissant à collecter les renseignements, à établir les plans et relevés de toutes les défenses allemandes du Sud-Ouest. Mon rôle à moi ne fut que celui d'un petit commissionnaire. »

Revenu à Bordeaux, toujours pour des missions de l'OCM, Yves La Prairie prend des contacts avec des personnes susceptibles de pouvoir lui faire franchir les Pyrénées. C'est ainsi qu'il rencontre un certain Boignières à plusieurs reprises, avec des alternances d'espoir et de déception.

La belle façade de l'OCM va rapidement se dégrader. Le commissaire Pierre-Napoléon Poinsot de la SAP (Section des affaires politiques, sorte de Gestapo française) et le lieutenant SS Friedrich-Wilhelm Dohse, officier de la Gestapo allemande, enquêtent minutieusement en Gironde.

Le démantèlement des réseaux Alouette et Prosper, durant l'été 1943, permet à la Gestapo de remonter jusqu'au chef de l'OCM en région B. Les règles strictes de cloisonnement n'ayant pas toujours été respectées, notamment au sein du réseau *SOE* Prosper, Dohse prend ainsi connaissance du nom de Grandclément, assureur, domicilié 34 cours de Verdun à Bordeaux. Dohse sait aussi que la plupart des membres de cette organisation se camouflent sous le masque d'une compagnie d'assurances, dont le directeur est Grandclément lui-même et que, pour compléter cette couverture, une police d'assurance est établie au nom de chaque membre. La Gestapo mène une perquisition minutieuse au cabinet d'assurances de Grandclément. Découverte qui entraîne de nombreuses arrestations.

Le 18 septembre 1943, Dohse est informé par un agent double, qu'un rendez-vous est prévu pour le 19 à Paris, avenue de Wagram, avec Grandclément. Ne pouvant obtenir un avion pour monter à Paris, Dohse donne l'ordre d'arrêter « le gibier » au lieu indiqué. Le lendemain, Grandclément, accompagné du résistant Marc Vuillemin, doit rencontrer le résistant Marc O'Neill, au n° 15 de l'avenue de Wagram. Terriblement méfiant depuis les arrestations en série ayant frappé le *SOE* et l'OCM, Grandclément décide d'arriver en retard et s'attable à la terrasse d'un café des environs. À 11 h 15, Jacques Desoubries, un indicateur de la Gestapo ayant infiltré la Résistance, téléphone à Dohse : « Je suis dans un café où se trouve Grandclément. » Des ordres sont immédiatement donnés pour l'arrêter. À 11 h 30, Grandclément et Vuillemin sont ceinturés par plusieurs policiers nazis en civils et enfermés à Fresnes. Le 21 septembre 1943, Grandclément est transféré au siège de la Gestapo bordelaise au Bouscat, un château du XIXe siècle.

Durant cette sombre affaire, Yves La Prairie, qui se sait recherché par l'occupant, se cache tour à tour en Gironde, en Normandie, en Bretagne, à Paris. Il parvient à contacter Maurice Rolland qui l'incite à quitter la France.

Le vendredi 15 octobre 1943, à 16 heures, Yves La Prairie et ses amis Claude Piéri et Jacques Perrot prennent le train en direction des Pyrénées orientales. Débarquant à Foix, ils se dirigent vers un bistrot. Un des buveurs, la cinquantaine, béret basque, visage énergique, leur fait un signe et les emmène dans une arrière-salle. Là, il leur donne des explications au sujet du départ de cette nuit, la traversée des Pyrénées : le lieu, la contribution financière à verser pour le passage, les consignes. L'homme s'inquiète de la légèreté de leur habillement, et les convie à abandonner une partie de leurs bagages. Il leur dit également, droit dans les yeux, qu'il fait partie d'un réseau communiste, qu'il les conduira lui-même tout à l'heure jusqu'à leurs guides, qu'il agit ainsi presque chaque semaine.

« Mais vous n'avez pas de vivres ? demande-t-il.

— Non, pas de vivres. On ne savait pas », répond La Prairie.

L'homme disparaît, revient avec plusieurs boules de pain et des fromages de chèvre.

Arrivé dans le jardin d'une villa, La Prairie a la surprise d'y trouver quatre compagnons de l'École navale de Toulon (Dadvisard, Wattel, Barthélemy et Bexon). En tout, ils sont vingt à risquer le passage. Trois guides, anciens des Brigades internationales, les accompagnent.

Leurs recommandations sont brèves : « On obéit ; on va jusqu'au bout sans retour en arrière ; on passera par l'Andorre. »

À 22 heure 30, le groupe arpente un sentier escarpé. Foix s'est évanouie dans la nuit. La file s'étire, un guide est en tête, un autre au milieu, le dernier à la fin. Pas un mot, pas un bruit, les jambes prennent leur rythme.

> « Courte halte à minuit. Pain, fromage, et une gorgée de la gourde de rhum que Piéri partage avec ses copains. Nous marchons ainsi jusqu'à ce que le jour se lève : un bois de conifères et d'épineux où nous allons tout le jour, au repos, au silence. Après trois nuits passées sans sommeil. Perrot et moi sombrons dans un néant réparateur.
>
> « Pain et fromage. L'eau d'un torrent voisin. Départ à la nuit pour une deuxième étape beaucoup plus difficile. Quelques mots échangés nous ont permis d'identifier certains de nos compagnons : un officier aviateur belge, un jockey, des étudiants. Pas une seule femme.
>
> « Marchant à mi-pente pendant des kilomètres, traversant d'épaisses forêts que les rayons de lune ne percent pas, nous butons souvent sur des rochers, des souches, des racines, des obstacles de toutes sortes. Les chutes sont fréquentes, ponctuées de quelques jurons sourds.
>
> « Nos guides, alors qu'il fait nuit et que nous ne suivons pratiquement aucun sentier, semblent ne jamais hésiter sur la route à suivre. Ils marchent, à une cadence régulière, en montagnards aguerris. Et nous les suivons, débutants montagnards bien peu entraînés, sauf, je crois, Barthélemy, dit Zouf, qui montre une aisance d'alpiniste chevronné.
>
> « Entre une heure et deux heures du matin, nous nous offrons une interminable descente dans le lit d'un torrent à sec. Impossible de ne pas faire rouler des cailloux, et nous trouvons sinistres

les échos qui réveillent la nuit ; impossible de ne pas perdre l'équilibre, or il faut aller vite.
« En fond de vallée, nous avons traversé une route goudronnée. Deux guides sont allés faire le guet, aux virages qu'on aperçoit, l'un à gauche, l'autre à droite. Nous passons, sans encombre, un par un, pour entamer une nouvelle ascension assez raide. Lors du franchissement d'un torrent large et tumultueux où nous devons sauter d'un rocher à l'autre, Jacques Perrot glisse et tombe. Emporté par le courant, il réussit à se rapprocher de la rive et s'accroche à un rocher, d'où, à deux ou trois, nous parvenons à le hisser sur la terre ferme.
« Ce bain forcé dans l'eau glacée, à 4 heures du matin, sans vêtements de rechange, fait claquer les dents du malheureux Jacques, malgré la dernière gorgée de rhum que lui fait boire Piéri. Je jette sur lui des regards inquiets, l'encourage. Il faut qu'il tienne jusqu'à l'aube et, d'ici là, qu'il marche. Se succèdent une forêt, une prairie marécageuse, plusieurs petits torrents à traverser. Nous buvons leur eau. Nous mangeons pain et fromage. Et nous repartons.
« La halte n'a lieu cette fois qu'à neuf heures du matin, car ce coin est, paraît-il, désert, sans danger, sans patrouilles allemandes. Jacques est en mauvais état physique et moral. C'est le soleil qui va sauver la situation, en le réchauffant, en séchant ses vêtements, ses chaussures. La sapinière où nous faisons étape est assez clairsemée pour que nous puissions tous bénéficier de cette chaleur du ciel. Nos membres endoloris se refont une santé. Jacques, qui avait touché le fond de la détresse, trouve un second souffle. Le Belge, lui, paraît très éprouvé. »

La remise en route, avant la nuit, est douloureuse, puis les automatismes reviennent. Après une longue descente, le groupe traverse un verger dont les arbres croulent sous les fruits. Les plus affamés se ruent dessus, croquent les pommes avec frénésie, emportent tout ce qu'ils peuvent. Dans la nuit, Yves La Prairie et ses compagnons longent les maisons d'un minuscule hameau, puis grimpent deux heures dans les fûts serrés d'une forêt de pins, avant de descendre par une pente raide, caillouteuse.

Le guide de tête leur annonce qu'il va falloir traverser un village flanqué de deux postes allemands. Les trois guides ont pris leurs revolvers en main. Un chien se met à aboyer. Le groupe presse le pas. Dans une maison du village, un volet s'ouvre, puis la fenêtre. La tête d'une femme âgée apparaît un instant. Yves La Prairie l'entend dire à mi-voix, très distinctement : « Bonne chance pour le passage, les petits ! »

Le groupe grimpe de nouveau. Tout s'est bien passé. Yves a de plus en plus confiance dans les guides. Trois heures plus tard, ils atteignent un minuscule hameau de montagne, désert. Un à un ils doivent gravir une vieille échelle de bois. Ils s'écroulent de fatigue dans une grange pleine de paille. Le repos ne dure hélas que deux heures. Il faut redescendre par l'échelle et poursuivre l'épuisante progression. Un compagnon, gravement blessé à une jambe, reste sur place, attendant qu'un autre vienne le chercher.

La marche reprend, sous une pluie persévérante et glacée ; deux guides continuent. Au bout d'une heure, les deux guides leur font marquer la pause sous un couvert de feuillus. Yves et ses compagnons doivent attendre là, car le chef d'escorte s'en va avec son collègue chercher, en contrebas, deux évadés qui ont pu arriver, sans encombre, jusqu'à Tarascon-sur-Ariège. Cette attente se prolongeant durant des heures sous la pluie, Yves a le moral qui flanche. Il constate qu'une de ses chaussures le lâche et se met à imaginer le pire : les guides les ont peut-être abandonnés ? Il essaie de ne pas communiquer son angoisse à ses camarades, mais leur moral ne semble pas meilleur. Chacun se sent comme un enfant perdu. Enfin les guides reviennent, suivis de deux nouveaux compagnons d'évasion : le colonel Gulbenkian et un adjudant-chef.

La marche reprend aussitôt. Frais et dispos, le colonel Gulbenkian trouve que la colonne ne marche pas assez vite et s'emporte contre cette jeunesse qui lui semble bien molle… Le guide de tête le laisse dire et maintient une cadence mesurée, très régulière. Le groupe marche en silence, deux heures durant, sous la pluie. La pente est de plus en plus forte. Les arbres font place à une herbe parsemée de rochers. Il fait si froid que les arrêts sont limités à trois minutes.

> « Nous montons comme des automates – pied gauche, pied droit, pied gauche, pied droit –, tête basse, trempés, hébétés, sans savoir si nous sommes réellement épuisés. Il faut monter, c'est tout, en gardant l'intervalle prévu avec celui qui précède.
> « Le fringant colonel souffle comme un phoque. C'est maintenant lui qu'il faut attendre, mais personne ne fait de commentaires. Chacun a ses défaillances, à un moment ou un autre.
> « Maintenant nous entrons dans le chaos des rochers. Il nous faut parfois ramper le long de parois rocheuses. On devine des

à-pics impressionnants. Surtout ne pas regarder en bas, mais devant et en haut. La neige se met à tomber. La rocaille devient glissante. À chaque pas, Jacques et moi nous aidons mutuellement, nous évitant les mauvaises surprises, les pertes d'équilibre, nous rattrapant parfois de justesse avant une chute, nous hissant à tour de rôle.

« On entend ici et là des cris, des appels à l'aide. Un camarade dérape, tombe, disparaît. Nous croyons ne plus le revoir. Par chance, dix mètres plus bas, il est arrêté par une aiguille de rocher ; il reste suspendu à son… fond de pantalon. À plusieurs nous parvenons à le tirer de là ; il n'a que quelques contusions superficielles. Il revient de loin, mais nous n'avons ni le temps ni la force d'épiloguer.

« C'est à ce moment que Jacques et moi décidons de nous débarrasser de petites mallettes que nous avions portées jusqu'ici. Nous sentons bien que nous avons besoin à chaque instant de nos quatre membres si nous ne voulons pas nous tuer. Nous abandonnons nos affaires dans un creux de rocher, ne gardant avec nous, dans une sorte de musette à courroies, qu'un petit livre et les vivres qui nous restent (pain et fromage).

« Encore une heure de progression acrobatique, et nous voici au sommet de cette montagne, à 2 800 mètres d'altitude. La ligne de crête que nous suivons alors est bordée de précipices impressionnants. Je ne regarde que mes pieds, en piteux état, et le ciel. Surtout pas vers ces profondeurs qui me donnent le vertige. Je sens monter en moi une espèce de haine viscérale, démente, contre la montagne, contre toutes les montagnes du monde ; et il me vient des larmes aux yeux en pensant à la mer et aux plages de Portsall… »

Dans le soir, le froid et la neige, la descente se révèle extrêmement périlleuse. Une des chaussures d'Yves La Prairie se casse en deux. Lautour lui donne une paire d'espadrilles qu'il a eu la sagesse d'emporter avec lui. Le Belge, épuisé, s'effondre. Il ne veut plus avancer, supplie qu'on le laisse, veut mourir sur place. Le froid est glacial. À tour de rôle, deux à deux, ses compagnons le soutiennent sous les bras, le portent presque, en tentant de le réconforter. À la courte halte suivante, les évadés sont tellement gelés et engourdis qu'ils demandent aux guides de repartir. L'annonce par ceux-ci qu'il n'y a plus désormais qu'un ultime effort à fournir pour dévaler en Andorre galvanise Yves et ses amis.

Bien que l'Andorre soit en principe pays neutre, les Allemands, sûrs de leur force en face de ce minuscule État sans défense, n'hésitent pas à y effectuer des raids avec leurs patrouilles, en particulier pour y ramasser des évadés. Des espions les renseignent sur les passages des groupes suspects.

En Andorre, le groupe se sépare. Après maintes péripéties, La Prairie, Schwaak, Lautour, Piéri, Perrot et Bexon parviennent à monter dans un train en direction de Barcelone, avec l'espoir de trouver refuge au consulat français fidèle au général de Gaulle. Mais un contrôleur du train les livre à la police franquiste.

> « À Barcelone, raconte Yves La Prairie, notre entrée en ville n'est pas celle dont nous avions rêvé. Tous les six, vêtus comme des miséreux, des va-nu-pieds ou presque, l'air sans doute de dangereux repris de justice, nous marchons dans les rues de la capitale catalane, encadrés par plusieurs carabiniers. »

Internés à Carcel Modelo dans la cellule n° 555, pleine de punaises, Yves et ses compagnons affrontent avec courage les brimades et les difficultés de toutes sortes. Le « *caldo* », c'est l'indéfinissable jus chaud et sombre qui leur est apporté le matin après le clairon. Les deux « *rechangos* » sont des soupes étranges, invariables dans leur composition (pâtes, riz, patates douces). Une ration de 200 grammes de pain, pour la journée, accompagne le premier « *rechango* ».

> « Nous avons moins froid grâce aux couvertures, moins faim grâce aux colis de la Croix-Rouge. Nous avons compris le rythme imposé par nos "bourreaux" : le dimanche "*la misa*" est obligatoire. Le "*cuento*" est une cérémonie de compte du bétail que nous sommes. Il faut que nous nous rangions côte à côte, tous les six, debout, toujours dans le même ordre. À l'appel de nos noms – toujours écorchés, mais nous renoncerons vite à rétablir la prononciation – nous devons répondre « *presente* » !...
> « La messe du dimanche, à laquelle tout prisonnier, politique ou non, catholique ou non, est contraint d'assister revêt une solennité grandiose... Au moment de l'élévation, trompettes et clairons jouent de façon tonitruante la "Bandera", l'hymne national franquiste. À la fin, nous devons tendre le bras droit comme dans le salut fasciste et crier en chœur : "*Arriba España, España una, España grande, España libre, arriba España, Franco ! Franco ! Franco !*"

> « Souhaiter que l'Espagne soit une, grande, et surtout libre, ne nous gêne pas, au contraire. Mais, on s'en doute, au lieu de crier le nom de Franco, nous éructions des sons approximatifs du genre : Corniaud ! Ballot ! Dingo ! Facho ! Salaud ! Nous ne sommes pas à court d'imagination. Quant à refuser de tendre le bras, le "*vigilante*" nous ayant raconté qu'un officier belge, qui s'y était risqué, avait eu deux doigts de la main sectionnés par un policier, nous n'essayons pas de jouer les héros...
> « Quant à une messe célébrée sous la contrainte, je dirai seulement qu'elle ne pouvait qu'attrister les croyants et révulser les autres. »

Cette « pénitence » à Carcel Modelo dure 25 jours. Un homme grand, élégant, affable, attend Yves et ses compagnons à la sortie de la prison. Serrant les mains avec chaleur, il leur dit : « Je suis consul de France. Tout cela n'a pas été sans mal, mais vous êtes là, c'est l'essentiel. Les Américains vous ont échangés contre des sacs de blé pour Franco. Montez dans les taxis, je vous prie. »

Quelques jours plus tard, Yves La Prairie monte à Malaga sur un cargo français qui le débarque, après une courte traversée, à Casablanca, au Maroc.

> « Une surprise nous y attendait, si émouvante que nous avons pleuré comme des gosses : un régiment de la division Leclerc (alors en formation en Afrique du Nord avant de partir pour l'Angleterre pour prendre part au futur débarquement) défila sur le quai, à quelques mètres des deux paquebots, afin de saluer les 1 700 évadés de France et de leur rendre un hommage de bienvenue. Ce roulement de chars, ces drapeaux tricolores partout déployés, ces officiers nous saluant au passage en nous souriant, comment pourrions-nous jamais oublier. Jusqu'à la fin de nos vies, un accueil qui, nous payant de tout, faisait oublier angoisses et fatigues du long chemin parcouru. Nos gorges étaient trop nouées pour pouvoir hurler notre enthousiasme ; alors nous nous serrions les mains, les bras, les épaules ; et nous nous sentions tellement frères de ceux qui défilaient là, devant nous, près de nous, pour nous ! C'était la France enfin retrouvée, cette France de l'outre-mer dont nous avions toujours cru et su – grâce aux discours prophétiques du général de Gaulle dès l'été 1940 – qu'elle libérerait un jour la France métropolitaine, temporairement abattue. »

Après une longue formation au sein des forces navales françaises en Méditerranée, l'enseigne de vaisseau Yves La Prairie parvient à se faire affecter aux Forces navales françaises libres (FNFL) de Grande-Bretagne. D'Oran, il embarque, en septembre 1944, sur le croiseur *Duquesne*, en partance pour Greenock en Écosse. À l'issue d'une nouvelle formation navale, placée sous le commandement d'instructeurs britanniques, l'officier La Prairie rejoint la frégate FNFL *La Découverte*, le 11 novembre 1944. Date ô combien symbolique, où se concrétise enfin ce qui a été le même rêve des jours et des nuits. Il se présente à l'officier en second, le lieutenant de vaisseau Sollier, qui a été embarqué seulement dix jours avant lui. Avoir réussi à maintenir la cohésion de cette équipe de 135 hommes qui, pour en avoir vu de toutes les couleurs, ne sont pas des enfants de chœur, n'est pas le moindre mérite de Sollier.

La Prairie est présenté par Sollier au pacha, le capitaine de corvette Recher. Yeux couleur de mer, le corps robuste et massif, le geste lent, la parole rare et brève traduisant une sorte d'ironie bourrue, Recher, à moins de quarante ans, est déjà légendaire en Grande-Bretagne dans les milieux maritimes. L'état-major anglais, aussi bien que les autres commandants d'escorteurs de convois de la Manche, le considère comme l'un des meilleurs marins de la flotte, et comme le plus habile manœuvrier.

Yves est nommé adjoint au chef du service armes sous-marines, que dirige l'enseigne de vaisseau François Flohic, et adjoint au chef de service conduite du navire, sous l'autorité de l'enseigne de vaisseau Normand.

La Découverte, frégate de 1 325 tonnes, construite à Leith en Écosse, a été cédée aux FNFL en octobre 1943.

> « Comment raconter ces jours et ces nuits de convois, ces traversées biquotidiennes de la Manche par tous les temps ? Laconiques et précis, les journaux de bord, de navigation, d'opérations, rendaient compte de tout : les numéros des convois, les franchissements du barrage de Spithead près de Portsmouth, les approches de Nab Tower, de Portland Hill ou de Needles, les relèvements du cap de la Hève près du Havre, les indications des routes choisies par l'escorte et imposées au convoi, routes en "zigzag" à heures et minutes fixes ou routes "ondulées".
>
> « Parfois, le journal de navigation le signale, la visibilité était nulle. Sur l'écran radar, il fallait suivre la position et la progression de chaque élément de notre "troupeau", et recompter, rappeler

à l'ordre tel ou tel qui s'écartait ou se laissait distancer. Il y avait des alertes, dès qu'un écho douteux sur une "masse" sous-marine nous était répercuté par l'asdic. La plupart du temps, c'est Flohic et le quartier-maître détecteur Gailliardot qui s'efforçaient d'identifier l'écho. On entendait : "Banc de poissons. Abandonnez l'écho", ou bien : "Sous-marin probable. Mettez le cap dessus. Prévenez le commandant."

« C'était alors le branle-bas de combat, les équipes aussitôt prêtes à larguer des grenades par l'avant, soit par l'arrière, les ordres donnés au convoi de changer de route pour s'éloigner du danger, les instructions envoyées aux autres escorteurs de continuer avec le convoi pendant que nous poursuivions l'ennemi repéré.

« Toujours calme, Recher se concentrait pour écouter l'écho réfléchi par la coque du submersible, pour en déduire d'après le Doppler la route probable, en éloignement ou en rapprochement, de l'allemand. Il indiquait à quelle profondeur d'explosion devaient être réglés les engins. Il fonçait, manœuvrait, ordonnait de larguer les grenades, faisait demi-tour, tentait de revenir sur la proie qui venait de nous échapper.

« Combien d'alertes, combien de largages, d'espoirs, de faux espoirs ? Comment savoir avec certitude (sauf remontée de très gros débris, de morts, de rescapés) si on l'a touché, voire détruit, un sous-marin, ou s'il a pu s'échapper ? »

Le 7 décembre 1944 est pour Yves La Prairie un jour chargé d'émotion. *La Découverte* contourne Ouessant, met le cap sur le goulet de Brest. La voici, entrant dans la rade, à petite vitesse. À bâbord, il aperçoit l'énorme ensemble de béton qu'est la base sous-marine construite par les Allemands. Avec des jumelles, longuement, il regarde la ville, effaré de voir ce qu'il en reste. Les quais sont démolis, les décombres des maisons jonchent les rues et les places. Le monument des Américains, sur le cours Dajot, n'est plus qu'un amas de pierres. Des pans d'immeubles menacent de s'effondrer. Brest est une ville morte, détruite. Après une défense acharnée de la garnison allemande, la ville n'a été libérée que le 17 septembre 1944. Rue Traverse, remarque La Prairie, une seule maison est restée débout. Lézardée, inhabitable. En s'approchant, il s'aperçoit que c'est le n° 7, la sienne, celle que sa famille habitait il y a trois ans.

Le premier trimestre de l'année 1945 est singulièrement actif pour *La Découverte*. Durant six semaines, sans interruption, La Prairie et ses compagnons de bord connaissent les fastidieuses escortes des convois de Portsmouth-Le Havre. Un Portmouth-Ostende, à la mi-février, représente un accroc à la routine, ainsi qu'un navire venant des États-Unis, que *La Découverte* doit chercher au sud-ouest de l'Irlande :

> « Nous y rencontrâmes une mer comme je n'en avais encore jamais vu, avec des vagues dont personne à bord n'osait évaluer en mètres l'impressionnante majesté : leurs crêtes s'abattaient rageusement sur notre passerelle effectivement "découverte", leurs assauts tordirent des rambardes et plièrent "les ailes" de nos petites pièces d'artillerie...
> « Je garde aussi en souvenir ces jours de froid intense où il fallut casser la glace qui alourdissait nos superstructures...
> « Un jour, à Portsmouth, le roi Georges VI d'Angleterre nous inspecta. Il portait une tenue d'amiral. Je revois sa haute stature, son visage allongé, son air bienveillant, presque timide...
> « Début avril 1945, voici que le décor change : terme mis aux traversées quotidiennes du *Channel*, *La Découverte* met le cap sur le golfe de Gascogne. Je reçois mon deuxième galon. Je suis désormais officier de quart "en chef". *La Découverte*, *L'Aventure*, *La Surprise* sont placées dans le groupe Lorraine sous le commandement du contre-amiral Rue, chargé des opérations contre les poches de l'Atlantique. »

De septembre 1944 à avril 1945, sur les 300 kilomètres du front de l'Atlantique, couvrant les poches allemandes du Médoc, de Royan, de La Rochelle, de Lorient, Saint-Nazaire et Dunkerque, l'armée hitlérienne aligne 92 500 soldats, 1 500 pièces d'artillerie et 1 700 ouvrages bétonnés. On compte 4 000 soldats allemands, 110 canons et 161 *blockhaus* dans la poche du Médoc ; 5 500 soldats allemands, 200 canons et 349 *blockhaus* dans la poche de Royan, sans oublier 1 500 autres soldats allemands et italiens, 40 canons et 60 *blockhaus* dans l'île d'Oléron ; 16 000 soldats allemands, 200 canons et 200 *blockhaus* dans la poche de La Rochelle ; 67 000 soldats allemands, 950 canons et 930 *blockhaus* dans les poches de Lorient, Saint-Nazaire et Dunkerque.

Pour tenir l'ensemble de ce front, l'armée française engage des forces issues principalement de la Résistance intérieure (AS, FTP, ORA), ainsi que quelques régiments de troupes françaises régulières, sans oublier quelques unités alliées comme la brigade blindée tchèque Liska et la 66e DI américaine. L'ensemble représente 88 558 soldats français et 30 000 soldats britanniques, tchèques et américains, soit un total de 118 558 soldats alliés, soutenus par un millier de pièces d'artillerie, plusieurs centaines de chars et d'avions, un nombre appréciable de navires principalement français.

Le secteur du Médoc est tenu par la brigade Carnot du colonel de Milleret, forte de 13 000 hommes en comptant les renforts. Les effectifs engagés sur le secteur de Royan représentent 23 751 soldats français de la division Gironde du général d'Anselme et 6 370 soldats français de la brigade d'Oléron du général Marchand. On compte 26 613 soldats français de la division Charente du colonel Chêne dans le secteur de La Rochelle. Sur les secteurs de Lorient, Saint-Nazaire et Dunkerque, les troupes françaises reposent respectivement sur le 110e régiment d'infanterie du lieutenant-colonel Lehagre, la 19e division d'infanterie des généraux Rollins et Borgnis-Desbordes, diverses unités FFI bretonnes non endivisionnées, sans oublier des troupes britanniques et la brigade tchèque Liska (secteur de Dunkerque), enfin la 66e DI américaine (secteurs de Lorient et Saint-Nazaire).

Dans le Médoc, après une longue guerre de position conduite dans les pires conditions climatiques par la brigade Carnot, l'offensive française débute le 14 avril 1945. La résistance allemande, particulièrement coriace, est brisée après sept jours de combats acharnés, durant lesquels les fantassins français luttent avec une bravoure extraordinaire pour s'emparer des nombreux *blockhaus*. On compte 400 tués ou disparus et 1 000 blessés dans les rangs français, contre 650 tués, 80 disparus et 3 320 prisonniers au sein de la garnison allemande.

La lutte pour s'emparer de la forteresse de Royan dure cinq jours (14 au 18 avril 1945) et se termine également par de lourdes pertes des deux côtés : 150 tués, 700 blessés et 10 disparus chez les Français, finalement victorieux ; 900 tués ou disparus et 4 600 prisonniers dans les rangs allemands. La conquête de l'île d'Oléron par les troupes françaises (30 avril au 1er mai 1945) coûte de faibles pertes (18 tués et 55 blessés français) et permet la capture de 1 300 prisonniers allemands et italiens (50 tués dans leurs rangs).

Dans le secteur de La Rochelle, 1 144 soldats français sont tués, blessés, disparus ou prisonniers de septembre 1944 à mai 1945, pour la mise hors de combat de 16 000 soldats allemands tués, blessés ou capturés. Cette forteresse se rend seulement le 9 mai 1945. Les redditions des poches de Lorient, Saint-Nazaire et Dunkerque se déroulent, sans bataille finale, respectivement les 10, 11 et 9 mai 1945, permettant la capture de 67 000 soldats allemands.

Durant ces opérations militaires, les forces navales françaises de l'Atlantique du contre-amiral Rue disposent d'une force imposante, avec le cuirassé *Lorraine* (canons de 340 mm), le croiseur *Duquesne* (canons de 203 mm), les torpilleurs *La Fortune*, *Le Basque*, *L'Alcyon*, les escorteurs *L'Aventure*, *La Découverte*, *La Surprise*, *L'Hova*, 18 dragueurs de mines, 2 destroyers d'escorte…

> « Les frégates vont participer à l'opération *Assault*, dont l'objectif est de détruire le trafic ennemi dans le golfe de Gascogne. Le 6 avril 1945, nous avons un bref engagement au canon avec deux dragueurs allemands. Ceux-ci, qui tentaient une sortie de La Pallice-La Rochelle pour rallier un port espagnol neutre, rebroussent chemin afin de se faire protéger par les grosses batteries côtières de l'île de Ré. Lorsque celles-ci nous tirent dessus, le commandant Meurville, chef du groupe des trois frégates, cesse la poursuite des bateaux allemands. Opération réussie puisque quelques semaines plus tard, lors de la capitulation de La Pallice-La Rochelle, la marine française s'emparera de ces dragueurs intacts.
> « Nous participons ensuite aux opérations *Vénérable* puis *Jupiter* qui visent à dégager l'estuaire de la Gironde. Nous avons à protéger le croiseur *Duquesne* qui tire sur le réduit allemand à Royan et sur les défenses d'Oléron, sans oublier celles de la pointe du Médoc. Des formations massives de bombardiers alliés écrasent, dans le même temps, les assiégés.
> « Fin avril 1945, Royan et la Pointe de Grave (poche du Médoc) étaient libérées; nous apprenions que le général de Gaulle était venu sur place féliciter les vainqueurs, mais le groupe de frégates, lui, continuait à patrouiller, à arraisonner des chalutiers espagnols suspects, à couler des mines, à chasser les derniers sous-marins allemands. Nous avons appris en mer la fin de la guerre le 8 mai 1945. »

La guerre terminée, Yves La Prairie poursuit brillamment sa carrière d'officier de Marine en Extrême-Orient de 1946 à 1947. Il s'oriente par la suite vers l'atome et la recherche scientifique au sein du Commissariat à l'énergie atomique (CEA). Mais homme de mer avant tout, il se laisse de nouveau emporter par l'océan, en créant le CNEXO (centre national d'exploitation des océans) en 1966. Il dirige cet organisme pendant de longues années, donnant ainsi à la France une place prépondérante dans l'océanologie mondiale.

Sa carrière de marin, d'atomiste et d'océanologue ne l'empêche pas de consacrer un temps important à l'écriture. Auteur de nombreux livres (essais, romans, chroniques, poésie, aphorismes, biographies) souvent primés, Yves La Prairie est un homme hors du commun, un chevalier des temps modernes, qui a eu la chance de rencontrer le général de Gaulle, Alain Peyrefitte, Jacques Chaban-Delmas, Georges Pompidou et bien d'autres.

Ce grand patriote est titulaire de nombreuses décorations : Légion d'honneur, Médaille des évadés, Médaille de combattants volontaires de la Résistance…

> « Je n'ai voulu évoquer les étapes de ma route que dans la mesure où elles permettaient de comprendre comment on devient gaullien et pourquoi on le reste. »

Yves La Prairie est décédé le 21 août 2015 à Gradignan en Gironde.

Sources principales

Archives

Archives du centre national Jean-Moulin, Bordeaux.
Archives de la fondation Charles de Gaulle, Paris.
Archives de la fondation de la France libre, Paris.
Archives militaires allemandes, Fribourg-en-Brisgau.
Archives militaires britanniques, Londres.
Archives militaires espagnoles, Madrid.
Archives militaires françaises, Vincennes.
Archives militaires italiennes, Rome.
Archives militaires russes, Moscou.
Archives du Mémorial de Caen.
Archives du musée de l'Ordre de la Libération, Paris.
Archives nationales, Paris.
National Archives, College Park.
Archives du Corps franc Pommiès (CFP), Pau et Tarbes.
Archives de François Peltier de la famille de Carrère.

Entretiens

Entretiens de l'auteur avec le général Georges Bergé en juin 1991.
Entretiens de l'auteur avec Yves La Prairie, en avril et juillet 1994.

Entretiens de l'auteur avec le lieutenant-colonel André Jolit en mai 1994.
Entretiens de l'auteur avec Francis Massart en juin 1994.
Entretiens de l'auteur avec Ginette Vincent-Baudy en juin 1994.
Entretiens de l'auteur avec Jacques Sztark en septembre 1994.
Entretiens de l'auteur avec Jean Vermois en avril 1995.
Entretiens de l'auteur avec Jacques Chaban-Delmas en juillet 1998.
Entretiens de l'auteur avec Guy Cartaud, en avril 2000.
Entretiens de l'auteur avec le prince Edward de Kent en mai 2010.
Entretiens de l'auteur avec Max Schiavon en avril 2021.

Articles

Lopez, Jean, « Gamelin n'avait rien d'un chef de guerre », propos de Max Schiavon, *De la guerre*, été 2021, hors-série n° 1, Guerre-Histoire.
Demonpion, Denis, « Code secret Enigma: la DGSE remet les Anglais à leur place », *L'Obs*, 2 décembre 2015.
« La France a-t-elle été trahie ? » *Guerres et Histoire*, n° 55, juin 2020,
Vargas, Camille, « France 1940, la défaite passée au crible », *Batailles et Blindés*, hors-série n° 48, mars-avril 2022.
Wenkin, Hugues et Kadari, Yannis, *Batailles et Blindés*, n° 14, mai-juin 2006, éditions Caraktère.
Ligne de Front, hors-série n° 15, avril-mai 2012.
Ligne de Front, hors-série n° 16, août septembre 2012.
Mahé, Yann et Lopez, Ivan, « L'Espagne en guerre, de la guerre civile au front de l'Est », *Ligne de Front* n° 43, juillet-août 2021, éditions Caraktère.
Guerre et Histoire, n° 60, avril 2021, « 1941-1945, l'*US Army* a-t-elle été mauvaise ? »
Histoire pour tous, spécial hors-série n° 19 août-septembre 1980, « La guerre aérienne 1944-1945 ».
Historia, spécial n° 420 *bis*, « Les chasseurs du ciel – 1914-1981 », éditions Tallandier, 1981.
Icare, revue de l'aviation française, n° 45 (été 1970), « 1939-1940, La bataille de France », vol. I, « La chasse ».
Lopez, Jean, Wievorka, Olivier, « Les Mythes de la Seconde Guerre mondiale », vol. II, éditions Perrin/Guerre et Histoire, 2017.
Segrétain, Franck, « La Milice française », *Les dossiers de la Deuxième Guerre mondiale*, n° 10, octobre-décembre 2007.

Historia, octobre 2012, nº 790, « Les collabos, fonctionnaires, patrons, intellectuels : ceux qui ont pactisé avec l'Occupant. »

Porte, Rémy (Lieutenant-colonel), « Bir Hakeim face aux Panzers de Rommel », *Les Dossiers de la Deuxième Guerre mondiale*, nº 6, octobre-décembre 2006.

Ligne de Front, nº 5, mai-juin 2007.

Guerre & Histoire, nº 2, publication Science et Vie.

Histoire de guerre, nº 20, novembre 2001.

Guerres et Histoire, nº 43, juin 2018.

Filmographie

Laurent Bergers et Alain Frerejean, *Notre espion chez Hitler*, Label Image, 2015.

Bibliographie

Collectif, *Bush à oreille, les nouveaux Amuse-Bush*, éditions Le Cherche Midi, 2003.

Aders, Gebhard, Histoire de la force allemande de combat de nuit 1917-1945, Janes Publishing, 1978.

Amouroux, Henri, Le peuple du désastre 1939-1940, la grande histoire des Français sous l'occupation, éditions Robert Laffont, 1976.

Aubin, Nicolas, « Patton, le meilleur général américain », *in* Lopez, Jean et Wieviorka, Olivier (dir.), *Les mythes de la Seconde Guerre mondiale*, volume II, éditions Perrin/Guerres et Histoire 2017.

Azéma, Jean-Pierre, Wieviorka, Olivier, *Vichy 1940-1944*, éditions Perrin 1997.

Barnett, Correlli, *Les Généraux du désert*, éditions Pocket, 1965.

Bauer, Eddy, *La Guerre des blindés*, éditions Payot, 1962.

Beevor, Antony, *D-Day et la bataille de Normandie*, éditions Calmann-Lévy, 2009.

Bernard, Georges, *La Yougoslavie dans la guerre*, éditions Fayard, 1968.

Böhmler, Rudolf, *Monte Cassino*, éditions Rupert Verlag, 1955.

Broche, François, *Dictionnaire de la Collaboration*, éditions Belin, 2014.

Brissaud, André, *Mussolini* (3 tomes), éditions Perrin, 1983.

Cartier, Raymond, *La Seconde Guerre mondiale*, éditions Paris Match, 1978.
Churchill, Winston, *Mémoires sur la Deuxième Guerre mondiale*, éditions La Palatine, 1949.
Cohen, Asher, Persécutions et sauvetages, juifs et Français sous l'occupation et sous Vichy, éditions du Cerf, 1993.
Colonel Passy, *Souvenirs*, éditions Solar, 1947.
Colonel Rémy, *Mémoires d'un agent secret de la France libre*, éditions France Empire, 1998.
Crémieux-Brilhac, Jean-Louis, *Les Français de l'an 40*, éditions Gallimard, 1990.
De Felice, Renzo, *Mussolini* (9 tomes), éditions Enaudi 1965-1997.
De Gaulle, Charles, *Mémoires de guerre*, t. I, éditions Plon, 1960.
De Loverdo, Costa, *La Grèce au combat 1940-1941*, éditions Calmann-Lévy, 1966.
Delhez, Jean-Claude, *Chars d'assaut, un siècle d'imposture*, éditions Jourdan, 2017.
——, *La déroute française de 1940 : la faute aux Belges ?*, éditions Economica, 2015.
Divine, David, *Les 9 jours de Dunkerque*, éditions Calmann-Lévy 1964.
Eisenhower, Dwight D. (Général), *Mémoires sur la Deuxième Guerre mondiale*, éditions Robert Laffont 1949.
Ellis, John, *Cassino, une amère victoire janvier-juin 1944*, éditions Albin Michel, 1987.
Foro, Philippe, *L'Italie fasciste*, éditions Armand Colin, 2016.
Frieser, Karl-Heinz, *Le mythe de la guerre éclair, la campagne de l'Ouest de 1940*, éditions Belin, 2003.
Gamelin, Maurice (général), *Servir*, éditions Plon, 1946-1947.
Gisclon, Jean, *La grande aventure de la chasse française de 1939 à 1945*, éditions France-Empire, 1983.
Grandmaison, Henri (de), *Le colonel Rémy, un héros de l'ombre*, éditions CMD, 2000.
Guderian, Heinz (Général), *Souvenirs d'un soldat*, éditions Plon, 1954.
Henninger, Laurent et Widemann, Thierry, *Comprendre la guerre*, Histoire et notions, éditions Perrin, 2012.
Hilberg, Raoul, *La Destruction des juifs d'Europe*, éditions Gallimard, 2006.
Horen, Bernard, *Une bataille oubliée de la Seconde Guerre mondiale, bataille de Stonne – Le Mont Dieu – Tannay 14-25 mai 1940*,

éditions Association Ardennes 1940 à ceux qui ont résisté, Stonne, 2007.
Irwin, Will, *Les Jedburghs, l'histoire secrète des forces spéciales alliées en 1944*, éditions Perrin, 2008.
Joseph, Gilbert, *Une si douce occupation, Simone de Beauvoir et Jean-Paul Sartre 1940-1944*, éditions Albin Michel, 1991.
Kaspi, André, Schor, Ralph, *La Deuxième Guerre mondiale, chronologie commentée*, éditions Complexe, 1995.
Koch, Lutz, *Rommel*, éditions Plon, 1950.
Koenig, Pierre (Général), *Bir Hakeim*, éditions Robert Laffont, 1971.
Krause, Peter, *Bordeaux, les bombardements*, éditions CMD, 1999.
Kurowski, Franz, *Major Heinz-Wolfgang Schnaufer*, éditions Fleschsig, 2010.
La Prairie, Yves, *Ce siècle avait de Gaulle*, éditions Ouest-France, 1990.
Lamarque, Philippe, *6 juin 1944, le débarquement, opération Overlord*, éditions CMD 2001.
Le Moal, Frédéric, *Histoire du fascisme*, éditions Perrin, 2018.
Lilly, Robert J., *La face cachée des Gis*, éditions Payot et Rivages, 2008.
Lopez, Jean (dir.), *Infographie de la Seconde Guerre mondiale*, éditions Perrin, 2018.
Lopez, Jean et Otkhmezuri, Lasha, *Grandeur et misère de l'Armée rouge*, éditions Le Seuil, 2011.
Lord, Walter, *Le miracle de Dunkerque*, éditions Robert Laffont, 1983.
Ludwig, Emil, *Entretiens avec Mussolini*, présentation de Maurizio Serra, éditions Perrin, 2016.
Marrus, Michaël, et Paxton, Robert, *Vichy et les juifs*, éditions Calmann-Lévy, 1981.
Maysounave, Pascal, *Oradour, plus près de la vérité*, éditions Lucien Souny, 1996.
Michel, Alain, *Vichy et la Shoah, enquête sur le paradoxe français*, éditions Elkana, 2015.
Milza, Pierre, *Mussolini*, éditions Fayard, 1999.
Milza, Pierre et Berstein, Serge, *L'Italie contemporaine*, éditions Armand Colin, 1973.
Miquel, Pierre, *La Seconde Guerre mondiale*, éditions Fayard, 1986.
Mordal, Jacques, *Dunkerque*, éditions France Empire, 1968.
Naimark, Norman, *The Russians in Germany 1945-1949*, éditions Havard, 1995.

Noguères, Henri, *Histoire de la Résistance en France*, éditions Robert Laffont, 1981.

Ostenc, Michel, *Mussolini : une histoire du fascisme italien*, éditions Ellipses 2013.

Paillat, Claude, *Le désastre de 1940, la guerre éclair 10 mai-24 juin 1940*, éditions Robert Laffont, 1985.

Paxton, Robert, *La France de Vichy 1940-1944*, éditions Le Seuil 1973.

Perrier, Guy, *Rémy, l'agent secret n° 1 de la France libre*, éditions Perrin, 2001.

Platt, William (Général), *La Guerre en Afrique orientale*, éditions Payot, 1956.

Porte, Rémi, *1940, vérités et légendes*, éditions Perrin, 2020.

Quétel, Claude, *Hitler, vérités et légendes*, éditions Perrin, 2022.

——, *L'impardonnable défaite 1918-1940*, éditions J.-C. Lattès, 2010.

Randa, Philippe, *Dictionnaire commenté de la collaboration française*, éditions Jean Picollec, 1997.

Riboud, Jacques, *Souvenirs d'une bataille perdue (1939-1940)*, éditions JRSC, 1995.

Rocolle, Pierre, *La Guerre de 1940, la défaite 10 mai-25 juin*, éditions Armand Collin, 1990.

Rommel, Erwin (Maréchal), *La Guerre sans haine*, éditions Amiot-Dumont, 1952.

Schiavon, Max, *Gamelin, la tragédie de l'ambition*, éditions Perrin, 2021.

Saint-Martin, Gérard, *L'arme blindée française*, éditions Economica, 1998.

Sémelin, Jacques, *Persécutions et entraides dans la France occupée, comment 75 % des juifs en France ont échappé à la mort*, éditions les Arènes-Seuil, 2013.

Serra, Maurizio, *Le mystère Mussolini*, éditions Perrin, 2021.

Töppel, Roman, *Koursk, 1943, la plus grande bataille de la Seconde Guerre mondiale*, éditions Perrin, 2018.

Valluy, J.-E. (Général), Dufourcq, Pierre (coll.), *La Première Guerre mondial*e, éditions Larousse 1977.

Veil, Simone, *Une vie*, éditions Stock, 2007.

Vincent, Jean-Noël (Commandant), *Les Forces françaises libres en Afrique 1940-1943*, éditions du Service historique de l'armée de terre, 1983.

Weeks, John, *Armes légères de la Seconde Guerre mondiale*, éditions Atlas, 1979.

Wieviorka, Olivier, *Histoire de la Résistance, 1940-1945*, éditions Perrin, 2013.
——, *Histoire du débarquement en Normandie*, éditions Le Seuil, 2007.

Ouvrages du même auteur

L'Italie en guerre 1915-1918, Éditions Ulysse, 1986.
Les Guerres de Mussolini, Éditions Jacques Grancher, 1988.
Connaître les châteaux du Périgord, Éditions Sud-Ouest, 1989.
La Résistance dans le Sud-Ouest (préface de Jacques Chaban-Delmas), Éditions Sud-Ouest, 1989.
L'Épopée du Corps franc Pommiès, Éditions Jacques Grancher, 1990.
Le Sud-Ouest mystérieux, Éditions Sud-Ouest, 1990.
L'Affaire Grandclément, Éditions Sud-Ouest, 1991.
Le Livre d'or de la Résistance dans le Sud-Ouest, Éditions Sud-Ouest, 1991.
Bordeaux pendant l'Occupation, Éditions Sud-Ouest, 1992.
Les Contes populaires de toutes les Pyrénées, Éditions Sud-Ouest, 1992.
Les Grands Crimes du Sud-Ouest, Éditions Sud-Ouest, 1993.
Les FFI au combat, Éditions Jacques Grancher, 1994.
Souvenirs de la guerre 1939-1945, Éditions Sud-Ouest, 1995.
La Montagne de lumière (roman), Éditions Lucien Souny, 1995.
Gabriele D'Annunzio en France, 1910-1915, Éditions J/D, 1997.
Mussolini, Éditions Chronique, 1997.
Rommel, Éditions Chronique, 1998.
La Poche du Médoc 1944-1945, Éditions CMD, 1998.
Jacques Chaban-Delmas, Éditions CMD, 1998.
Bordeaux et Arcachon à la Belle Époque, Éditions CMD, 1998.

Bordeaux brûle-t-il? La libération de la Gironde 1940-1945, Éditions Les Dossiers d'Aquitaine, 1998.
Biarritz à la Belle Époque, Éditions CMD, 1998.
Les Corridas de Bayonne, Éditions CMD, 1999.
Bordeaux, la base sous-marine 1940-1944, Éditions CMD, 1999.
Bernadette Soubirous, Éditions CMD, 1999.
Les Échassiers des Landes, Éditions CMD, 1999.
Périgord, l'aventure de la Préhistoire, Éditions CMD, 1999.
Périgord, histoire de la truffe, Éditions CMD, 1999.
Histoire de la France militaire et résistante, Éditions du Rocher, 2000.
Aquitaine, histoire de la Résistance, Éditions CMD, 2000.
Limousin, histoire de la Résistance, Éditions CMD, 2001.
Orthon le farfadet et autres histoires mystérieuses de l'Aquitaine, Éditions du Rocher, 2001.
Itinéraire d'un bouddhiste occidental, entretiens avec Jean-Pierre Schnetzler, Desclée de Brouwer, 2001.
L'Affaire Bentzmann 1939-1945, Éditions les Chemins de la Mémoire, 2002.
La Poche de Royan 1939-1945, Éditions les Chemins de la Mémoire, 2002.
Les Combats victorieux de la Résistance dans la libération 1944-1945, Éditions du Cherche-Midi, 2002.
Les Voies de la sérénité, les grandes religions et l' harmonie intérieure, Éditions Philippe Lebaud, 2002.
Regards chrétiens sur le bouddhisme, de la diabolisation aux convergences, Éditions Dervy, 2002.
Histoires mystérieuses du Sud-Ouest, Éditions les Chemins de la Mémoire, 2002.
La Bataille des cadets de Saumur, juin 1940, Éditions les Chemins de la Mémoire, 2002.
La Libération du Sud-Ouest 1944-1945, Éditions les Chemins de la Mémoire, 2003.
Le Grand Livre des fantômes, Éditions Trajectoire, 2003.
Lama Namgyal, vie et enseignement d'un moine bouddhiste occidental, Éditions les Presses de la Renaissance, 2003.
Arcachon : pages de son histoire, Éditions les Chemins de la Mémoire, 2003.
Visite historique de Bayonne, Éditions les Chemins de la Mémoire, 2003.
Visite historique de Biarritz, Éditions les Chemins de la Mémoire, 2003.

Visite historique de Bordeaux, Éditions les Chemins de la Mémoire, 2003.
Visite historique du Bassin d'Arcachon, Éditions les Chemins de la Mémoire, 2003.
Les Plages du débarquement, Éditions les Chemins de la Mémoire, 2003.
La France combattante de la victoire 1944-1945, Éditions les Chemins de la Mémoire, 2003.
La Poche de La Rochelle 1944-1945, Éditions les Chemins de la Mémoire, 2003.
Rommel, la fin d'un mythe (biographie), Éditions du Cherche-Midi, 2003.
Les Chercheurs d'Absolu, Éditions du Félin, 2003.
Lama Guendune, un grand maître tibétain en France, Éditions Oxus, 2003.
Les Vies antérieures, des preuves pour la réincarnation, Éditions du Félin, 2004.
Histoire de la presse en France, Éditions de Vecchi, 2004.
Les Voies spirituelles du bonheur (yoga, bouddhisme, oraison, soufisme), Éditions Infolio, 2005.
Les Jésuites, Éditions de Vecchi, 2005.
Comme des lions. Le sacrifice héroïque de l'armée française en mai-juin 1940, Éditions Calmann-Lévy, 2005.
Les Templiers, Éditions de Vecchi, 2005.
Les Grandes Affaires de la Résistance, Éditions Lucien Souny, 2005.
La Réincarnation, histoires vraies, Éditions Trajectoire, 2006.
Les Missionnaires, Éditions de Vecchi, 2006.
C'est nous les Africains. L'épopée de l'armée française d'Afrique 1940-1945, Éditions Calmann-Lévy, 2006.
Histoires extraordinaires du bouddhisme tibétain, Éditions Infolio, 2006.
Les Grands Ordres militaires et religieux, Éditions Trajectoire, 2006.
Histoires extraordinaires de la Seconde Guerre mondiale, Éditions Lucien Souny, 2006.
Jean Moulin, Éditions Infolio, 2007.
La Dérive intégriste, Éditions Acropole, 2007.
La Libération de la France, Éditions Lucien Souny, 2007.
Lieux de pèlerinages et grandes processions, Éditions Trajectoire, 2007.
Mers el-Kébir, juillet 1940, Éditions Calmann-Lévy, 2007.
Lourdes la miraculeuse, Éditions Trajectoire, 2008.
Les Poches de l'Atlantique 1944-1945, Éditions Lucien Souny, 2008.

Les 35 plus grandes affaires criminelles, Éditions Trajectoire, 2008.
La Guerre italo-grecque 1940-1941, Éditions Calmann-Lévy, 2008.
Les Victoires militaires françaises de la Seconde Guerre mondiale, Éditions Lucien Souny, 2009.
La Bataille de Bir Hakeim, une résistance héroïque, Éditions Calmann-Lévy, 2009.
Convergences chrétiennes et bouddhistes, Éditions Oxus, 2009.
Les Grandes Figures de la Résistance, Éditions Lucien Souny, 2009.
Les Mystères des manuscrits de la mer Morte, Éditions de Vecchi, 2009.
Les Mystères des prophéties, Éditions de Vecchi, 2009.
Spectres, esprits et apparitions, Éditions de Vecchi, 2009.
Le Bouddhisme vu par la science, Éditions Oxus, 2010.
La Bataille de France jour après jour mai-juin 1940, Éditions Le Cherche Midi, 2010.
Croyances et légendes populaires, Éditions de Vecchi, 2010.
La Bataille de Stonne, Ardennes 1940, Éditions Perrin, 2010.
L'Apport capital de la France dans la victoire des Alliés, 1914-1918 et 1939-1945, Éditions Le Cherche Midi, 2011.
La Bataille de Dunkerque. 26 mai-4 juin 1940, Éditions Tallandier, 2011.
39-45. Les soldats oubliés, ceux dont l'Histoire ne parle plus, Éditions Jourdan, 2012.
L'Armée française pour les Nuls, Éditions First, 2012.
Koenig, l'homme de Bir Hakeim, Éditions du Toucan, 2012.
La Libération de la France jour après jour 1944-1945, Éditions Le Cherche Midi, 2012.
Histoire générale de la Résistance française, Éditions Lucien Souny, 2012.
La Résistance, Éditions Gründ, 2012.
La Gestapo et les Français, Éditions Pygmalion, 2013.
Légendes et fadaises de la Seconde Guerre mondiale, Éditions First, 2013.
Histoires extraordinaires de la Résistance française, Éditions Le Cherche Midi, 2013.
La Résistance pour les nuls, Éditions First, 2013.
Fiers de notre histoire, Éditions First, 2013.
Les Crimes nazis lors de la Libération de la France 1944-1945, Éditions Le Cherche Midi, 2014.
12 Trains qui ont changé l'Histoire, Éditions Pygmalion, 2014.
La Bravoure méconnue des soldats italiens 1914-1918 & 1939-1945, Éditions Altipresse, 2014.

Gabriele d'Annunzio ou le roman de la Belle Époque, Éditions Le Rocher, 2014.
Les Opérations commandos de la Seconde Guerre mondiale, Nouveau Monde éditions, 2014 ; nouvelle édition en poche, 2016.
Les Grandes Figures de la Résistance française, Éditions Sud-Ouest, 2014.
Combats oubliés, résistants et soldats français dans les combats de la Libération 1944-1945, Éditions du Toucan-L'Artilleur, 2014.
Éloge de l'armée française, Éditions Pierre de Taillac, 2014.
La France s'est faite à coups d'épée, l'épopée des grandes batailles d'Hastings à la Libération, Éditions Armand Colin, 2015.
Histoires extraordinaires de la guerre aérienne 1939-1945, Éditions JPO, 2015.
Histoires incroyables et héroïques de la Résistance, Éditions JPO, 2015.
Bordeaux sous l'Occupation, Geste éditions, 2015.
Alain Juppé sans masque, Éditions First, 2016.
Histoires extraordinaires de la Seconde Guerre mondiale, Éditions Le Cherche Midi, 2016.
Histoires incroyables de la guerre 1939-1945, Métive éditions, 2016.
Petite histoire du Pays Basque, Geste éditions, 2016.
La Poche du Médoc 1944-1945, Geste éditions, 2016.
La Libération du Sud-Ouest, Geste éditions, 2016.
Les Grandes Affaires d'espionnage de la Ve République, Éditions First, 2016.
Histoire du Pays basque, Geste éditions, 2016.
Le Mythe du sauveur américain 1917-1918. Essai sur une imposture historique, Éditions Pierre de Taillac, 2017.
Jean-Claude Hubert. Souvenirs de guerre d'un résistant, contre-espion et commando 1939-1945, Geste éditions, 2017.
La Charente sous l'occupation, Geste éditions, 2017.
Le Pays basque sous l'occupation, Geste éditions, 2017.
Le Lot-et-Garonne sous l'occupation, Geste éditions, 2017.
Les Landes sous l'occupation, Geste éditions, 2017.
Les 100 000 collabos, le fichier interdit de la collaboration française, Éditions Le Cherche Midi, 2017.
Ces chrétiens qui ont résisté à Hitler, Artège, 2018.
SS français. Réçits, lettres et témoignages inédits de la SS Charlemagne, Éditions Jourdan, 2018.
Nouvelles histoires extraordinaires de la Résistance : 16 récits inédits de héros qui ont sauvé la France, Alisio, 2018.

Les Années interdites. Auteurs, journalistes et artistes dans la Collaboration, L'Archipel, 2018.
Les Grandes Affaires de la Libération 1944-1945, Alisio, 2019.
Les vérités cachées de la Seconde Guerre mondiale, Le Rocher, 2019.
Histoires extraordinaires de miracles et d'apparitions. Enquêtes et récits sur l'invisible dans les traditions chrétiennes et bouddhistes, Leduc.s, 2019.
Jésus l'universel, l'histoire d'un message spirituel, Alisio, 2019.
L'imposture du sauveur américain 1917-1918 / 1941-1945, Le Retour aux sources, 2020.
Albert Roche, premier soldat de France, Le Retour aux sources, 2020.
Les victoires françaises de 1914 à nos jours, Le Retour aux sources, 2020.
Les grandes batailles de la Première Guerre mondiale, Le Retour aux sources, 2020.
Les grandes batailles de l'Histoire de France, d'Hastings à la Libération 1066-1945, Le Retour aux sources, 2020.
Histoires de l'armée française des origines à nos jours, Le Retour aux sources, 2020.
Histoires extraordinaires de la France mystérieuse, Le Retour aux sources, 2020.
Histoires extraordinaires et mystérieuses de l'humanité, Le Retour aux sources, 2020.
Les grandes affaires d'espionnage en France de 1958 à nos jours, Le Retour aux sources, 2020.
Mai-juin 1940, les causes de la défaite, Alisio, 2020.
Les vérités cachées de la défaite de 1940, Le Rocher, 2020.
De Gaulle intime et méconnu, Alisio, 2020.
Comme des lions, mai-juin 1940 : le sacrifice héroïque de l'armée française, t. I, La Mécanique Générale, 2021.
Histoires extraordinaires des Justes, portrait de 30 héros parmi les nations, Alisio, 2021.
Les vérités cachées de la France sous l'Occupation, Le Rocher, 2021.
Comme des lions, ces Français qui ont vaincu Hitler et Mussolini dans les sables du désert, 1941-1943, t. II, Ring, 2021.
Comme des lions, ces Français qui ont gagné la guerre en 1944-1945, t. III, Ring, 2021.
Histoires secrètes de la guerre d'Algérie, Alisio, 2022.
Les forces de l'Axe, histoires et combats extraordinaires, Memorabilia, 2022.
Les vérités cachées de la Résistance, Le Rocher, 2022.

Ouvrages du même auteur

Les grandes polémiques de la Seconde Guerre mondiale, Alisio, 2022.
L'espionnage de 1940 à nos jours, Alisio, 2022.
Les combattantes de la libertés 1939-1945, Alisio, 2023.

Table